THE CROWN

THE CROWN

OS BASTIDORES DA HISTÓRIA (1947-1955)

ROBERT LACEY

Tradução
Alessandra Bonrruquer

1ª edição

BestSeller
Rio de Janeiro | 2022

TÍTULO ORIGINAL
The Crown: The Inside History

COPIDESQUE
Rodrigo Austregésilo

REVISÃO
Priscila Catalão
Eduardo Carneiro

CIP-BRASIL. CATALOGAÇÃO NA PUBLICAÇÃO
SINDICATO NACIONAL DOS EDITORES DE LIVROS, RJ

L142c Lacey, Robert
The Crown : os bastidores da história: 1947-1955, vol. 1 / Robert Lacey ; tradução Alessandra Bonrruquer. – 1. ed. – Rio de Janeiro : BestSeller, 2022.

Tradução de: The Crown: the inside history.
ISBN 978-65-5712-218-1

1. The crown (Programa de televisão). 2. Elizabeth II, rainha da Grã-Bretanha, 1926-. 3. Churchill Winston, 1874-1965. 4. Televisão - Produção e direção. 5. Grã-Bretanha - História - Elizabeth II, 1952-. I. Bonrrequer, Alessandra. II. Título.

22-79324 CDD: 791.45
CDU: 791.242:654.172

Gabriela Faray Ferreira Lopes – Bibliotecária – CRB-7/6643

Texto revisado segundo o novo Acordo Ortográfico da Língua Portuguesa.

Impresso no Brasil

ISBN 978-65-5712-218-1

ÁRVORE GENEALÓGICA

DA FAMÍLIA WINDSOR

PHILIP MOUNTBATTEN
1921-2021

ANDREW DA GRÉCIA
1882-1944

=

ALICE DE BATTENBERG
1885-1969

IRMÃ MAIS VELHA DE
LORDE LOUIS MOUNTBATTEN
1900-1979

LOUIS DE BATTENBERG
PRIMEIRO MARQUÊS DE MILFORD HAVEN
1854-1921

=

VICTORIA DE HESSE
1863-1950

LOUIS IV DE HESSE
1837-1892

=

PRINCESA ALICE
1843-1878

PRÍNCIPE ALBERT DE
SAXE-COBURGO-GOTA
1819-1861

=

RAINHA ELIZABETH II

NASC. 1926

REI GEORGE VI = ELIZABETH BOWES LYON

1895-1952 | 1900-2002

IRMÃO MAIS VELHO DO
REI EDWARD VIII,
DUQUE DE WINDSOR
1894-1972

REI GEORGE V = MARY DE TECK

1865-1936 | 1867-1953

REI EDWARD VII = ALEXANDRA DA DINAMARCA

1841-1910 | 1844-1925

RAINHA VITÓRIA

1819-1901

THE

CROWN

PREFÁCIO POR
PETER MORGAN

O que é real? E o que é fruto da imaginação? O que é verdade e o que é ficção? O que aconteceu? E o que não? Ficou evidente que muitos espectadores assistiram à série *The Crown* lendo em paralelo as páginas da Wikipédia, em busca de respostas para essas perguntas.

Foi um prazer extraordinário escrever The Crown, dissecar os muitos e intensos personagens e acontecimentos que compuseram a história dos anos entre 1947 e 1955. Mas foi pura agonia condensar dez anos dramáticos e repletos de acontecimentos históricos em apenas dez horas de televisão. Assim, fiquei encantado com a sugestão de que o historiador da realeza Robert Lacey assumisse o desafio de elucidar alguns pontos e separar fato de ficção – ao mesmo tempo nos revelando muito mais. Dessa maneira, eu agora entrego você, leitor, a Robert, para que ele o conduza de volta a 1947, quando o rei percebeu que estava gravemente doente e sua filha mais velha, a tímida princesa Elizabeth, de 21 anos, estava prestes a se casar com um belo, porém rebelde, jovem estrangeiro com o qual ninguém se sentia realmente confortável...

1
WOLFERTON SPLASH
Amor e casamento

"Palácio de Buckingham, 1947", diz a legenda, e o primeiro episódio de *The Crown* nos leva diretamente ao interior do palácio, onde encontramos o rei George VI, vitimado pelo câncer, inclinado sobre o vaso sanitário, tossindo copiosamente e cuspindo sangue. O rei está morrendo, aprontem tudo para a rainha... Ajoelhado no salão do trono está o tenente Philip Mountbatten, oficial da Marinha Real, esguio e vestindo seu surrado uniforme de guerra, pronto para ser elevado à nobreza antes do casamento com a princesa Elizabeth no dia seguinte. O lorde chanceler, o conde marechal do Reino Unido e uma ala de rostos severos do *establishment* observam enquanto o monarca doente apanha a espada que transformará o futuro genro em membro da família real, alarmando-se quando ele começa a gaguejar. Mas George VI contrai resolutamente o maxilar, enrola a língua pelo trio de títulos de Philip e completa a lista com a maior honraria que pode conceder, a Ordem da Jarreteira, com a qual Edward III condecorara seus companheiros de luta em 1348. "Sua Majestade teve o prazer de autorizar o uso do prefixo 'Sua Alteza Real' pelo tenente Philip Mountbatten", relatou o *The Times* no dia seguinte, 20 de novembro de 1947, "e aprovar que a dignidade de um ducado do Reino Unido lhe seja conferida por meio do nome e título de barão Greenwich de Greenwich [um tributo à carreira naval de Philip], conde de Merioneth [um aceno a Gales] e duque de Edimburgo [um ducado real tradicional e um cumprimento à Escócia] [...] O rei tocou os ombros do tenente Mountbatten, ajoelhado diante dele na cerimônia de sagração como cavaleiro, com a espada e o investiu com a insígnia da Ordem da Jarreteira."

O recém-nobilitado Philip Mountbatten porta a faixa da Ordem da Jarreteira (à esquerda) após ser condecorado pelo rei George VI, no Palácio de Buckingham, em 19 de novembro de 1947, às vésperas de seu casamento. Entrementes, em Whitehall (acima), a foto de 1947 mostra o jovem tenente Mountbatten ainda trabalhando no Almirantado.

E é praticamente isso que vemos na tela. O estrangeiro foi transformado em familiar — com uma diferença. Como prelúdio da cena de investidura, vemos "Sua Alteza Real, o príncipe Philip da Grécia e Dinamarca" renunciar à nacionalidade grega "e a todos os títulos estrangeiros" para se tornar cidadão britânico. O obscuro e dúbio príncipe estrangeiro se torna um corajoso herói de guerra britânico bem diante de nossos olhos.

No entanto, a realidade é que Philip já se tornara cidadão britânico anteriormente naquele ano, por meio do processo rotineiro de preencher formulários, e certamente não no Palácio de Buckingham. A história registra que o príncipe Philip da Grécia renunciou aos títulos gregos para receber a cidadania britânica em 18 de março de 1947, sob a Lei de Nacionalidade

Britânica e Status dos Estrangeiros — assim, ele usou o nome comum de tenente Philip Mountbatten, oficial da Marinha Real, por oito meses antes de seu sogro o elevar à nobreza naquele novembro.

Caro leitor, você está assistindo a um drama histórico, não a um documentário histórico. *The Crown* é uma obra de ficção criativa inspirada pelo conhecimento e pelo espírito dos acontecimentos reais. Para entender Philip, precisamos testemunhar sua renúncia ao status real estrangeiro no exato momento em que o encontramos pela primeira vez, para saborear melhor sua entrada integral na Casa de Windsor no dia seguinte. O que você vê na tela é tanto verdade quanto invenção, seguindo a antiga tradição dos dramas históricos. A reverenciada e muito traduzida peça *Mary Stuart* (ou *Maria Stuart*), de Friedrich Schiller, encenada pela primeira vez em 1800, frequentemente é citada como exemplo clássico de peça histórica, retratando o amargo choque de personalidades quando Mary, rainha dos escoceses, fica frente a frente com a rainha Elizabeth I — exceto que, historicamente, as duas jamais se encontraram.

Como este livro mostrará, *The Crown* é baseada em meticulosa pesquisa factual. Mas também é uma série de TV, um conjunto de pixels artisticamente arranjados cujo propósito é entreter, explorar grandes personagens e temas da vida de uma nação e extrair significado de acontecimentos extraordinários. O maior poder da monarquia britânica, antiga e moderna, está em sua capacidade de gerar comoção sincera, às vezes zangada e hostil,

O espírito viking... Em 1935, o príncipe Philip da Grécia (então com 14 anos) interpretou Donalbain na peça* Macbeth, *de Shakespeare, como aluno de Gordonstoun, a escola progressista no norte da Escócia fundada pelo educador judeu Kurt Hahn depois que fugiu da Alemanha nazista.

REI GEORGE VI

(1895-1952)

INTERPRETADO POR JARED HARRIS

A Cruz Vitória é a suprema comenda britânica por bravura no campo de batalha. Em setembro de 1940, no auge da Blitz, o rei George VI criou a Cruz de Jorge por heroísmo civil – e ela se tornou uma hábil metáfora de sua vida. Tendo as pernas amarradas a dolorosas talas para evitar a desonra pública do joelho valgo enquanto suportava as reprimendas diárias de seu severo pai, George V, não surpreende que "Bertie" tenha desenvolvido gagueira aos 8 anos. A esposa, Elizabeth Bowes Lyon, e o fonoaudiólogo australiano Lionel Logue restauraram a autoconfiança a seu coração e à sua língua. "Eu desabei e chorei como uma criança", confessou o novo rei em caráter privado, falando da abdicação de seu brilhante e intimidante irmão mais velho em 1936. Em público, porém, o estoicismo com que George VI lutava contra sua evidente timidez e o problema de fala exibia a falível face humana da monarquia. A homenagem fúnebre de Winston Churchill ao rei foi uma guirlanda de lírios e cravos brancos na distintiva forma da Cruz de Jorge.

mas geralmente interessada e admirada — e sempre sentimental em níveis extraordinários. "Das várias formas de governo que prevaleceram no mundo", escreveu o historiador Edward Gibbon, "a monarquia hereditária parece apresentar o maior escopo para o ridículo."

Esses são os paradoxos que Peter Morgan busca abordar em *The Crown* — cujo drama gira em torno de duas pessoas muito reais, Elizabeth Windsor e Philip Mountbatten, e da extraordinária aventura de uma vida inteira na qual os dois embarcaram. Trata-se da dramatização de um relacionamento de sete décadas, uma história de amor que é tanto simples quanto altamente complicada. É por isso que o primeiro episódio da série não começa com a ascensão da rainha Elizabeth II em fevereiro de 1952, nem com sua coroação solene em junho do ano seguinte, embora ambos os acontecimentos sejam grandiosos marcos constitucionais. Encontramos Elizabeth pela primeira vez meia década antes, na véspera de seu casamento com Philip. Na realidade, nenhum dos dois jamais disse precisamente quando e onde se conheceram. Mas eles se lembram com exatidão da primeira vez em que repararam seriamente um no outro. "Podemos ter nos encontrado antes", escreveu a princesa Elizabeth em 1947, tentando ser solícita em sua resposta à requisição de um jornalista da corte, "na coroação [de George VI, em maio de 1937] ou no casamento da duquesa de Kent [em novembro de 1934]." Como descendentes diretos da rainha Vitória, Elizabeth e Philip eram filhos do glamoroso e desvanecido miasma da realeza europeia do século XIX, que ainda se reunia para tais eventos. Mas "a primeira vez em que me *lembro* de ter encontrado Philip", escreveu Elizabeth — sublinhando fortemente a palavra "lembro" — "foi no Royal Naval College de Dartmouth, em julho de 1939, pouco antes da guerra".

O encontro fora arranjado pelo primo de George VI, lorde Louis "Dickie" Mountbatten, que, como o rei, treinara em Dartmouth como cadete naval. O destino dos Mountbatten se entremeava ao da Casa de Windsor desde o reinado da rainha Vitória. Dickie, como George VI, era um de seus bisnetos, e seu pai, Louis, fora primeiro lorde do almirantado no irromper da Primeira Guerra Mundial. Contudo, embora o Louis mais velho tivesse chegado a primeiro lorde por mérito próprio após 46 anos de patriótico serviço naval, ele era alemão de nascimento e, menos de três meses após o início das hostilidades, fora removido à força de seu gabinete durante a popular caça às bruxas contra tudo que fosse teutônico, de salsichas alemãs a cães salsichinha. Os laços entre Windsor e Mountbatten foram estreitados ainda mais por Louis quando mais jovem, que estivera com o novo George VI na triste noite de dezembro de 1936, observando Edward VIII, que acabara de abdicar, fazer as malas e partir para o exílio. Mountbatten lembrou de o novo rei ter dito, quase às lágrimas: "Dickie, isso é absolutamente terrível. Sou apenas um oficial da Marinha. É tudo que sei fazer."

"Essa é uma coincidência muito curiosa", respondera lorde Mountbatten", "pois meu pai certa vez me contou que, quando o duque de Clarence morreu [em 1892], seu pai [o futuro George V] o procurou e disse a ele quase a mesma coisa que você disse agora, e meu pai respondeu: 'George, você está errado. Não existe preparação mais adequada para um rei do que ter sido treinado pela Marinha.'"

Em 1939, em Dartmouth, os primos dividiram o prazer de reviver o treinamento naval, enquanto outros dois primos mais jovens e distantes, Elizabeth e Philip, conheciam-se melhor durante uma partida de croquet.

Nascido na ilha de Corfu em junho de 1921, Philip, príncipe da Grécia, com o cabelo loiro-acinzentado e os traços angulares típicos de um viking, não tinha uma gota de sangue grego nas veias. Ele era dinamarquês, uma das exportações para a Grécia da mais bem-sucedida dinastia exportadora dos tempos modernos, a Casa Real dinamarquesa, conhecida pelos genealogistas como Casa de Eslésvico-Holsácia-Sonderburgo-Glucksburgo. "Você não me parece nada grego", dissera Mike Parker, um jovem australiano que conhecera Philip quando ambos serviam nos comboios navais durante a guerra e que mais tarde se tornaria seu amigo próximo e secretário particular. "Eu sou parte dinamarquês, parte alemão e parte russo", explicara Philip. "Posso ir a praticamente qualquer país europeu e me hospedar na casa de um parente." E ele precisava dessa hospitalidade. Seu pai, o príncipe Andrew, fora exilado da Grécia em dezembro de 1922, durante um dos recorrentes altos e baixos da política grega, e a família fugira de Corfu em um navio de guerra britânico, carregando Philip, então com 18 meses, em uma caixa alaranjada. A mãe de Philip era Alice, a bela e surda filha da neta da rainha Vitória, Victoria de Hesse, que se casara com Louis de Battenberg, o maltratado lobo do mar e primeiro Mountbatten. Saber que carregava a genética da realeza europeia estava na base da autoconfiança de Philip, que ele exibiu naquele primeiro encontro em Dartmouth, para evidente prazer da princesa Elizabeth. "Ela é tímida e ele, não", explicou um dos amigos do casal. "Essa é a dinâmica fundamental do relacionamento deles. Ele empresta sua vivacidade a ela."

26 de outubro de 1946. Philip e Elizabeth haviam acabado de ficar noivos secretamente quando compareceram ao casamento da filha do tio Dickie, Patricia Mountbatten, com John Brabourne, na Abadia de Romsey, em Hampshire, perto da casa dos Mountbatten, a propriedade rural Broadlands.

Após o encontro em 1939 e durante seus anos de serviço naval durante a guerra, Philip escreveu a Elizabeth cartas "de um lugar ou de outro", em termos que mais tarde descreveu como "os de um relacionamento familiar", sempre negando qualquer sugestão de algo romântico com a prima mais jovem. "Eu não pensava muito a respeito", disse ele a seu biógrafo oficial, Basil Boothroyd. "Nós nos correspondíamos ocasionalmente." Mas a prima Elizabeth via as coisas de maneira muito diferente. Quase vinte anos depois,

Sir John Wheeler-Bennett publicou a biografia oficial do pai dela, George VI, encomendada e analisada palavra por palavra pela rainha Elizabeth II, e embora pudesse ter sido político da parte de tal biógrafo desfazer qualquer impressão de paixonite por parte da rainha quando ainda era tão jovem, o veredito monarquicamente aprovado de Sir John foi enfático em relação ao príncipe Philip da Grécia: "Aquele foi o homem por quem a princesa Elizabeth se apaixonou já no primeiro encontro."

A rainha Mary, avó de Elizabeth, demonstrou interesse no assunto. O casal esteve "apaixonado pelos últimos dezoito meses, talvez mais", confidenciou ela em 1944 a sua dama de companhia, a condessa de Airlie. A rainha idosa gostava de Philip, lembrando-se dele como "um garoto adorável de olhos muito azuis" que tomara chá com ela no Palácio de Buckingham. Desde o início da guerra, ela concedera a ele um lugar de honra em sua lista de crochê, que incluía familiares favoritos para os quais fazia cachecóis de lã.

A mãe da princesa, a rainha Elizabeth, não se mostrava tão convicta. Ela teria gostado de mais evidências de reticência para equilibrar a presunção de Philip, e não gostava das inclinações políticas dele, que em sua opinião tendiam "demais para o porto" (para a esquerda), na tradição subversiva de seu tio Dickie. O isolamento da guerra deixara sua filha pouco qualificada para assumir um compromisso muito importante tão cedo na vida, segundo seus parâmetros, e ela decidiu convidar oficiais da Guarda, jovens e bem-nascidos, para passar os fins de semana em Windsor: os futuros duques de Grafton e Buccleuch, além de Henry Herbert, lorde Porchester, o futuro conde de Carnarvon. Esses belos herdeiros de antigas propriedades tinham um estilo que a rainha achava adequado para a filha, e a princesa gostava da companhia deles. Vários fizeram parte de seu círculo social ao longo dos anos seguintes, particularmente Henry Herbert, conhecido como "Porchey", com quem a princesa já mantinha uma amizade baseada no amor de ambos pelos cavalos. Mas nenhum dos "Primeiros XI" da rainha, como os íntimos maliciosamente os chamavam, produzia a mesma sensação de vivacidade e empolgação que Philip.

"Todo mundo começou a dizer que ele podia ser o escolhido", lembrou Edward Ford, mais tarde um dos secretários particulares de Elizabeth. "Mas ele não era deferente nem obsequioso. Ele se comportava com toda a autoconfiança de um oficial naval que vivenciou uma boa guerra [...]. Não tinha medo algum de dizer a lorde Salisbury [um importante político conservador] quais eram suas opiniões."

LORDE LOUIS "DICKIE" MOUNTBATTEN

Primeiro conde Mountbatten da Birmânia

(1900-1979)

INTERPRETADO POR GREG WISE

Louis Mountbatten, esguio, bonitão, charmoso e orgulhosamente intrometido, podia receber algum crédito pelo excelente casamento de seu sobrinho Philip – e o assumia frequentemente. Nascido real, mas *não muito* real, o "tio Dickie" se aproximou ainda mais do círculo íntimo da realeza durante a velhice, como mentor e "padrinho honorário" do príncipe Charles. Na realidade, Richard não era um de seus nomes – ele fora batizado Louis Francis Albert Victor Nicholas –, e a explicação familiar era que "Dickie" era uma alteração de Nicholas para diferenciá-lo de seu tio Nicky, o czar Nicolau II. Sua carreira naval em tempos de guerra lhe conquistou distinção na Birmânia (atual Mianmar), mas sua maior realização ocorreu entre 1947 e 1948 como último vice-rei da Índia, onde suas energias contiveram ao menos parcialmente os assassinatos na sangrenta separação entre a Índia e o Paquistão. O IRA achou ter conquistado uma significativa vitória ao explodir tio Dickie durante uma viagem para pesca em família nas águas do condado de Sligo em agosto de 1979, mas, na realidade, os assassinos lhe deram uma despedida de herói com a qual ele só poderia ter sonhado. Mesmo os mais ressentidos críticos do ego de Mountbatten tiveram de admitir que ele mereceu tal reconhecimento.

"Os Salisbury e os aristocratas que caçavam com o rei e a rainha não gostavam nem um pouco dele", lembrou Mike Parker. "Nem [Tommy] Lascelles ou os mais antigos na corte. Eles eram totalmente impiedosos com ele." Mas essa resistência só tornou Elizabeth ainda mais determinada. No verão de 1946, Philip tirou algumas semanas de licença de seus deveres como instrutor para se juntar à família na viagem anual à Escócia e lá, de acordo com a lenda, em um local pitoresco nas colinas sobre Balmoral, fez o pedido oficial, o qual foi aceito. Elizabeth faria 21 anos em seu próximo aniversário e esperou, como solicitado pelos pais. Mas sabia quem amava e quem queria.

"Acho que as coisas foram acontecendo naturalmente", explicou Philip mais tarde a seu biógrafo, minimizando sem reservas o romance. "Simplesmente aconteceu."

Motivos práticos determinaram o momento de comunicar a notícia. O Palácio de Buckingham tinha duas prioridades após a vitória: agradecer aos países do Império pelo seu apoio durante a guerra e abrandar a sobrecarregada saúde do rei, e elas foram elegantemente sincronizadas em uma viagem familiar à África do Sul agendada para a primavera de 1947. George VI estava ansioso pelas férias ensolaradas no exterior com o núcleo familiar que chamava de "nós quatro", e, nesse contexto, não havia espaço para um genro.

Eles chegaram a um acordo. O rei consentiu com o noivado da filha, mas ele devia permanecer em segredo até depois da viagem. Naquele outubro, Elizabeth e Philip compareceram ao casamento da filha de lorde Mountbatten, Patricia, na igreja de Romsey, em Hampshire, e jogaram o jogo de manter distância um do outro em público. "Quando eu voltar", disse Elizabeth à amiga de longa data de sua avó, Lady Airlie, agradecendo pelo presente antecipado por seu 21º aniversário, "faremos uma celebração, talvez duas."

A excursão sul-africana foi um triunfo para Elizabeth, culminando em sua consagração ao chegar à maioridade, transmitida pelo rádio na noite de 1º de abril de 1947: "Declaro perante todos", enunciou ela em sua voz límpida e jovem, "que toda minha vida, seja longa, seja breve, será devotada a seu serviço e ao serviço de nossa grande Commonwealth Imperial, à qual todos pertencemos. Mas só terei forças para levar adiante essa resolução se vocês se unirem a mim, como agora os convido a fazer; sei que terei seu apoio infalível."

O texto do discurso fora escrito por Tommy Lascelles, o austero e conservador secretário particular de George VI, cujo resumo da viagem concede lugar de honra a Elizabeth: "Ela se revelou do modo mais surpreendente, e na direção correta", escreveu ele em seu diário. "Quando necessário, sabe enfrentar os velhos chatos com a mesma habilidade da mãe, e jamais se poupa dessa parte exaustiva do dever real. Para uma jovem de sua idade, demonstra espantosa solicitude pelo conforto de outras pessoas." Essa consideração pelo bem-estar alheio, comentou o secretário particular, que servira a George V, Edward VIII e

19 de novembro de 1947. A despedida de solteiro de SAR, barão Greenwich de Greenwich, conde de Merioneth e duque de Edimburgo, cavaleiro da Jarreteira, também conhecido como o recém-nobilitado tenente Philip Mountbatten (centro), seguiu as melhores tradições navais e foi organizada por seu tio, lorde Louis "Dickie" Mountbatten (segundo da direita para a esquerda, segurando um charuto).

George VI, sem mencionar a rainha Mary e a aparentemente charmosa rainha Elizabeth, "não é uma característica comum na família". A princesa Elizabeth chegara à maioridade. Ela estava pronta — e precisava estar. Quando George VI retornou da viagem de 1947 à África do Sul, ele parecia e se sentia horrível. Durante as doze semanas de viagem, perdera quase 8 kg. Sentia câimbras dolorosas nas pernas e seus secretários frequentemente o encontravam no escritório dando chutes na escrivaninha para restaurar a circulação, sinais da aterosclerose causada pelo fumo e pela restrição do fluxo sanguíneo nos membros inferiores. O sintoma mais imediato era seu temperamento irascível, mais violento que nunca, e a obstinada recusa em aceitar que finalmente chegara a hora de a filha se casar com Philip.

Elizabeth e Philip, por sua vez, estavam mais apaixonados e determinados que nunca. No início de junho de 1947, Philip escreveu de maneira apaziguadora à futura sogra, concordando que fora adequado postergar os planos para depois da viagem à África do Sul. Mas agora ele e a princesa queriam começar uma vida juntos. A convicção pessoal de Elizabeth foi o fator decisivo. Quaisquer que fossem as dúvidas de seus pais, ela não tinha nenhuma, e agora tinha 21 anos: era uma adulta que se recusava a aceitar novos adiamentos. A filha obediente finalmente se recusou a ceder e, confrontados por sua determinação, os pais se curvaram ao inevitável. "Ela o conhece desde os 12 anos", escreveu a ainda preocupada rainha à irmã May em 7 de julho de 1947, "*muito secretamente*" (sublinhado em preto e vermelho). "Acho que ela gosta realmente dele e rezo para que seja muito feliz." Três dias depois, o segredo foi revelado. "É com imenso prazer", dizia a declaração do Palácio de Buckingham, "que o rei e a rainha anunciam o noivado de sua muito amada filha, a princesa Elizabeth, com o tenente Philip Mountbatten, oficial da Marinha Real [...] em uma união para a qual o rei deu de bom grado o consentimento." "Eles vieram me ver após o almoço parecendo radiantes", escreveu uma deliciada rainha Mary, que deu à neta algumas joias de família. Mabell Airlie ficou impressionada com a maneira como o surrado uniforme de Philip refletia a austeridade do país: "O vestuário 'pós-guerra' usual [...] Gostei de ele não ter mandado fazer um uniforme novo para a ocasião, como muitos homens teriam feito para causar boa impressão."

A vida era dura na Grã-Bretanha do pós-guerra. O racionamento ainda estava em vigor. Roupas e alimentos só podiam ser comprados com cupons do livreto emitido pelo governo, e a prática de improvisar e remendar, oficialmente encorajada, suscitou perguntas complicadas sobre a escala apropriada do futuro casamento real. Para a princesa Elizabeth, dividir sua alegria com a nação significava dividir também as queixas. O custo e o estilo das celebrações reais seriam fonte de discórdia nacional durante todo o seu reinado, embora tenha sido Aneurin Bevan, o coração vivo da ala esquerdista do Partido Trabalhista, a colocar a polêmica em contexto: "Enquanto existir monarquia", declarou ele, "seu trabalho tem de ser bem-feito." Esse provou ser o consenso nacional no dia do casamento, 20 de novembro de 1947. A lista de mais de 1.500 presentes demonstra a extraordinária generosidade de membros comuns do público, com muitas mulheres economizando seus cupons de racionamento para enviar à princesa o mais cobiçado acessório feminino da época: "351 — Sra. David Mudd: um par de meias-calças de nylon. 352 — Srta. Ethel Newcombe: um corte de renda antiga. 353 — Sra. E. Klarood: um par de meias-calças de nylon." Pessoas que alguns anos antes haviam corrido para abrigos antiaéreos a fim de salvar a própria vida agora podiam celebrar e rir nas ruas. Foi, nas palavras do historiador Ben Pimlott, "uma espécie de desfile da vitória para a liberdade" — e para a monarquia constitucional. "O afeto pelo rei e por sua família", escreveu G. M. Trevelyan no programa oficial do casamento, "fornece calor e drama à consciência racional de todo homem em relação à unidade política e à tradição histórica de seu país. É uma espécie de poesia popular nesses tempos prosaicos."

O casamento ajudou a família a superar suas diferenças. "Fiquei tão orgulhoso de você e emocionado por tê-la a meu lado durante nosso longo trajeto pela Abadia de Westminster", escreveu o rei à filha após a cerimônia. "No entanto, quando entreguei sua mão ao arcebispo, senti que perdera algo muito precioso [...] Estou feliz por você ter escrito e dito à mamãe que a longa espera antes do noivado e do casamento foi acertada [...] Posso ver que você está notavelmente feliz com Philip, o que é certo, mas não se esqueça de nós: esse é o desejo de seu sempre amoroso e devotado PAPA." Para Elizabeth, tudo estava perdoado. "Querida mamãe", escreveu ela em seu segundo dia de lua de mel em Broadlands, a propriedade dos Mountbatten em Hampshire, "nem sei por onde começar, ou o que dizer, mas sei que preciso escrever, pois sinto tanta coisa [...] Acho que tenho a melhor mãe e o melhor pai do mundo, e espero poder criar para meus filhos a atmosfera feliz de amor e justiça na qual Margaret e eu crescemos." A chegada de um herdeiro saudável menos de um ano depois completou a alegria familiar e nacional. O príncipe Charles nasceu em 14 de novembro de 1948 e a princesa Anne, menos de dois anos depois — "criaturinhas celestiais", de acordo com a avó apaixonada: "Não consigo dizer quanta diferença fazem na casa. Todo mundo os ama, e eles nos alegram mais do que consigo explicar. Obrigada, muito obrigada por permitir que viessem ao mundo."

A razão pela qual o príncipe e a princesa estavam com os avós no Royal Lodge do Grande Parque de Windsor no início de 1951 era o fato de a mãe estar no exterior, gozando de um interlúdio único em sua vida, o mais perto que jamais chegaria de uma existência rotineira. A carreira naval de Philip, que ele e o palácio sentiam que devia prosseguir, o levara ao serviço ativo na ilha mediterrânea de Malta, e Elizabeth o acompanhara. Durante três estadas que, somadas, quase chegaram a um ano, ela fez coisas relativamente comuns, como tomar sol e nadar na praia, dirigir o próprio carro e visitar o salão Tony's, em Shema, a cada dez dias, para lavar e escovar os cabelos por seis xelins. Nas noites de sábado, a princesa e o duque se uniam a outros casais navais para jantares dançantes no salão de baile do Hotel Phoenicia, onde Philip ouvia Duke Ellington ("Take the 'A' Train") enquanto Elizabeth bailava animadamente ao som de samba. Em função de suas noites no Balmoral, o casal era excelente na [dança folclórica] Eightsome Reel. "Eles estavam tão relaxados e livres, indo de um lado para outro quando queriam", lembrou John Dean, o valete de Philip, falando das aventuras em Malta. "Acho que foi sua época mais feliz."

Philip, entrementes, realizara o antigo sonho de ser capitão do próprio navio. Após alguns meses como primeiro-tenente do HMS [Navio de Sua Majestade, na sigla em inglês] *Chequers*, um destróier classe C, ele recebeu o comando do HMS *Magpie*, uma fragata da ainda considerável frota britânica no Mediterrâneo. "Dukey", como era chamado pelos homens sem saber, logo impressionou a tripulação por suas habilidades náuticas, contornando difíceis bancos de areia e manobrando o navio com precisão. Philip explicitou para seus homens que os títulos reais jamais deviam ser usados, e os impressionou ainda mais ao tirar a camisa para remar em um dos botes baleeiros da fragata, liderando a tripulação à vitória na regata anual da frota, na qual o *Magpie* venceu seis das dez competições. Em fevereiro de 1951, os rumores diziam que Dukey e a esposa, uma visitante frequente do navio, estavam procurando um alojamento para casal com quartos para as crianças, pois queriam que os filhos pudessem morar com eles.

Em Londres, contudo, a saúde de George VI vinha piorando. Quando inaugurou a exposição do Festival da Grã-Bretanha na margem sul do Tâmisa, em maio de 1951, o rei de 55 anos parecia muito envelhecido e precisou se deitar logo depois, com sintomas que pareciam de gripe. Os exames de raios X revelaram uma mancha em seu pulmão esquerdo, a qual os médicos disseram ser "pneumonite", uma forma menos severa de pneumonia que podia ser tratada com injeções de penicilina. O rei era um bom paciente, anotando de forma cuidadosa os sintomas a fim de facilitar a conversa com os médicos. Ele acreditava particularmente nas prescrições homeopáticas de seu adorado Dr. Weir, e até mesmo nomeara um de seus cavalos de corrida Hypericum em homenagem a um remédio homeopático que Weir lhe receitara.

Com o passar das semanas, o monarca, entretanto, permaneceu relutantemente acamado, incapaz de "se livrar do bicho", como dizia, e Elizabeth voltou de Malta para ajudar com os deveres reais tradicionais de verão. No início de junho, ela leu o discurso de boas-vindas no banquete em homenagem ao rei visitante Haakon, da Noruega, e assumiu o lugar do pai nas celebrações do aniversário real na cerimônia Trooping the Colour [desfile com as bandeiras coloridas dos regimentos] na Parada da Guarda da Cavalaria, montando Winston, o cavalo castanho de 1,60 m que George VI montara em anos anteriores. "Deve ter sido um suplício para ela", escreveu a rainha Mary ao rei, "mas ela se manteve tão calma e serena durante toda a cerimônia que foi um prazer assistir." Perto do fim de julho, Philip retornou a Clarence House, base residencial e comercial em Londres que ele e Elizabeth haviam reformado na avenida The Mall. "Levará muito tempo até que eu os vista de novo", disse ele pesarosamente ao ver seu valete tirar os uniformes brancos da mala. O casal iria para o Canadá no outono, e parecia provável que tivessem de assumir o lugar do rei e da rainha na longa viagem real ao Quênia, ao Ceilão (atual Sri Lanka), à Austrália e à Nova Zelândia, agendada para o ano seguinte. A esperança era que alguns meses de inverno ensolarado fortalecessem a saúde do rei, mas ele ainda não conseguira se livrar da tosse. Novos exames feitos em setembro confirmaram os temores dos médicos, e uma cirurgia foi recomendada.

A princesa Elizabeth e o duque de Edimburgo posam no Palácio de Buckingham em 20 de novembro de 1947 com os convidados do casamento, entre eles o padrinho e primo de Philip, o marquês de Milford Haven (fileira da frente, perto da noiva e à esquerda da princesa Margaret, que segura flores); a rainha-mãe, Elizabeth (fileira da frente, quarta da esquerda para a direita); a rainha Mary (fileira de trás, entre o noivo e a noiva); e a mente satisfeita por trás de todo o evento, lorde Louis "Dickie" Mountbatten (fileira do fundo, terceiro da esquerda para a direita). A lista de convidados não incluía nenhuma das irmãs de Philip que moravam na Alemanha, devido ao gatilho sensível do pós-guerra na Grã-Bretanha. Os maridos de três de suas irmãs eram nazistas proeminentes.

"Se eu ficar bom novamente, não me importo", disse o rei, "mas só de pensar no bisturi do cirurgião..." Ir ao hospital só intensificaria a ansiedade do rei, então os cirurgiões decidiram criar uma réplica exata do principal anfiteatro cirúrgico do Hospital Westminster no interior do palácio, levando uma mesa de cirurgia ajustável, cilindros de gás e oxigênio, luzes de alta intensidade e equipamento de esterilização para a ampla suíte de hóspedes Buhl, no primeiro andar, com vista para a avenida The Mall. Para garantir paz e tranquilidade ao paciente, pediram que a cerimônia diária de troca da guarda no pátio da frente fosse movida para o Palácio de St. James, tanto durante a cirurgia quanto durante as várias semanas de repouso que se seguiriam. O rei foi informado de que "mudanças estruturais" exigiam a remoção de todo o pulmão esquerdo e não perguntou que mudanças eram essas.

Winston Churchill, preparando-se para enfrentar uma eleição geral no mês seguinte, perguntou ao próprio médico, Charles Moran, por que os especialistas falavam em termos tão vagos. "Porque querem evitar a todo custo falar sobre câncer", respondeu Moran. A palavra com "C" jamais foi mencionada ao rei, à rainha ou a qualquer membro da família real, embora o processo de remover o pulmão esquerdo em 23 de setembro tenha deixado evidente para os cirurgiões que o pulmão direito também estava tomado pelo tumor. No melhor prognóstico, George VI tinha somente alguns meses de vida. Na véspera da cirurgia — durante a qual uma multidão de mais de cinco mil pessoas fez vigília silenciosa em frente ao Palácio de Buckingham —, o jornalista Harold Nicolson recebeu um telefonema de Wilson Harris, editor da revista *The Spectator*, pedindo-lhe que escrevesse o obituário do rei com base nas suspeitas de Charles Moran. Moran mais tarde diria a Wilson que, "mesmo que o rei se recupere, não viverá mais um ano".

"O rei [está] muito mal", escreveu Nicolson no dia seguinte. "Ninguém fala de outra coisa, e a eleição foi esquecida. Que coisa estranha é a monarquia!" No início de outubro, o rei ainda não estava forte o bastante para sair de casa e comparecer à reunião do Conselho Privado com o propósito de aprovar as formalidades que suspendiam o Parlamento para a eleição. Assim, em 5 de outubro, uma pequena delegação de conselheiros se reuniu à porta de seu quarto enquanto o lorde presidente lia a pauta do dia. Falando com dificuldade, George VI murmurou "Aprovado" e Lascelles levou os documentos necessários até a cama, a fim de que recebessem a trêmula assinatura real.

A apertada vitória, em 25 de outubro, de seu velho amigo e companheiro de guerra, Winston Churchill, pareceu estimular o monarca. Quando Churchill submeteu a lista de indicações ministeriais para o novo gabinete, os olhos atentos de George VI notaram que o nome de Anthony Eden, indicado a secretário do Exterior, era seguido das palavras "primeiro-ministro adjunto" — um pequeno suborno de Churchill para apaziguar as ambições de seu número dois. O rei removeu imperiosamente essas palavras, pois, em sua opinião, elas infringiam a prerrogativa real de escolher um sucessor caso o primeiro-ministro morresse durante o exercício do cargo ou renunciasse. Com o passar das semanas, ele seguiu se recuperando. Em 14 de novembro, estava bem o bastante para comparecer à festa do terceiro aniversário do príncipe Charles, sendo fotografado no sofá, sentado alegremente ao lado do neto. A sucessão política preordenada podia ser tabu, mas a sucessão real florescia.

Em dezembro, George VI foi capaz de escrever e gravar antecipadamente seu discurso anual de Natal antes de partir para Sandringham, rumo às tradicionais

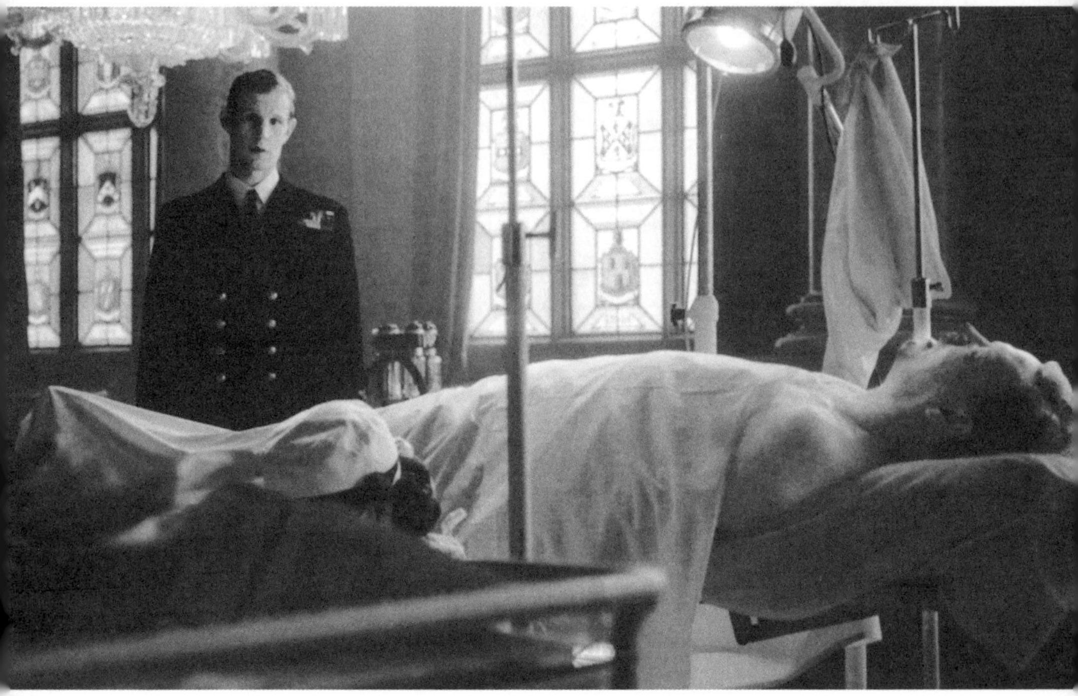

festividades natalinas com a família. O soberano desportista parecia ter recuperado a velha forma e passou várias semanas daquele inverno se dedicando energicamente às caçadas que tanto adorava. Contudo, quando sua filha e o marido partiram para o Quênia, no último dia de janeiro de 1952, prontos para iniciar a longa odisseia para o sul que o rei e a esposa deveriam ter feito, o secretário particular da princesa Elizabeth, Martin Charteris, levou em sua maleta um envelope lacrado que continha um esboço do Discurso de Ascensão, além de mensagens a ambas as câmaras do Parlamento.

SIR JOHN WEIR

Médico homeopata

(1879 - 1971)

INTERPRETADO POR JAMES LAURENSON

O relacionamento de Sir John Weir, médico de George VI e da rainha Mary, com seus pacientes se baseava em um livrinho de bolso que continha "piadas astutas" e "historinhas" que ele lia com um forte sotaque escocês. Mas a confiança deles se baseava primariamente na crença partilhada na homeopatia, a medicina alternativa que busca usar as habilidades de cura do próprio corpo. A homeopatia, argumentava Weir, "não é uma religião, uma seita, um modismo ou uma fraude". Suas pequenas doses de plantas medicinais "meramente estimulam as reações vitais do paciente, e isso faz com que ele cure a si mesmo". Cortesãos como Dermot Morrah, o historiador real, diziam que Weir era "uma ameaça" cujos remédios "charlatães" faziam mais mal do que bem a seus pacientes reais. Mas a rainha-mãe, Elizabeth, e a princesa Alice, duquesa de Gloucester, foram duas pacientes de Weir que viveram confortavelmente para além do centésimo aniversário — com a rainha Elizabeth II e o príncipe Charles também gozando de boa saúde como convertidos tardios à causa da homeopatia.

A ordem da bota

WINSTON CHURCHILL NA OPOSIÇÃO (1945-1951)

Winston Churchill entrou na Abadia de Westminster com timing impecável para o casamento real em 20 de novembro de 1947. O ex-primeiro-ministro estava atrasado (um acidente, de acordo com seus amigos; um cálculo deliberado, na visão de seus críticos), e toda a congregação se levantou para saudá-lo. "Todo mundo se levantou", relatou em seu diário Sir Henry "Chips" Channon, "todos os reis e rainhas." Era difícil acreditar que aquele era o homem que o eleitorado britânico expulsara do poder menos de dois anos antes.

– Winston não tem vergonha? – perguntou "Bobbety", o marquês de Salisbury, no primeiro episódio de *The Crown*, como Peter Morgan imagina que o principal crítico conservador de Churchill teria expressado seu desdém.

– Ele é ultrajante – concorda Anthony Eden, o não tão leal assistente e vice nominal de Churchill. – Mas é preciso admirá-lo... Pobre Attlee. Ninguém se levantou para ele.

O Winston Churchill que conhecemos no início de *The Crown* é teoricamente um homem derrotado, que já não é primeiro-ministro, mas o líder da oposição a Sua Majestade. Quando a Segunda Guerra Mundial se aproximou do fim, na primavera e no verão de 1945, o governo de coalizão interpartidária que Churchill liderara com tanto sucesso desde os dias sombrios de 1940 começou a se desintegrar. A guerra europeia fora vencida com triunfo e, embora o Japão continuasse lutando, o vice-líder da coalizão, Clement Attlee, sentiu que chegara a hora de o Partido Trabalhista atuar sozinho novamente.

Na eleição geral que se seguiu, o eleitorado britânico concordou retumbantemente. Eles queriam um recomeço, entregando ao Partido Trabalhista uma massiva maioria de 146 assentos para implementar seu novo e fulgurante estado de bem-estar social do berço à sepultura, com destaque para o Serviço Nacional de Saúde gratuito e um extenso programa de nacionalização. O rei George VI ofereceu a seu primeiro-ministro, que estava de partida, a comenda de cavaleiro da Jarreteira, mas Churchill declinou. "Como posso aceitar a Ordem da Jarreteira", perguntou ele alguns meses depois, "quando o povo da Inglaterra acabou de me conceder a Ordem da Bota?"

Em outubro de 1951, no entanto, após seis anos de governo socialista, a Grã-Bretanha passara a ver Churchill e o conservadorismo de modo mais gentil. A grande administração reformista de Clement Attlee parecia exaurida por seus esforços, e a vida permanecia difícil para muita gente, com vários itens da vida cotidiana, de doces a tabaco, ainda racionados. O admirável mundo novo prometido pelo Partido Trabalhista ainda não chegara.

Com a aproximação das eleições gerais, os conservadores pareciam oferecer energia renovada e competência prática, com o compromisso de construir trezentas mil casas por ano — e, no interior do partido, algumas vozes influentes defendiam a busca por um novo líder para essa nova fase. Desde 1945, "Bobbety" Cecil (ele se tornou marquês de Salisbury em 1947) liderava um grupo de jovens insatisfeitos do partido conservador Tories que tentava persuadir seu reverenciado, porém idoso líder, a renunciar ou, ao menos, delegar o controle do dia a dia do partido a Anthony Eden, o respeitado secretário do Exterior que o próprio Churchill escolhera para ser seu sucessor designado.

O velho líder, porém, não queria saber de coisa alguma sobre isso. Ele recusou furiosamente ao menos duas ofertas de seus colegas, e Eden se recusou a fazer parte de qualquer golpe — e foi assim que Winston Churchill voltou a morar em Downing Street em 26 de outubro de 1951, depois que o eleitorado concedeu uma vitória estreita aos Tories.

Mas o sorriso no rosto de muitos conservadores era forçado. O Partido Trabalhista vencera no voto popular por ampla margem (48,8% *versus* 44,3%), e fora somente o sistema de maioria simples que dera uma precária maioria de dezessete assentos a Churchill. Bobbety Salisbury e um número crescente de conservadores não duvidavam que o primeiro gesto do partido seria planejar a aposentadoria de seu líder de 76 anos, agora que Churchill conquistara o que dizia ser "o último prêmio do meu desejo".

Retirado de Downing Street em 1945 pelo Partido Trabalhista de Clement Attlee, Winston Churchill reforçou sua reputação de "belicista" em seu discurso de 1946 em Fulton, no Missouri, onde cunhou a expressão "Cortina de Ferro": "De Stettin, no Báltico, a Trieste, no Adriático, uma cortina de ferro desceu sobre o continente." Este artigo descreve como o líder do Partido Conservador e da oposição tentava suavizar sua imagem e voltar ao poder — como fez em outubro de 1951.

O monarca desportista

REI GEORGE VI, UM NOBRE DO CAMPO

Sempre que o trem real percorria os charcos varridos pelo vento de East Anglia em direção à propriedade de sua família em Sandringham, Norfolk, o rei George VI dizia estar "indo para casa". Ele nascera em Sandringham em dezembro de 1895 e, 57 anos depois, morreria lá, tendo passado algumas de suas horas mais felizes percorrendo a área rural de Norfolk de chapéu de tweed e culotes, com uma espingarda apoiada no braço, os olhos nos céus em busca de perdizes, galinhas-d'água e marrecos. Nascido príncipe Albert de York e conhecido pela família como "Bertie", o rei gago interpretou diversos papéis na vida: cadete naval de joelhos tortos, último imperador da Índia, pai da rainha Elizabeth II, apoio firme da monarquia pós-abdicação e obstinado líder em tempos de guerra. Seu segredo para administrar todos esses papéis era manter-se constantemente, no título e no coração, um nobre rural de Norfolk.

Em 1922, aos 27 anos, o futuro rei George VI manteve-se como um nobre rural em seu coração.

Wolferton Splash era seu grande orgulho. Em 19 de janeiro de 1915, a propriedade em Sandringham fora surpreendida por um dos primeiros ataques aéreos alemães à Grã-Bretanha. Os zepelins também haviam bombardeado as cidades vizinhas de King's Lynn e Great Yarmouth, e não havia dúvidas de que o objetivo alemão em Sandringham fora um ataque à família real britânica. Os ataques

Até o fim da vida, o monarca desportista apreciou caminhar pela mata com seus cães de caça.

anteriores tiveram como objetivo atingir (sem sucesso) a família real belga na Antuérpia. Mas as bombas só haviam conseguido criar buracos nos arenosos pântanos de água salgada ao longo do estuário The Wash, e uma dessas crateras, perto do vilarejo de Wolferton — até a década de 1960 o local da estação ferroviária de Sandringham —, enchera-se de água e passou a atrair patos-selvagens. O que significava que também começou a atrair caçadores de olhos aguçados. Quando George VI assumiu a propriedade, em 1937, fez com que o laguinho de Wolferton Splash fosse ampliado, e esse se tornou um destino favorito durante suas expedições de inverno.

O jovem príncipe Albert de York começara sua carreira de caçador perto de Wolferton, aos 12 anos, anotando os detalhes na primeira página de seu livro de caça novinho em folha: "23 de dezembro de 1907. Sandringham Wolferton Warren. Papa, David e eu. Um faisão, 47 coelhos. Meu primeiro dia atirando." Papa era seu pai, George V, que semeara nele a paixão pelos esportes ao ar livre; David era seu irmão mais velho, o futuro Edward VIII, que em breve passaria a achar as caçadas tediosas. "Usei uma espingarda de cano simples com antecarga com a qual vovô [o rei Edward VII], tio Eddy [Albert Victor, duque de Clarence] e Papa caçaram pela primeira vez. Abati três coelhos."

Nos anos que se seguiram, o livro real de caça documentou sequências de acontecimentos que, para alguém de fora e ainda não desportista, só pode parecer um massacre indiscriminado. Mas a caçada é o domínio do nobre rural e, como tal, George VI se tornou notório por afastar a agenda de Sandringham das caçadas formais de faisões superalimentados e lentos que faziam as vezes de esporte nos tempos eduardianos, seguidas de almoço servido por criados de libré sob uma tenda. Ele gostava de intensas incursões com os funcionários da propriedade, percorrendo toda a região e caçando aves escondidas nas sebes, parando somente para um sanduíche rápido e um gole de uísque ao lado de um monte de feno — e

Em agosto de 1943, a família real caminha pelos campos de Sandringham, convertidos à produção agrícola para ajudar no esforço de guerra. A princesa Elizabeth, então com 17 anos, e a princesa Margaret, com apenas treze, carregam as guias dos cães.

não caçava somente em tempo bom. "Neve e um vento leste muito frio", escreveu em seu livro de caça em janeiro de certo ano. "Passei quatro horas escondido em uma plantação de couve-crespa." Modesto e generoso com seus convidados, George VI também abandonou a tradição de seu pai e do avô, segundo a qual o rei assumia o melhor lugar em cada posição de tiro ao longo do dia.

Sua última caçada, em 5 de fevereiro de 1952, foi uma das difíceis incursões de fim de temporada que ele adorava, e os detalhes não foram registrados em seu livro de caça. Mas seu vizinho de Norfolk e colega desportista Aubrey Buxton descreveu a cena: "O arco amplo do céu azul, o sol e as longas sombras, o estalar das folhas sob os pés e o chamado de acasalamento das perdizes soando evidentemente pelos campos extensos. Todos os homens do rei estavam presentes, sua equipe, alguns amigos, seus guarda-caças, os funcionários da propriedade, alguns policiais locais e guarda-caças visitantes." E eles foram atrás das aves escondidas nas sebes...

2
HYDE PARK CORNER
O rei está morto

Em 5 de fevereiro de 1952, aos 56 anos, o rei George VI, último imperador da Índia e primeiro líder da Commonwealth, saiu para uma caçada revigorante de fim de temporada nos bosques e charcos de sua adorada Sandringham. Excelente atirador, matou três lebres com seus últimos três tiros e voltou para casa feliz. Algumas horas depois, estava morto.

O valete do rei não conseguiu acordá-lo na manhã seguinte. O rei sofrera uma trombose durante a noite, resultado da drástica cirurgia de remoção do pulmão que fora realizada em setembro, em uma vã tentativa de impedir o progresso do câncer. Fora do círculo de médicos reais, somente Winston Churchill sabia a verdade sobre o estado de saúde do rei, no entanto, quando a notícia de sua morte chegou a Downing Street na manhã de 6 de fevereiro, sentado na cama de pijama, fumando um charuto e cercado por documentos de Estado, o primeiro-ministro de 77 anos foi às lágrimas.

"Má notícia?", rosnou ele. "É a pior!"

Início de fevereiro de 1952. A princesa Elizabeth e o duque de Edimburgo admiram a vista de uma ponte no parque Sagana Lodge, no Quênia, sua primeira parada no que esperavam ser uma longa viagem real pela África, atravessando o Ceilão, passando pela Austrália e indo até a Nova Zelândia. Mas então veio a má notícia: "Hyde Park Corner."

"Tentei animá-lo comentando como ele se daria bem com a nova rainha", registrou seu secretário particular, John Colville, em seu diário. "Mas ele respondeu que não a conhecia e ela era apenas uma criança."

A morte do rei deu início a uma série de procedimentos sob o código "Hyde Park Corner", começando com um telegrama enviado ao Alto-Comissariado Britânico em Nairóbi, no Quênia, onde a princesa Elizabeth chegara com o marido, o duque de Edimburgo, cinco dias antes. Representando o rei doente, o casal acabara de completar a primeira escala de uma viagem pela Commonwealth que os levaria da África ao Ceilão, Austrália e Nova Zelândia.

O episódio 2 de *The Crown* retrata as empolgantes e bastante perigosas horas finais de Elizabeth como princesa, cercada por elefantes selvagens enquanto abria caminho com o marido até o lendário Hotel Treetops, construído a onze metros do solo, nos galhos de uma figueira gigante no Parque Nacional Aberdare, no Quênia. Muitos espectadores podem ter achado que a cena se originou na imaginação do criador de *The Crown*, Peter Morgan. Na verdade, ela foi baseada nas memórias do coronel Jim Corbett, o caçador inglês que acompanhou o casal real durante a viagem.

"No curso de uma longa vida, vi alguns atos corajosos", lembrou Corbett tempos depois, "mas poucos se comparam ao que testemunhei naquele quinto dia de fevereiro [de 1952]. A princesa e seus companheiros, que jamais haviam pisado em uma floresta africana, partiram naquele dia glorioso para ir pacificamente até o Treetops e, do momento em que partiram, seus ouvidos foram tomados de assalto [...] pelo tumulto de elefantes furiosos."

O casal real caminhou por uma trilha estreita que fora aberta — e ainda era usada constantemente — por rinocerontes, búfalos e elefantes. As únicas rotas de fuga humanas eram escadas pregadas a esparsas árvores ao longo da trilha.

"Em fila única, em meio à mata densa, cuja visibilidade em certos locais era limitada a um ou dois metros" continuou Corbett, "eles foram na direção daqueles sons, que se tornavam mais estarrecedores conforme nos aproximávamos. E então, quando chegaram a uma curva do caminho na qual conseguiram ver os elefantes, descobriram que teriam de passar a dez metros deles para atingir a segurança da escada [do Hotel Treetops].

Uma grande fêmea vigiava seu filhote. "Suei frio", disse um dos guardas-florestais mais tarde. No entanto, protegidos pelas armas, Elizabeth e o marido cruzaram a clareira e subiram a escada. Um minuto depois, a princesa estava no balcão com sua câmera, filmando os elefantes.

O secretário particular Martin Charteris corre até o centro de imprensa britânico para dar a notícia da morte do rei à desavisada Elizabeth II, que se preparava para a próxima parada da viagem — que seria cancelada.

E foi assim que, na madrugada de 6 de fevereiro de 1952, Elizabeth II se tornou rainha enquanto estava sentada nos galhos de uma figueira gigante. O momento é marcado em *The Crown* pelo voo de uma magnífica águia-pescadora-africana, que surge do nada e paira sobre a princesa como misterioso arauto de seu destino. Essa cena foi baseada em outra memória da época, dessa vez do comandante Michael Parker, ligado à Marinha e secretário particular do duque de Edimburgo, que persuadira o casal a assistir ao nascer do sol na selva e ficou impressionado com a majestade da grande ave de rapina que pairou sobre eles em aparente saudação.

"Só pensei nisso bem depois", escreveu ele. "Mas foi mais ou menos naquele momento que o rei morreu."

Por um estranho acaso, no entanto, a nova rainha foi uma das últimas pessoas do mundo a saber de sua ascensão. Quando o crucial telegrama "Hyde Park Corner" chegou a Nairóbi, na manhã de 6 de fevereiro, o alto-comissário já partira com a maioria de sua equipe para Mombaça, onde se despediria de seus convidados reais, que estavam indo para o Ceilão — levando consigo o livro oficial de códigos. (Também em Mombaça, já embalados para a viagem, estavam muitos itens do guarda-roupa formal de Elizabeth, incluindo o traje preto de luto que sempre acompanha a realeza. Um telegrama para o Palácio

MARTIN CHARTERIS

(1913-1999)

INTERPRETADO POR HARRY HADDEN-PATON

O irônico e questionador Martin Charteris achava que a função da monarquia era divertir — "desenrolar o tapete da felicidade nacional" —, e o ex-tenente-coronel (King's Royal Rifle Corps) levou esse mesmo sentimento de alegre vivacidade para o trabalho enquanto exerceu a função de secretário particular de Elizabeth II tanto como princesa (1950-1952) quanto como rainha (1972-1977), com um período intermediário de vinte anos como leal subordinado de Tommy Lascelles e Michael Adeane. "Simplesmente me apaixonei por ela quando a conheci", confessou ele tempos depois. "Ela era tão jovem, bela e devotada; a mais impressionante das mulheres." Os discursos reais se tornaram bem-humorados no dia em que Charteris assumiu a função de redator de discursos, exibindo talento para colocar em palavras as ideias de sua chefe. Foi isso o que tornou tão fascinante a entrevista pós-aposentadoria que Charteris concedeu à revista *The Spectator*: nela, ele chamou o príncipe Charles de "chorão", a princesa Margaret de "fada má", disse que a rainha-mãe tinha "atitude de avestruz" e classificou como Sarah Ferguson de "vulgar, vulgar, vulgar!". Logo depois de a entrevista ser publicada, tanto a rainha quanto a rainha-mãe convidaram o querido Martin para um almoço.

de Buckingham garantiu que um chapéu preto fosse levado discretamente ao avião real no dia seguinte, quando a rainha voltou para Londres.)

Enquanto os telegramas se empilhavam na sede do governo, foi o secretário particular de Elizabeth, Martin Charteris, quem notou algo errado ao ser chamado ao telefone no centro de imprensa britânico. Na cabine, ele encontrou um jornalista que parecia atordoado e pálido, com ar ausente e girando um maço de cigarros entre os dedos, como lembrou Charteris depois. O telégrafo da Reuters acabara de repassar a grave notícia, vinda de Londres, que o governo achava já não poder manter em segredo. Foi Michael Parker quem, alertado por Charteris a partir do centro de imprensa, teve de dar a notícia da morte do rei a Philip no Sagana Lodge. "Ele tinha o ar de quem carrega metade do mundo nos ombros", lembrou Parker. "Nunca senti tanta pena de alguém."

Philip afastou a esposa dos outros. "Ele a levou para o jardim", lembrou Parker. "E eles caminharam lentamente de um lado para outro do gramado enquanto ele falava com ela."

Quando Charteris chegou ao Sagana, encontrou o casal sozinho no quarto, com Philip deitado no sofá, segurando um exemplar do *Times* sobre o rosto, como se fosse uma tenda. O rosto da nova rainha estava vermelho, mas não havia sinal de lágrimas. "Ela estava sentada com as costas eretas, tendo aceitado integralmente seu destino", lembrou Charteris, que ficou impressionado com a compostura com a qual Elizabeth insistiu em escrever pessoalmente os telegramas de desculpas àqueles que esperavam por ela nos destinos seguintes da agora cancelada viagem. Quando o secretário particular perguntou como ela desejava ser chamada, agora que era rainha — querendo saber qual seria seu nome real —, ela respondeu abruptamente: "Por meu próprio nome, é lógico."

Elizabeth II deixou o Sagana usando o mesmo jeans que usara no Treetops, pedindo que os três fotógrafos presentes não registrassem a imagem. "Ficamos em pé na frente do hotel, em silêncio, enquanto os carros partiam em meio a uma nuvem de poeira", lembrou um deles, John Jochimsen, "e nenhum de nós registrou aquele momento histórico. Senti a tristeza daquela jovem, que agora era rainha da Grã-Bretanha, quando ela ergueu a mão para se despedir dos fotógrafos silenciosos, com as câmeras no chão."

No longo voo de 19 horas de volta a Londres, o valete de Philip, John Dean, notou que a nova rainha deixou sua poltrona uma ou duas vezes. Quando retornou, parecia ter chorado. Mas ninguém viu lágrimas. A prima de Philip, Pamela Mountbatten, que os acompanhara na viagem como dama de companhia, lembrou que Elizabeth se desculpou por estragar a

viagem pelo sul do Pacífico, pela qual todos estavam ansiosos. "Sinto muito por termos de voltar para casa", disse ela durante a partida do Sagana.

A relutância de Elizabeth II em adotar a altivez requerida por seu novo cargo se provaria uma característica que definiria seu estilo discreto como monarca — juntamente com seu humor seco. Quando a aeronave finalmente taxiou no aeroporto de Heathrow, ela olhou pela janela e viu a fileira de carros oficiais, grandes e pretos, que a esperavam.

"Veja só", disse ela. "Eles mandaram os carros funerários."

Uma cena memorável do segundo episódio de *The Crown* mostra o interior do DC-4 real (um avião a hélice) no momento em que para diante da fileira de dignitários de cabeça descoberta que aguardavam no início da noite de 7 de fevereiro no aeroporto de Londres. Tommy Lascelles sobe a bordo para se encarregar do protocolo, e bloqueia o duque de Edimburgo quando ele se adianta para acompanhar a esposa na escada até a pista.

"Não, senhor. Sinto muito", disse Lascelles. "Mas a Coroa assume precedência."

Será que aconteceu exatamente assim? Os detalhes não foram registrados. Mas essa conversa, ou uma muito similar, produziu a imagem da jovem rainha — não Elizabeth Mountbatten ou Elizabeth Windsor, mas uma nova pessoa, Elizabeth Regina, a rainha Elizabeth —, vestida de preto, descendo as escadas sozinha em direção ao primeiro-ministro e aos representantes do governo.

O diplomata Sir Evelyn Shuckburgh observou que foi "a versão do século XX de [lorde] Melbourne galopando até o Palácio de Kensington e se ajoelhando perante a rainha Vitória de camisola."

Quando Elizabeth chegou a Clarence House, sua primeira visitante foi a avó, a rainha Mary, que chegou diretamente de Marlborough House, na porta ao lado. Durante toda a sua vida, Elizabeth fizera reverência para a avó, mas agora os papéis haviam se invertido.

"Sua velha avó e súdita", declarou a rainha Mary com orgulho e pesar. "Deve ser a primeira a beijar sua mão."

No dia seguinte, 8 de fevereiro de 1952, o primeiro ato oficial da nova rainha foi se reunir com o Conselho de Ascensão no Palácio de St. James.

"Com a súbita morte de meu querido pai", disse ela, "sou chamada a assumir os deveres e responsabilidades de soberana [...] Meu coração está pesado demais e tudo que consigo dizer é que sempre trabalharei, como fez meu pai durante seu reinado, para defender o governo constitucional e promover a felicidade e a prosperidade de meus povos, espalhados por todo o mundo. Sei que, em minha determinação de seguir seu brilhante exemplo de serviço e devoção, serei inspirada pela lealdade e afeição daqueles cuja rainha fui chamada a ser [...] Rezo para que Deus me ajude a desempenhar dignamente a pesada tarefa que me foi designada tão cedo na vida."

"A entrada da rainha", escreveu o futuro primeiro-ministro Harold Macmillan em seu diário, "as profundas reverências de seus conselheiros, a firme, mas encantadora voz com a qual ela fez seu discurso e passou pelas várias cerimônias do ritual causaram profunda impressão em todos nós."

A Grã-Bretanha ainda estava nas garras da austeridade do pós-guerra, e Macmillan achou que os políticos reunidos, com seus casacos escuros e calças listradas, tinham "uma aparência maltrapilha e desleixada". Ele também notou que, embora a nova monarca tivesse sido proclamada "rainha Elizabeth, a Segunda, pela graça de Deus rainha deste reino e de todos os seus outros reinos e territórios", os escoceses argumentariam que ela era, na verdade, somente rainha Elizabeth, a Primeira da Escócia, uma vez que a Escócia só entrara para a União em 1603. (Churchill mais tarde solucionaria esse problema decidindo que o título real na Escócia seria ER, de Elizabeth Regina.)

"Devia haver quase duzentos conselheiros presentes", lembrou Oliver Lyttelton, secretário de Estado das Colônias. "A porta se abriu e a rainha entrou, toda de preto. Subitamente, os membros do Conselho Privado pareceram incomensuravelmente idosos, encurvados e cinzentos. A rainha fez um dos discursos mais comoventes que já ouvi, e eu, como muitos outros, tive dificuldade para controlar a emoção."

Reunido somente uma vez no início de cada reinado, o Conselho de Ascensão é constituído pelos conselheiros privados (muitos dos quais são atuais ou antigos ministros de gabinete), grandes oficiais do Estado, o prefeito de Londres, servidores públicos importantes e representantes da Commonwealth. Sua principal função é preparar e assinar a Proclamação de Ascensão, que é lida no balcão do Palácio de St. James e em outros lugares do país.

"Foi uma ocasião muito emocionante", escreveu Vincent Massey, novo governador-geral do Canadá. "Uma figura esbelta, vestida de luto, entrou sozinha no grande salão e, com intensa, mas perfeitamente controlada emoção, realizou as exigentes tarefas prescritas pela Constituição. Seus discursos foram perfeitos. Em seguida, o príncipe Philip [...] se aproximou e a conduziu discretamente pela porta."

Entrementes, nos bastidores, o amotinado gabinete de Churchill analisava as implicações políticas da mudança de monarca. Liderado pelo secretário do Exterior, Sir Anthony Eden, um grupo de conservadores sentia que o primeiro-ministro de 77 anos estava perdendo as faculdades mentais e devia

Seis de fevereiro de 1952. Os jornais anunciam a morte do rei George VI. "No fim", declarou Winston Churchill, "a morte lhe chegou como uma amiga e, após um dia feliz de sol e esporte e o 'boa noite' daqueles que mais o amavam, ele adormeceu como todo homem ou mulher temente a Deus [...] espera adormecer."

ser substituído por um líder mais jovem e dinâmico — o próprio Eden, na verdade. No dia seguinte à morte do rei, Churchill dormira demais e não conseguira presidir a reunião de gabinete que ele mesmo convocara — "estando exausto", de acordo com Harold Macmillan, "em função das emoções de ontem". Antecipando que a ascensão da nova e jovem rainha evidenciaria a fragilidade do velho guerreiro, seus críticos esperavam ansiosamente pelo discurso radiofônico que ele teria de preparar rapidamente em homenagem ao falecido rei, confiantes de que trocaria palavras ou esqueceria frases.

Em certo momento do discurso, suas esperanças pareceram justificadas. "Meus amigos, nenhum ministro", declarou Churchill em seu discurso ao vivo na rádio BBC em 7 de fevereiro de 1952, antes de fazer uma pausa e parecer hesitar, "suponho que nenhum ministro... tenho certeza de que nenhum ministro viu tanto o rei durante a guerra quanto eu."

Na verdade, a muito humana hesitação de Churchill só serviu para dar ainda mais força ao seu sincero tributo ao monarca morto e à sua emotiva evocação de uma nova era elisabetana. O discurso, que ele intitulou "Por valor", o lema da Cruz Vitória, a maior condecoração britânica por coragem,

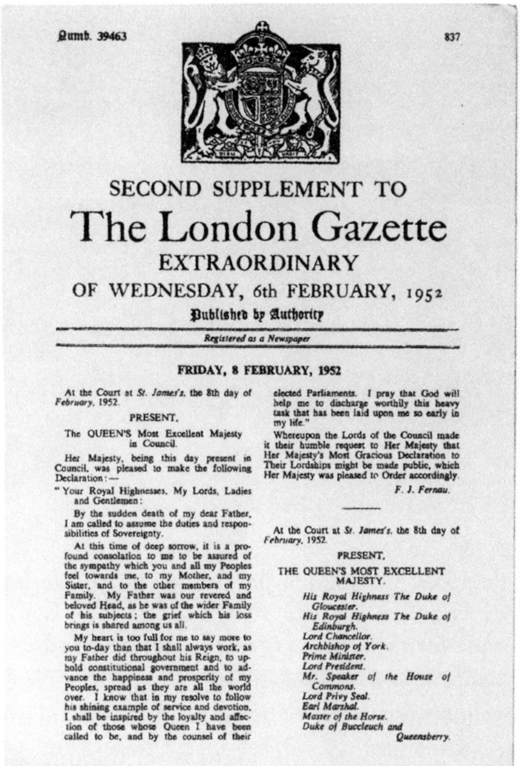

Numb. 39463 837

SECOND SUPPLEMENT TO

The London Gazette

EXTRAORDINARY

OF WEDNESDAY, 6th FEBRUARY, 1952

Published by Authority

Registered as a Newspaper

FRIDAY, 8 FEBRUARY, 1952

At the Court at *St. James's*, the 8th day of *February*, 1952.

PRESENT,

The QUEEN'S Most Excellent Majesty in Council.

Her Majesty, being this day present in Council, was pleased to make the following Declaration: —

"Your Royal Highnesses, My Lords, Ladies and Gentlemen:

By the sudden death of my dear Father, I am called to assume the duties and responsibilities of Sovereignty.

At this time of deep sorrow, it is a profound consolation to me to be assured of the sympathy which you and all my Peoples feel towards me, to my Mother, and my Sister, and to the other members of my Family. My Father was our revered and beloved Head, as he was of the wider Family of his subjects; the grief which his loss brings is shared among us all.

My heart is too full for me to say more to you to-day than that I shall always work, as my Father did throughout his Reign, to uphold constitutional government and to advance the happiness and prosperity of my Peoples, spread as they are all the world over. I know that in my resolve to follow his shining example of service and devotion, I shall be inspired by the loyalty and affection of those whose Queen I have been called to be, and by the counsel of their elected Parliaments. I pray that God will help me to discharge worthily this heavy task that has been laid upon me so early in my life."

Whereupon the Lords of the Council made it their humble request to Her Majesty that Her Majesty's Most Gracious Declaration to Their Lordships might be made public, which Her Majesty was pleased to Order accordingly.

F. J. Fernau.

At the Court at *St. James's*, the 8th day of *February*, 1952.

PRESENT,

THE QUEEN'S MOST EXCELLENT MAJESTY.

His Royal Highness The Duke of Gloucester.
His Royal Highness The Duke of Edinburgh.
Lord Chancellor.
Archbishop of York.
Prime Minister.
Lord President.
Mr. Speaker of the House of Commons.
Lord Privy Seal.
Earl Marshal.
Master of the Horse.
Duke of Buccleuch and Queensberry.

provou-se um triunfo, estando à altura das grandes conclusões com que ele unira o país durante os dias mais sombrios da Segunda Guerra Mundial.

As cenas finais de "Hyde Park Corner" retratam os críticos de Churchill — Eden e Robert "Bobbety" Cecil, o quinto marquês de Salisbury e líder da Câmara dos Lordes, juntamente com Clement Attlee, o ex-primeiro-ministro trabalhista e líder da oposição — digerindo o trêmulo brilhantismo da oratória do primeiro-ministro. Churchill estava seguro como líder do primeiro governo de Elizabeth II, ao menos por algum tempo, ao conjurar a memória do pai que ela e a nação haviam perdido.

"Nos últimos meses", declarou ele ao microfone, "o rei caminhou com a morte como se ela fosse uma companheira, alguém que ele reconhecia e já não temia. No fim, a morte lhe chegou como uma amiga e, após um dia feliz de sol e esporte e o 'boa noite' daqueles que mais o amavam, ele adormeceu como todo homem ou mulher temente a Deus [...] espera adormecer.

11 de fevereiro de 1952. Carregado por uma guarda de honra, o caixão do rei George VI chega à estação King's Cross, em Londres, vindo de Sandringham, onde fora velado na igreja local por dois dias.

"Meus amigos, nenhum ministro, suponho que nenhum ministro... tenho certeza de que nenhum ministro viu tanto o rei durante a guerra quanto eu. Eu me assegurei de que ele fosse informado de cada questão secreta, e o cuidado e a atenção com que ele dominava o imenso fluxo diário de documentos de Estado causaram profunda impressão em minha mente [...].

"Durante quinze anos, George VI foi rei. Nunca, em nenhum momento, apesar de todas as perplexidades domésticas e externas, em público ou em particular, ele falhou com seus deveres. Ele merece a homenagem de despedida de todos os governos e povos.

"É nesse momento que nossa compaixão e simpatia se dirigem a sua consorte e viúva [a rainha Elizabeth, agora rainha-mãe] [...] a mulher corajosa, com o famoso sangue da Escócia nas veias, que apoiou o rei George com seu trabalho pesado e em todos os seus problemas e criou as duas belas e cativantes filhas que hoje lamentam a morte do pai. Que a ela sejam concedidas forças para suportar o pesar [...].

"Agora, devo deixar os tesouros do passado e me voltar para o futuro. Famosos foram os reinados de nossas rainhas. Alguns dos mais grandiosos períodos de nossa história se desdobraram sob seus cetros. Agora que temos a segunda rainha Elizabeth, que também ascende ao trono em seu 26º ano de vida, nossos pensamentos retrocedem quase quatrocentos anos, para a magnífica figura que presidiu e, de muitas maneiras, personificou e inspirou a grandeza e a genialidade da era elizabetana.

"A rainha Elizabeth II, como sua antecessora, não passou a infância na expectativa certa da Coroa. Mas já a conhecemos bem, e entendemos por que seus dons, e os de seu marido, o duque de Edimburgo, encantaram a única parte de nossa Commonwealth que ela conseguiu visitar. Ela já foi aclamada como rainha do Canadá. Também a aclamamos [...] e, amanhã, a proclamação de sua soberania comandará a lealdade de sua terra natal e de todas as outras partes da Commonwealth e do Império Britânico.

"Eu, que passei a infância nas glórias augustas, incontestes e tranquilas da era vitoriana, também me comovo ao invocar mais uma vez a prece e o hino 'Deus salve a rainha!'."

11 de fevereiro de 1952. Após seu retorno da África em 7 de fevereiro, a nova rainha, Elizabeth II, viajou para Sandringham a fim de se reunir à mãe e à irmã enlutadas. Lá, ela seguiu o caixão do pai até a igreja, onde os habitantes locais e os funcionários da propriedade prestaram suas homenagens, antes que o corpo do rei fosse levado em sua jornada final até Londres, partindo da estação Wolferton, em Norfolk, de onde Elizabeth (à direita) o seguiu.

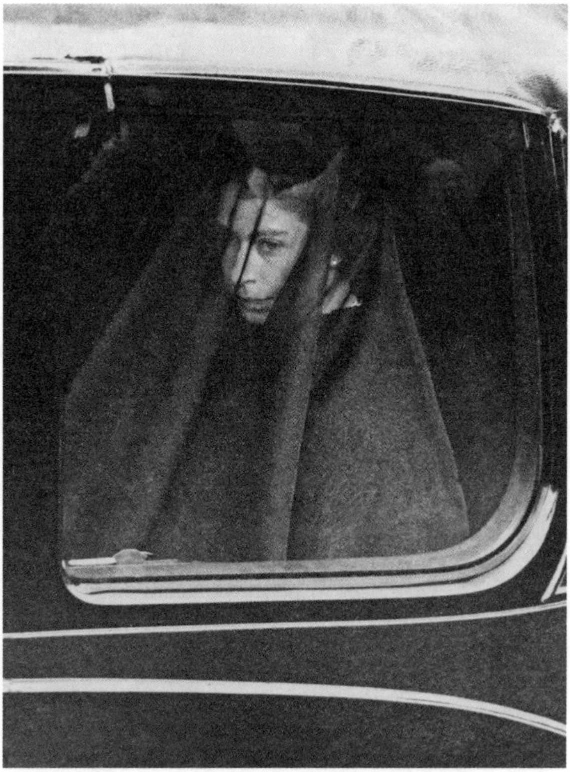

Tabaco

A LETAL MALDIÇÃO REAL

Vitimado por um câncer de pulmão, o **rei George VI** foi o quarto monarca britânico do século XX a morrer em decorrência do fumo.

Seu avô "Bertie", **o rei Edward VII**, era passionalmente devotado ao tabaco, se esforçando, como príncipe de Gales, para popularizar o consumo de charutos e ajudando a endossar a observação de um conhecido, o dramaturgo Edward Bulwer-Lytton: "Um bom charuto é um conforto tão eficaz para o homem quanto o choro é para a mulher." Em 1878, o então príncipe, que fumava doze charutos grandes e vinte cigarros por dia, concedeu à tabacaria londrina Benson & Hedges o título de fornecedora da corte. Sua mãe, a rainha Vitória, desaprovou com veemência. Durante todo o longo reinado dela, charutos, cachimbos e cigarros haviam sido estritamente banidos da corte, e foi com despudorado prazer que, ao fim do jantar na noite seguinte à morte da mãe, em 22 de janeiro de 1901, Bertie declarou: "Cavalheiros, podem fumar!" Tendo 59 anos quando subiu ao trono, o obeso Edward VII foi perseguido pelas doenças, sofrendo de enfisema, bronquite crônica e vários ataques cardíacos, vindo a morrer de pneumonia aos 69 anos, em 1911.

Seu menos exuberante filho, **o rei George V**, partilhava o amor do pai pelo tabaco e frequentemente foi considerado o modelo do marinheiro barbado retratado nas carteiras do cigarro Player's Navy Cut. Sofrendo de bronquite e de numerosos problemas nos pulmões durante a maior parte da vida, ele morreu em janeiro de 1936 em função de uma infecção respiratória viral, aos 68 anos.

Segurando seu cachimbo, o rei George VI visita o Natal National Park durante viagem real à África do Sul em abril de 1947, com sua filha, a princesa Elizabeth.

Como príncipe de Gales, o futuro rei Edward VIII raramente era retratado na década de 1920 sem um cigarro pendendo elegantemente dos lábios ou dos dedos.

Edward VIII, o filho mais velho e breve sucessor de George V, que abdicou em dezembro de 1936, raramente era retratado sem um cigarro pendendo elegantemente dos lábios ou dos dedos. Como duque de Windsor, ele resistiu aos esforços das empresas de publicidade que queriam que endossasse seus produtos, mas, como governador das Bahamas durante a Segunda Guerra Mundial, não impediu que a esposa emprestasse o nome dela à campanha dos cigarros Chesterfield. "Nossos registros mostram", escreveu a duquesa de Windsor da cantina da United Services em Nassau, em 1943, "que todos os dias nossos fumantes demonstram preferência pelo Chesterfield acima de todas as outras marcas, em uma margem de quatro para um."

"A duquesa, norte-americana de nascimento", explicou a Chesterfield, "trabalhava duro na cantina para entreter tropas tanto norte-americanas quanto aliadas. Ela tenta ativamente fazer os soldados que são seus hóspedes se sentirem em casa, cozinhando ovos com bacon, carregando bandejas e distribuindo cigarros." O duque de Windsor morreu de câncer na garganta na Villa Windsor, perto de Paris, em 1972, e a duquesa o seguiu 14 anos depois, tendo sofrido de circulação sanguínea deficiente, demência e, por fim, perda da fala.

A viúva de George V, a **rainha Mary**, uma fumante inveterada, morreu de câncer de pulmão em 1953, aos 85 anos, e a **princesa Margaret**, que por muitos anos fumou trinta cigarros por dia e sofreu de enxaqueca, laringite, bronquite, hepatite e pneumonia, morreu de infarto aos 71. Contemplando esse triste histórico médico, o príncipe Charles, não fumante resoluto, provavelmente

Em 1943, o duque de Windsor e a esposa ficaram felizes quando essa brilhante declaração da duquesa foi vinculada em campanha em favor dos cigarros Chesterfield.

esteve por trás da remoção, na década de 1990, do título de fornecedora real da Gallagher, a fabricante, no século XX, dos cigarros Benson & Hedges, Silk Cut, Kensitas, Senior Service e outros. Por sugestão do filho, a rainha Elizabeth II cancelou o fornecimento de tabaco e seus subprodutos às residências reais. Assim, em 2000, após 122 anos, o brasão real finalmente desapareceu de todas as embalagens de tabaco britânico, fossem cigarros, fossem charutos.

Rainha Alexandrina, rei David e dois reis Albert

OS NOMES QUE PODERIAM TER PERTENCIDO A MONARCAS BRITÂNICOS...

RAINHA VITÓRIA
(1837–1901)

A decisão de Elizabeth II de manter o próprio nome como "nome real" foi bastante incomum na história moderna da monarquia britânica.

Sua tataravó, a **rainha Vitória (1837-1901)**, foi batizada Alexandrina Victoria, em homenagem ao padrinho, o czar Alexander I, e à mãe, Marie Louise Victoire. Durante a infância, era conhecida pela família como "Drina", e os documentos de ascensão preparados no primeiro dia de seu reinado a proclamavam rainha Alexandrina Victoria. Mas a nova monarca insistiu em ser chamada somente de Vitória, porque desenvolvera forte afeto pelo segundo nome — uma escolha na qual foi encorajada pelo tio e antecessor, o rei William IV, o "rei marinheiro". William achava que a Marinha gostaria disso: ele sugeriu que os marinheiros tatuassem o rosto e o nome de Vitória no braço, imaginando que a rainha fora batizada em homenagem ao famoso navio-almirante de Nelson, o HMS *Victory*.

O bisavô de Elizabeth, o **rei Edward VII (1901-1911)**, foi batizado em homenagem a seu altivo, mas desaprovador pai, o príncipe consorte Albert. Foi como sinal de respeito filial que o novo rei sugeriu a seu Conselho de Ascensão, em 1901, que o nome "Albert, o Bom" reinasse solitário. Mas os biógrafos modernos do monarca amante da diversão sugerem o oposto: que "Bertie" mal podia esperar para se afastar da memória de um pai que jamais o achara bom o bastante.

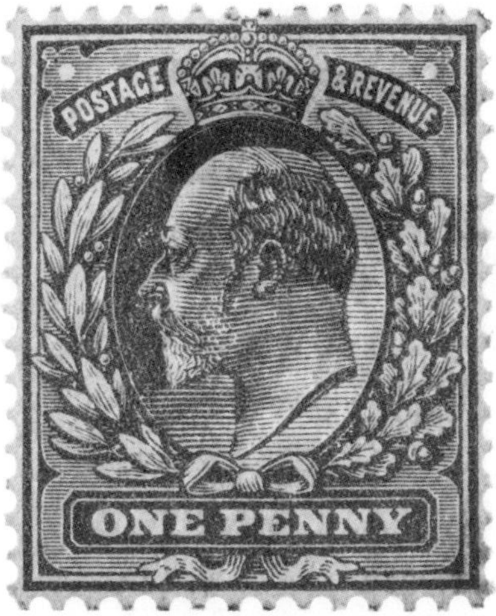

REI EDWARD VII
(1901–1911)

GEORGE V
(1911–1936)

O avô de Elizabeth, **George V (1911-1936)**, foi o único entre os antecessores modernos da rainha a escolher reinar sob o nome pelo qual a família o conhecia na infância.

Edward VIII (1936) foi batizado Edward Albert Christian George Andrew Patrick David, com seus últimos quatro nomes sendo os nomes dos santos patronos da Inglaterra, da Escócia, da Irlanda e de Gales. Seus pais escolheram chamá-lo de David — talvez em referência ao fato de que ele se tornaria príncipe de Gales. Ele se deu ao trabalho de aprender um pouquinho de galês ao ser investido como príncipe de Gales, em 1911, mas, tanto como príncipe quanto como rei, David adotou o mais histórico nome Edward.

O pai de Elizabeth, **George VI (1936-1952)**, antes príncipe Albert, duque de York, era conhecido pela família como "Bertie", assim como seu avô Edward VII. Contudo, quando chegou a hora de escolher seu nome real na conturbada sequência da abdicação, considerou-se prudente apontar uma continuidade com seu popular e sólido pai (e fundador da Casa de Windsor), o rei George V.

De modo geral, pressupõe-se que o sucessor da rainha Elizabeth II, batizado Charles Philip Arthur George, no momento oportuno será proclamado Sua Majestade, o rei Charles III. Mas não é impossível que ele escolha homenagear o avô (e o bisavô) adotando o nome real de rei George VII — tendo Philip e Arthur como duas outras respeitáveis opções.

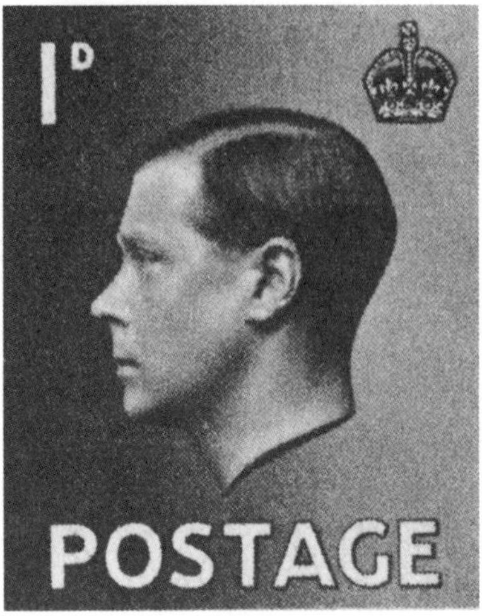

EDWARD VIII
(1936)

GEORGE VI
(1936–1952)

regnal *(adjetivo em inglês, do latim* regnum*: reino, monarquia ou realeza.)*

- de um soberano, reinado ou reino
- designando qualquer ano do reinado de um soberano, calculado a partir da data da ascensão
- designando o nome escolhido por um soberano (ou papa), usualmente seguido de um número, tradicionalmente romano (George VI, não 6)

Ao deixar o Sagana Lodge, no Quênia, em 6 de fevereiro de 1952, voltando para Londres, a nova rainha, Elizabeth II, pediu que nenhuma fotografia fosse tirada. "Senti tristeza quando ela ergueu a mão para nós, parados lá, em silêncio, com nossas câmeras no chão", lembrou um dos fotógrafos.

3
WINDSOR
O nascimento de uma dinastia

Quando a rainha Vitória da Grã-Bretanha se casou com o príncipe Albert de Saxe-Coburgo-Gota, em 10 de fevereiro de 1840, Saxe-coburgo-Gota substituiu Hannover como sobrenome da família real britânica. A mudança foi automática e seu efeito mais imediato foi que a rainha da Grã-Bretanha e seus futuros filhos passaram a usar orgulhosamente o sobrenome do homem que ela amava — e, em 1947, Philip Mountbatten presumiu que o mesmo aconteceria quando ele e Elizabeth Windsor se casassem. O lorde chanceler da época, lorde Jowitt, concordou. Ele examinou a proclamação que modificara o sobrenome da família para Windsor em 1917 e declarou que ela só se aplicava aos herdeiros do sexo

CALLARD & BOWSER'S BUTTER-SCOTCH, LONDON.
The design of the "Empire Box."

Como cofundadores da Casa de Windsor, o rei George V e a rainha Mary (direita) criaram uma nova marca real à qual as demais marcas ansiaram por estar associadas — e, até o fim da vida, a rainha Mary lutou para defender a identidade inventada que fora a salvação da Coroa em tempos de perigo.

masculino. A rubrica não mencionava as descendentes do sexo feminino e, seguindo o padrão estabelecido pela rainha Vitória, a princesa e os filhos assumiriam o sobrenome do marido. Durante os cinco anos remanescentes de reinado de George VI, o jovem casal — e seus filhos, quando nasceram — foi diligentemente chamado de "os Mountbatten", e Elizabeth Windsor sentia-se feliz e orgulhosa em ser conhecida como Elizabeth Mountbatten. E continuou assim depois que a princesa sucedeu o pai, em fevereiro de 1952. Nem sempre as pessoas se dão conta de que a rainha Elizabeth II chegou ao trono como Elizabeth Mountbatten e que, durante oito semanas, foi verdadeiro que, como lorde Louis Mountbatten declarou orgulhosamente durante um jantar em Broadlands, "a Casa de Mountbatten agora reina". Mas, como o terceiro episódio de *The Crown* revela, a declaração provocou a amarga reação da rainha Mary e de Winston Churchill. Quando as discussões terminaram, a Casa Real de Mountbatten já não existia e a rainha Elizabeth II era Windsor novamente, com o antigo sobrenome se provando mais poderoso do que se esperava. "Windsor" não era somente um sobrenome: era uma marca identitária propositalmente criada pela história — e pelos amados avós de Elizabeth, o rei George V e a rainha Mary, que ainda estava viva em 1952 para defender o que ajudara a criar 35 anos antes.

No início, "Windsor" foi um produto da guerra — a Grande Guerra de 1914, cuja declaração oficial George V teve de assinar, aos 49 anos, em 28 de julho de 1914. "É uma catástrofe terrível", escreveu o rei em seu diário naquela noite, "mas não é nossa culpa." Ele e a esposa iniciaram imediatamente sua campanha de guerra, com o rei viajando até a França naquele novembro para visitar as tropas. "Não posso partilhar suas dificuldades", disse ele, "mas meu coração está com vocês em todas as horas de todos os dias." A rainha Mary, enquanto isso, encorajou vigorosamente as campanhas voluntárias de tricô e costura, para em seguida descobrir que estava provocando desemprego: seus prolíficos envios de meias e camisas gratuitas haviam feito as mulheres serem demitidas das fábricas. Perplexa, ela pediu conselho a uma proeminente sindicalista, Mary Macarthur, convidando-a ao Palácio de Buckingham — o que escandalizou suas damas de companhia — para uma reunião que se provou a primeira de muitas. "A rainha entende a situação do ponto de vista do sindicato", relatou Macarthur às colegas.

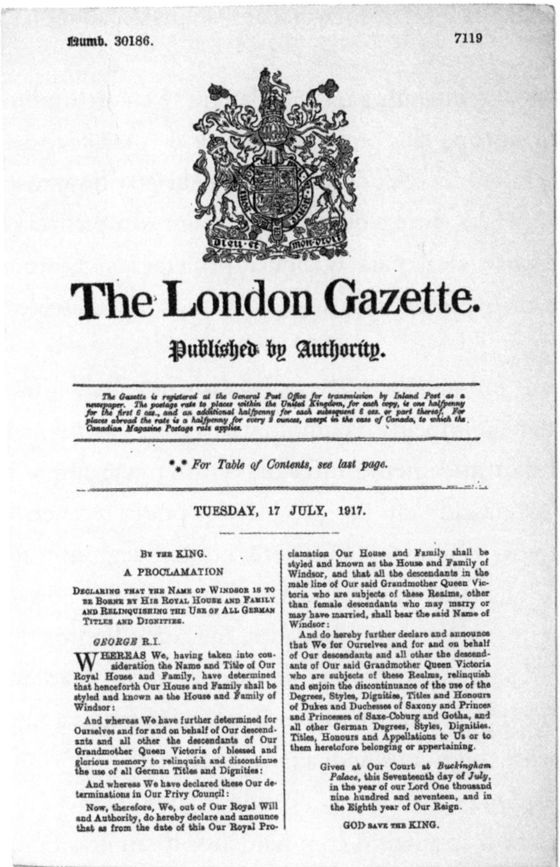

Numb. 30186. 7119

The London Gazette.

Published by Authority.

The Gazette is registered at the General Post Office for transmission by Inland Post as a newspaper. The postage rate to places within the United Kingdom, for each copy, is one halfpenny for the first 6 ozs., and an additional halfpenny for each subsequent 6 ozs. or part thereof. For places abroad the rate is a halfpenny for every 2 ounces, except in the case of Canada, to which the Canadian Magazine Postage rate applies.

**** For Table of Contents, see last page.*

TUESDAY, 17 JULY, 1917.

BY THE KING.

A PROCLAMATION

DECLARING THAT THE NAME OF WINDSOR IS TO BE BORNE BY HIS ROYAL HOUSE AND FAMILY AND RELINQUISHING THE USE OF ALL GERMAN TITLES AND DIGNITIES.

GEORGE R.I.

WHEREAS We, having taken into consideration the Name and Title of Our Royal House and Family, have determined that henceforth Our House and Family shall be styled and known as the House and Family of Windsor:

And whereas We have further determined for Ourselves and for and on behalf of Our descendants and all other the descendants of Our Grandmother Queen Victoria of blessed and glorious memory to relinquish and discontinue the use of all German Titles and Dignities:

And whereas We have declared these Our determinations in Our Privy Council:

Now, therefore, We, out of Our Royal Will and Authority, do hereby declare and announce that as from the date of this Our Royal Proclamation Our House and Family shall be styled and known as the House and Family of Windsor, and that all the descendants in the male line of Our said Grandmother Queen Victoria who are subjects of these Realms, other than female descendants who may marry or may have married, shall bear the said Name of Windsor:

And do hereby further declare and announce that We for Ourselves and for and on behalf of Our descendants and all other the descendants of Our said Grandmother Queen Victoria who are subjects of these Realms, relinquish and enjoin the discontinuance of the use of the Degrees, Styles, Dignities, Titles and Honours of Dukes and Duchesses of Saxony and Princes and Princesses of Saxe-Coburg and Gotha, and all other German Degrees, Styles, Dignities, Titles, Honours and Appellations to Us or to them heretofore belonging or appertaining.

Given at Our Court at *Buckingham Palace*, this Seventeenth day of *July*, in the year of our Lord One thousand nine hundred and seventeen, and in the Eighth year of Our Reign.

GOD SAVE THE KING.

1917. Os Saxe-Coburgo-Gota vestem um novo uniforme. "Você se dá conta de que batizou uma dinastia?", perguntou lorde Rosebery, parabenizando o secretário particular do rei, que inventara o nome.

"Eu dei uma aula à rainha sobre a injustiça da desigualdade de classes [...]. Eis alguém que *pode* e *quer* ajudar!"

A disposição da rainha Mary para adotar ideias radicais vinha dos infortúnios de sua juventude. Seus pais, o príncipe Francis e a princesa Mary de Teck, eram alvo das zombarias da família real vitoriana, sendo literalmente párias, pois haviam sido obrigados a sair do país para fugir dos credores — e viviam "em Short Street" [algo como "rua do Dinheiro Curto"], como sua engenhosa filha mais velha diria mais tarde. Nascida em 1867 e batizada "May", a princesa adolescente tirou vantagem do exílio dos pais em Florença na década de 1880 para acrescentar italiano ao inglês, ao francês e ao alemão que já falava.

Quando os pais voltaram para a Inglaterra, May expandiu seus estudos a fim de incluir história e os problemas sociais de uma sociedade industrial, colocando seus interesses em prática ao visitar abrigos, hospitais psiquiátricos e escolas comunitárias. Bela e de feições marcantes, a princesa May de Teck teria sido a esposa ideal para qualquer príncipe ou aristocrata europeu preocupado com questões sociais — se não tivesse nascido com sangue "morganático".

O casamento morganático, *die morganatische Ehe*, era um mecanismo aristocrático alemão impedia de um nobre passar seu título para o cônjuge que fosse nobiliarquicamente inferior, e tinha esse nome porque tudo o que o cônjuge nascido em posição inferior podia receber do casamento era o *morgengeba*, o presente ou dote no dia seguinte ao casamento. Tratava-se de desigualdade social consagrada pela lei, pois o dote podia envolver dinheiro, joias ou propriedades, mas não direitos de precedência ou sucessão, preservando a "pureza" do título familiar e, ao mesmo tempo, consignando o cônjuge morganático e seus descendentes a um status social permanentemente inferior. A nódoa morganática de May vinha do avô, um duque que se casara com uma mera condessa, desqualificando, assim, seus descendentes para o casamento com herdeiros de muitas famílias nobres e reais da Europa.

Mas a rainha Vitória não tinha tempo para esse esnobismo continental. Ela observara May amadurecer durante todos aqueles infortúnios em Short Street e considerava a jovem, muito séria para seus 25 anos, uma parceira idealmente estável para seu genioso neto Eddy, filho mais velho do futuro rei Edward VII e, consequentemente, futuro herdeiro do trono. Quando a gripe levou o pobre e irresponsável Eddy, em janeiro de 1892, na véspera de seu casamento com May, a família talvez tenha ficado menos devastada do que demonstrou externamente — e quem melhor para passar aos cuidados de May do que o novo herdeiro, o irmão mais jovem (e significativamente menos genioso) de Eddy, George? O jovem obediente fez o pedido e foi aceito, e os dois se casaram na capela real de St. James em 6 de julho de 1893. Esse casamento totalmente arranjado entre Georgie e May (que se tornaram

George e Mary quando ele ascendeu ao trono em 1910) produziu um forte elo emocional, particularmente sob a tensão da guerra, que o rei encarou de modo bastante pessoal. "Muito frequentemente me desespero", escreveu ele em uma das cartas diárias que trocava com a esposa quando seus deveres de guerra os separavam, "e, se não fosse por você, eu desmoronaria." Mary respondeu afetuosamente, mas lamentou a formalidade do marido em sua presença: "Que pena", respondeu ela, "que você não possa me dizer o que me escreve, pois eu apreciaria imensamente."

Tendo 44 anos ao subir ao trono, George V passara grande parte da juventude como oficial naval, e a atitude rígida e altiva fazia parte de seu estilo. Tendo enviado o filho mais velho, David, para a frente de batalha ocidental, o rei despachou o segundo filho, Bertie, para vários postos em navios de guerra nos quais o jovem aspirante — que respondia às chamadas diárias dos navios como "Sr. Johnson" — aprendeu a empilhar carvão e a pendurar sua rede na sala de refeições comunal, finalmente presenciando alguma ação em uma torre de tiro na batalha da Jutlândia, no verão de 1916.

Em Londres, a rainha Mary buscava uma resposta para as aterrorizantes perdas causadas pela guerra. A Jutlândia custara seis mil vidas britânicas em uma única batalha; 57.470 soldados haviam morrido no primeiro dia da batalha do Somme em 1º de julho — mais que nas guerras da Crimeia e dos Bôeres juntas. Naquele agosto, coloridos "relicários de rua" começaram a

Agosto de 1916. A rainha Mary visita os "relicários de rua" de Hackney, memoriais populares criados nas áreas mais pobres de Londres para honrar os moradores mortos na guerra. A rainha curvou a cabeça e depositou um ramalhete de flores em cada relicário.

aparecer nas paredes de tijolos das casas com terraço do East End de Londres, memoriais populares criados pelos locais para honrar os vizinhos que haviam perdido a vida.

Os nomes dos moradores mortos eram ladeados por bandeiras, flores e fitas, assim como fotografias de líderes militares e membros da família real. Quando a rainha Mary apareceu no bairro de Hackney naquele agosto, caminhando informalmente e sem seguranças visíveis, indo de memorial em memorial, uma grande multidão se reuniu para celebrar sua atitude. A rainha curvou a cabeça e depositou um ramalhete de flores ao lado de cada uma das dez listas de soldados mortos, conversando longamente com os familiares presentes. Homens e mulheres choraram. Era difícil imaginar qualquer princesa da Alemanha, da Áustria ou da Rússia recebendo uma resposta tão calorosa e receptiva de seu povo — se qualquer uma delas tivesse sonhado em se misturar a seus súditos nas ruas.

Mas os acontecimentos na distante São Petersburgo tinham mudado o tom. "Notícias ruins vindas da Rússia", escreveu George V em seu diário em 13 de março de 1917. "Houve praticamente uma revolução em Petrogrado."

GAOL IS THE HOME FOR THE HUN IN WAR TIME.

DAILY SKETCH.

GUARANTEED DAILY NETT SALE MORE THAN 1,000,000 COPIES.

No. 1,927. LONDON, THURSDAY, MAY 13, 1915. (Registered as a Newspaper.) ONE HALFPENNY.

Clear Out The Germans, Say The People.

For the anti-German scenes which took place in London and all over England yesterday the German Government alone is responsible. In the words of Mr. Asquith, in the House of Commons, "No one could be surprised that after the progressive violation by the enemy of the usages of civilised war and the rules of humanity—culminating *for the moment* in the sinking of the Lusitania—there had arisen a feeling of righteous indignation among all classes in this country for which it would be difficult to find a parallel." The above pictures were taken during attacks on shops in Poplar, which was the scene of fierce anti-Teuton outbursts.—(*Daily Sketch* Photographs.)

Dois dias depois, chegou a notícia de que seu primo Nicky, o czar Nicolau II, fora compelido a abdicar: "Estou desesperado." A Revolução Russa causou calafrios nas monarquias de toda a Europa. Nos dezoito meses seguintes, dois outros imperadores desapareceram, juntamente com oito governantes soberanos — todos vítimas de derrotas militares —, e mesmo as monarquias dos países vitoriosos sentiram a diferença: "Desde a Revolução Russa", escreveu o coronel Unsworth, oficial do Exército de Salvação de Essex, "notei uma mudança na atitude de certo setor da população em relação ao rei e à família real. Nas ruas, nos trens e nos ônibus ouvem-se certas conversas [...] Um amigo meu viu escrito em um dos vagões da segunda classe: "Que o rei vá para o inferno. Derrubem todas as monarquias." Vagões ferroviários de segunda classe eram o equivalente à classe executiva nos aviões de hoje. Assim, perguntou-se Unsworth, será que os slogans nos vagões de terceira classe eram ainda mais desleais?

Em junho de 1917, o conselheiro financeiro de George V, lorde Revelstoke, escreveu ao secretário particular do rei, lorde Stamfordham, sugerindo que o rei fosse mais bem informado sobre o sentimento republicano e antimonárquico no país — para indignação do secretário. "Posso dizer sem hesitação", respondeu ele, "que não acredito haver soberano no mundo a quem a verdade seja mais destemidamente dita por aqueles em seu serviço imediato e que a receba com tal boa vontade — e mesmo gratidão — que o rei George. Não existe jornal socialista ou pasquim difamatório que não seja lido, sublinhado e mostrado ao rei se contiver quaisquer críticas, amigáveis ou não, a Sua Majestade e à família real."

A verdade da alegação de Stamfordham reside hoje nos Arquivos Reais, em um arquivo intitulado "Inquietação no país". No interior, há artigos cuidadosamente sublinhados de publicações radicais — e o projeto foi muito além de recortes de jornais. Stamfordham reuniu um grupo de especialistas "livre-pensantes" que pareciam conhecer os humores do país. Sendo parte rede de informações, parte *think tank*, um grupo estratégico e de defesa, suas deliberações e relatórios também foram incluídos nos arquivos.

Uma dessas reuniões ocorreu no fim de abril de 1917, e o principal tema de discussão foi uma carta provocativa que o romancista H. G. Wells enviara ao *Times* na qual pedia a criação de uma "sociedade republicana para a Grã-Bretanha" e pretendia demonstrar que "nosso espírito é intensa e inteiramente contrário a esse sistema dinástico que tão longamente dividiu, amargurou e desgastou o espírito da humanidade". Em uma troca de argumentos muito citada, Wells não escondeu seu desdém pela corte "estrangeira e pouco inspiradora" de George V — a que o rei respondeu, famosamente: "Posso ser pouco inspirador, mas de jeito nenhum sou estrangeiro."

A palavra "estrangeiro" era particularmente sensível na primavera de 1917. Os zepelins que haviam bombardeado erraticamente East Anglia e Sandringham em 1915, criando Wolferton Splash, haviam sido suplementados por uma ameaça muito mais formidável: os pesadamente armados "aviões de batalha" alemães, bombardeiros fabricados pela manufatura Gothaer Waggonfabrik, localizada, entre todos os lugares, em Gota [Gotha, em inglês], a seção sul do ducado do qual a família governante britânica retirara seu sobrenome. O primeiro ataque dos aviões Gotha G matara 95 pessoas em Folkestone, na costa sul de Kent, e um ataque a Londres matara outras 162 em junho. Nos dezesseis meses seguintes, os aviões de batalha Gotha G fariam 22 ataques à Inglaterra, lançando 85 toneladas de explosivos. Mas os números eram menos importantes que a perplexidade popular com o fato de essa destruição pavorosa ser lançada de uma aeronave inimiga que levava parte do nome da família do rei.

A questão das origens e ligações teutônicas da família real estivera na agenda desde o início da guerra, quando o pai de Dickie Mountbatten, o príncipe Louis de Battenberg, fora expulso do Almirantado devido à caça às bruxas contra tudo que tivesse origem alemã. Contudo, com a chegada dos aviões de guerra Gotha a Londres, a questão ficou séria, e Stamfordham discutiu o problema com outro membro da organização responsável pela "Inquietação no país", o ex-primeiro-ministro lorde Rosebery.

Em uma carta de 15 de maio, Stamfordham tivera a ideia de um sobrenome inglês — "Tudor-Stewart" fora sua sugestão — que pudesse ser usado por toda a família real, incluídos os Battenberg e os Teck. Em uma reunião dois dias depois, Rosebery sugeriu "Fitzroy" e, nas semanas que se seguiram, "Plantagenet", "York", "Lancaster" e mesmo "England" foram considerados. Após discussões, os Teck (a família da rainha Mary) e os Battenberg escolheram seguir caminhos distintos, com os Battenberg se tornando Mountbatten e os Teck se tornando Cambridge, deixando para Stamfordham o dilema dos Saxe-Coburgo-Gota. Certo dia, pensando em alternativas — diz-se que ele estava olhando pela janela e contemplando a famosa Torre Redonda —, o secretário particular chegou a "Windsor". O nome pegou imediatamente. "Você se dá conta", perguntou lorde Rosebery, parabenizando-o, "de que batizou uma dinastia?"

Foi um extraordinário salto imaginativo. Apenas dizer "Windsor" conjurava a benevolente solidez das pedras da Torre Redonda, erguendo-se do

monte construído ao lado do Tâmisa por William, o Conquistador. Nenhuma monarquia da história fizera isso antes. Recém-chegados e usurpadores adotavam nomes ancestrais. Que um clã tão antigo friamente se reinventasse com uma nova identidade refletia sua dura retidão — além de certo medo. Em 17 de julho, o Conselho Privado anunciou a mudança, juntamente com a renúncia da família real a todos os "graus, títulos, honrarias, apelações e dignitários" alemães. Uma nova dinastia fora criada para atender à demanda pública. O decreto não explicava a reinvenção, mas a razão era óbvia, e se tornaria o princípio orientador da nova Casa de Windsor: sobrevivência a qualquer custo. Na Alemanha, o kaiser comentou que esperava ansioso pela próxima encenação das "alegres comadres de Saxe-Coburgo-Gota".

George V, a rainha Mary e seus conselheiros do grupo "Inquietação no país" haviam entendido as mudanças trazidas pela industrialização em massa. As monarquias ainda feudais da Alemanha, da Áustria e da Rússia, com seus casamentos morganáticos e barreiras fundamentadas em um sistema de classe, viam-se como o topo de uma pirâmide social na qual a monarquia estava sobre os ombros da nobreza, abaixo da qual estavam empilhadas a classe média mercantil e, sob ela, o povo comum. A hierarquia importava.

Segundo a análise de Stamfordham — e o instinto do rei e da rainha —, a hierarquia estava ultrapassada. Na verdade, eles partilhavam a mesma visão que Karl Marx: o poder do mundo moderno estava na base da pirâmide, com o povo.

"Nós vamos manter o rei?", perguntara um ativista de esquerda durante um acampamento de verão socialista em 1913. "É óbvio que vamos", fora a resposta, exibindo a oscilante lógica da qual tanto socialistas quanto monarquistas eram capazes. "Na Inglaterra, o rei faz o que o povo quer. Ele será um rei socialista." Uma resposta ainda mais enfática veio da conferência do Partido Trabalhista alguns anos após a guerra, em 1923, quando foi votada a proposta de que a família real já não era parte necessária da Constituição britânica. No total, 386 mil votos apoiaram a proposta, mas 3.694.000 foram contrários. O apreço geral pela monarquia sobreviveu em toda a Grã-Bretanha durante as décadas de 1920 e 1930, pouco abalado pelas dificuldades da Grande Depressão e, em 6 de maio de 1935, o jubileu de prata do reinado de George V foi celebrado em todo o país. Uma espetacular tela panorâmica a óleo de Frank Salisbury, mostrando a família real entrando na Catedral de St. Paul para o Dia de Ação de Graças, apresentava a última iconografia da Casa Real de Windsor, incluídas as princesas infantas Elizabeth e Margaret Rose. As meninas foram chamadas à varanda do Palácio de Buckingham no fim do dia para terem sua primeira experiência com a multidão de milhares de pessoas celebrando e acenando das grades do palácio, em aclamações espontâneas que aumentaram todas as noites durante a semana seguinte. "Eu não fazia ideia de que eles se sentiam assim a meu respeito", declarou o rei de 69 anos. "Começo a achar que realmente gostam de mim."

Essa foi a história que alimentou o ultraje da rainha Mary, então com 84 anos, no início de fevereiro de 1952, quando Ernst August de Hanover contou a ela que, em Broadlands, Louis Mountbatten brindara à nova e reinante "Casa de Mountbatten". Furiosa, ela exigiu que Jock Colville, o secretário particular de Churchill, fizesse alguma coisa, e o primeiro-ministro respondeu convocando uma reunião de gabinete no mesmo dia. Churchill partilhava as memórias históricas e a indignação com a velha rainha. Havia criminosos de guerra e a contribuição para as finanças alemãs a discutir, mas, no topo da agenda de 18 de fevereiro de 1952, estava "O nome da família real". "A atenção do gabinete foi atraída para relatórios de que mudanças podem ser feitas no sobrenome dos filhos da rainha e seus descendentes", dizem as minutas da reunião. "O gabinete recomenda firmemente que o sobrenome Windsor seja mantido, e convida o primeiro-ministro a informar essa visão a Sua Majestade na primeira oportunidade."

Dois dias depois, Churchill informou o veredito unânime do governo à rainha, provocando uma explosão doméstica. "Philip ficou profundamente magoado", lembrou seu camarada naval Mike Parker cinquenta anos depois, ainda sacudindo a cabeça ao se lembrar do tumulto que se seguiu. "Sou somente uma ameba", queixou-se famosamente o marido ferido. "Sou o único homem do país a não ter permissão de dar seu sobrenome aos filhos." Philip imediatamente começou a escrever um artigo no qual defendia seu caso e sugerindo um acordo: seus filhos receberiam o sobrenome Edimburgo e a casa real seria conhecida como Casa de Windsor e Edimburgo. Churchill não ficou impressionado — na verdade, teve um acesso de raiva ao ler o artigo. Ele instruiu o lorde chanceler, o lorde Privy Seal, o secretário do Interior e o presidente da Câmara dos Comuns — as maiores armas legais de seu governo — a passarem duas longas reuniões com Colville destruindo cada proposta feita por Philip.

As queixas continuaram durante anos. O político conservador R. A. Butler disse, tempos depois, que a única vez em que viu a geralmente estável Elizabeth II à beira das lágrimas foi quando confrontada em relação à questão do sobrenome familiar. Mas, no curto prazo, a questão foi resolvida com uma proclamação de 7 de abril de 1952 no qual declarava seu "desejo e prazer que eu e meus filhos sejamos intitulados e conhecidos como Casa e Família de Windsor, e que meus descendentes — com exceção das descendentes do sexo feminino que se casarem e de seus descendentes — também usem o nome Windsor". A proclamação foi preparada e levada ao estúdio da rainha no Palácio de Buckingham por seu secretário particular, "Tommy" Lascelles, ele próprio reconhecido como pró-Windsor e anti-Mountbatten e, quando Elizabeth II curvou a cabeça para assinar o documento, relatou ele mais tarde, com sombria satisfação, ele ficou sobre ela como "um dos barões em Runnymede".

SIR ALAN "TOMMY" LASCELLES

(1887-1981)

INTERPRETADO POR PIP TORRENS

"Ele é o homem mais atraente que já conheci", declarou Alan "Tommy" Lascelles ao se unir à equipe de Edward, o príncipe de Gales, em 1921. Oito anos depois, Lascelles pediu demissão, enojado com o chefe, mulherengo incorrigível e negligente para com os deveres reais. Essa sensação de traição permeou o restante de sua carreira com uma raiva sombria e sagrada. Lascelles afirmou em seu diário que Edward VIII foi "o mais trágico *quase* da história" e, mesmo quando localizou os princípios que valorizava em George VI e na filha, ele se viu mais como seu tutor do que como secretário particular (entre 1943 e 1952, no caso do rei, e entre 1952 e 1953, no caso de Elizabeth II). Cabia a Lascelles ensinar a eles como fazer o seu trabalho e impor o faustiano limite da monarquia moderna: o de que reis e rainhas devem "seguir as regras de conduta esperadas por aqueles que os colocaram no trono", já que são os que os sustentam.

RAINHA MARY

(1867-1953)

INTERPRETADA POR EILEEN ATKINS

"Brinquei com Lilibet no jardim, fazendo tortas de areia", escreveu uma encantada rainha Mary em seu diário em 14 de março de 1929. "O arcebispo de Canterbury veio nos ver e foi gentil e simpático." Com menos de 3 anos, a futura Elizabeth II já aprendia lições com a avó, que, como cofundadora da Casa de Windsor juntamente com George V, ajudara a desenvolver a mistura de grandeza e acessibilidade que está no coração da popular monarquia moderna. A rainha Mary ensinou à neta o valor da postura ereta; a utilidade de saltos altos e chapéus elegantes para uma dama de altura limitada; e a suprema importância de colocar as necessidades da Coroa antes das suas próprias. Ela também passou adiante um truque especial dos Windsor para lidar com observações excessivamente íntimas e perguntas presunçosas: sorrir fixamente para quem fizer a pergunta, como se nada estivesse ouvindo — e seguir adiante.

O duque e o Bebê Chorão

"Meus familiares são desagradáveis e presunçosos [...]. Nunca vi um bando de bruxas velhas tão decadentes." Sempre que os negócios familiares o levavam a Londres, o exilado duque de Windsor se enfurecia, e, em fevereiro de 1952, as notas que escreveu à esposa sobre o funeral do irmão, George VI, foram especialmente incisivas: "Cookie e Margaret foram as que mais sentiram." ("Cookie" era o apelido do casal para a rainha-mãe, Elizabeth.)

"Mama [a rainha Mary] é dura, mas está fraquejando. Quando rainhas fraquejam, elas fazem menos sentido que outras pessoas na mesma situação [...].

"*Mountbatten.* Não há muita coisa contra ele, mas é muito mandão e nunca para de falar. Todos estão desconfiados e observam sua influência sobre Philip." As únicas palavras amáveis do ex-rei foram para a sobrinha, a nova rainha ("Shirley Temple" no código de Windsor), que o convidou para almoçar com ela e o marido em Clarence House: "Informal e amigável. Admirável mundo novo. Cheia de autoconfiança e parece lidar bem com o cargo."

No terceiro episódio de *The Crown*, Peter Morgan introduz o antigo rei Edward VIII no drama, começando com um flashback de sua abdicação em dezembro de 1936 – "Há algumas horas, cumpri meu último dever como rei e imperador" –, enquanto vemos as pequenas princesas brincarem com seus cães da raça corgi e andarem de bicicleta, sem suspeitar de coisa alguma. Mais adiante no episódio, seguimos o duque, interpretado por Alex Jennings, quando ele chega a Londres em fevereiro de 1952, misturando sua presença no funeral do irmão a suas manobras para salvar a pensão de dez mil libras anuais que George VI lhe garantira em vida. Vemos o duque triunfar na tela no fim do episódio, quando faz um acordo com Winston Churchill que também ajuda a solucionar o impasse a respeito do sobrenome real. Na realidade, o duque de Windsor *não* recuperou sua pensão de dez mil libras – Cookie e Mama garantiram isso. Mas as dinâmicas do enredo são baseadas em um detalhe histórico intrigante: Eduard VIII era um velho amigo

de Winston Churchill e este quase destruíra a própria carreira política ao tomar o partido do rei em 1936 e tentar evitar sua abdicação. Os dois se aproximaram no verão de 1919, quando o príncipe de 25 anos devia fazer um discurso durante um banquete para os líderes aliados vitoriosos após a Primeira Guerra Mundial. Churchill, então com 34 anos e secretário de Estado da Guerra e do Ar na coalizão de pós-guerra de Lloyd George, enviou um conselho ao jovem: que não tivesse vergonha de ler seu discurso, mas, que se o fizesse, que fosse "abertamente, de modo lento e deliberado". Seria melhor, é lógico, memorizar o texto ou só olhar para as notas de vez em quando, e, nesse caso, Churchill recomendava criar um púlpito improvisado com a louça à mesa: a tigelinha com lavanda sobre um copo e um prato em cima de tudo para servir de plataforma para as notas. "Mas é preciso tomar cuidado", avisou ele, "para não derrubar tudo, como fiz certa vez." No evento, o jovem príncipe de Gales decorou o discurso e o fez sem olhar para as notas — o que Churchill aprovou. "Você está absolutamente certo em se preocupar com essas coisas", escreveu ele. "Com perseverança, pode falar tão bem quanto qualquer um no país."

Quando se falou em abdicação, quinze anos depois, Churchill instintivamente ficou do lado do rei. Ele era monarquista — "o último a acreditar no direito divino dos reis", como disse certa vez, exasperada, sua esposa, Clementine. Também era um romântico, defendendo Wallis Simpson, a muito desprezada namorada norte-americana de Edward VIII, por ser "tão necessária para sua felicidade quanto o ar que ele respira". Com a pressão e a publicidade aumentando em dezembro de 1936, o rei se voltou para Churchill, há muito fora do cargo, mas reconstruindo sua reputação por meio da tenaz oposição ao rearmamento alemão e como membro-fundador do "Focus", um grupo suprapartidário que se manifestava contra o fascismo. O conselho de Churchill foi ganhar tempo, esperando por algum tipo de solução que não a abdicação — talvez um casamento morganático no estilo alemão, no qual a Sra. Simpson seria sua esposa, mas não rainha, renunciando ao status real para si mesma e os filhos. Essa proposta foi rapidamente descartada, inclusive pelo primeiro-ministro, Stanley Baldwin. "Foi para esse tipo de coisa que entrei na vida pública?", perguntou ele, desgostoso. Ernest Bevin foi ainda mais firme em nome do Partido Trabalhista: "Nosso povo não aceitará isso", disse ele.

Na sexta-feira, 4 de dezembro, Churchill jantou com Edward VIII em Fort Belvedere, a residência acastelada do rei perto de Sunningdale, na divisa com o Grande Parque de Windsor. O rei devia manter suas forças, insistiu Churchill com emoção. Ele sugeriu que Edward VIII procurasse um médico e de modo algum partisse para o exterior. Acima de tudo, o rei deveria ganhar tempo para tomar uma decisão: "Não há força neste país", declarou ele, "capaz de lhe negar isso." O Parlamento debateria o assunto em breve, e Churchill acreditava que o chamado "partido do rei" prevaleceria. "Há avanços em todas as frentes", escreveu ele ao rei no dia seguinte, alegando ter obtido sucesso em seu lobby. Havia "a perspectiva de ganhar boas posições e reunir grandes forças".

1919. Winston Churchill e o príncipe de Gales fumam charutos e conversam após o almoço na Câmara dos Comuns em homenagem aos pilotos norte-americanos que sobrevoaram o Atlântico durante a Grande Guerra.

Contudo Churchill se enganara gravemente sobre o clima no país. Naquele fim de semana, membros do Parlamento perguntaram a opinião de seus eleitorados e, ao retornarem a Westminster na segunda-feira, apoiaram em peso a intransigência de Baldwin e Bevin. O rei não podia ter as duas coisas: ele teria de renunciar à Sra. Simpson, se quisesse permanecer no trono. Quando Churchill se levantou na Câmara dos Comuns, na terça-feira, para defender a causa real, "tomado pela emoção e pelo brandy" (de acordo com um observador), foi brutalmente silenciado. O outrora respeitado ex-ministro implorou para que seus colegas não se apressassem em seu julgamento e dessem mais tempo ao rei, mas foi ridicularizado por uma Câmara majoritariamente hostil.

"Foi", escreveu o *Times* no dia seguinte "a mais impressionante recusa da história parlamentar moderna. Robert Boothby, leal aliado de Churchill em sua posição contra Hitler, ficou arrasado. "Em cinco minutos fatais", escreveu ele, a cruzada do Focus contra o apaziguamento "terminou em ruínas". Como Violet Bonham Carter e outros aliados de Churchill, Boothby ficou alarmado com esse "erro de julgamento". "Ninguém nega os dons do Sr. Churchill", escreveu arrogantemente *o Spectator* em seu editorial, "mas a capacidade de fazer a coisa certa na hora certa — ou não fazer a coisa errada na hora errada — não é um deles [...]. Ele se enganou completamente sobre o humor do país e da Câmara, e a reputação de gênio errático sem utilidade para o conselho, da qual começava a se livrar, mais uma vez pousou firmemente sobre seus ombros." Chocado com a rejeição unânime, Churchill saiu da Câmara humilhado. "O que aconteceu hoje à tarde", escreveu Boothby, furioso, a seu antigo herói, "me faz achar quase impossível que aqueles que lhe são devotados o sigam cegamente (como gostariam de fazer) na política. Porque não podem ter certeza de onde irão parar."

Nos dias que se seguiram, Churchill ajudou Edward VIII a escolher as eloquentes palavras para o discurso de abdicação, agora inevitável, e ficou ao lado do amigo durante as amargas negociações sobre a pensão que George VI relutantemente concordou em pagar ao irmão. Assim, não surpreende que, quando a desesperada situação de tempos de guerra da Grã--Bretanha finalmente devolveu Churchill à política, como primeiro lorde do almirantado em 1939 e depois a Downing Street, em maio de 1940, George VI tivesse reservas: "Não consigo pensar em Winston como primeiro-ministro", escreveu ele em seu diário. E Churchill descreveu pesarosamente em suas memórias como foi "esmagado pela opinião pública [...] Era uma visão quase universal que minha vida política terminara". "Eu o defendi tantas vezes", diz Churchill ao duque de Windsor no terceiro episódio. "Todas elas foram custosas e me levaram a uma derrota."

Havia muito a lembrar quando Churchill e o duque de Windsor se encontraram novamente em Londres, em fevereiro de 1952, durante os preparativos para o funeral de George VI, e as lágrimas encheram os olhos do idoso primeiro-ministro. "Ninguém chorou em minha presença", relatou o duque a Wallis. "Somente Winston, como sempre" — levando o duque e a esposa a criarem outro de seus apelidos espertinhos para o grande herói de guerra: Bebê Chorão, algo que falava mais sobre eles do que sobre Churchill. Após alguns copos de brandy, o duque gostava de fazer uma paródia da reunião de Fort Belvedere durante a qual Churchill lhe implorara para não abdicar, apresentada no suposto sotaque churchilliano: "Meu senhor, precisamos lutar..." Como "Tommy" Lascelles escreveu tristemente em 1944, a sentimental lealdade de Churchill ao duque era "baseada em uma trágica falsa premissa: a de que realmente *conhecia* o duque de Windsor, o que nunca foi verdade".

Clarence House

1952

Clarence House foi posicionada ao lado do Palácio de St. James como um bolo de Natal muito decorado. Projetada e construída por John Nash, o arquiteto de Londres durante a Regência, a mansão de estuque branco foi residência do duque de Clarence, que mais tarde se tornou o rei William IV (1830-1837), e é tradicionalmente destinada a monarcas aposentados e futuros monarcas: a rainha-mãe, Elizabeth, viveu ali por quase meio século, até sua morte em 2002, e foi sucedida pelo príncipe Charles quando retomou a vida de casado com a nova esposa, Camilla. No início de 1952, porém, Clarence House parecia destinada a um propósito mais elevado, como residência principal da rainha Elizabeth II e sua jovem família — uma nova residência para uma nova monarca, com uma grande bandeira real flutuando acima do telhado. "Obrigada por tudo isso", diz Elizabeth na abertura do terceiro episódio de *The Crown*, observando com satisfação as reformas que o marido supervisionara. "Ficou esplêndido." "Essa é minha primeira casa de verdade", responde Philip, feliz, inclinando-se para beijar o rosto da provedora da família quando ela parte para seu trajeto diário até o Palácio de Buckingham — naquele momento não mais uma residência real, e sim um escritório muito grandioso.

Sem um único banheiro moderno ou sistema elétrico adequado quando o casal real a visitou em outubro de 1947, Clarence House emergira da guerra em um estado lamentavelmente precário, com o telhado danificado por bombas e cheio de goteiras. A iluminação era fornecida por fios aparentes colocados nas paredes pela Cruz Vermelha, a principal ocupante após 1942, juntamente com um departamento temporário de duzentos funcionários civis do ministério do Exterior, preocupados com o bem-estar dos prisioneiros britânicos de guerra. O Parlamento aprovara cinquenta mil libras para a restauração, apesar de protestos de que o dinheiro seria mais bem empregado em moradias populares,

Gravura de Clarence House por volta de 1874, que mostra o grande alpendre coberto para as carruagens e como o edifício de estuque branco estava diretamente conectado às paredes de tijolos vermelhos do Palácio de St. James, à direita, com as duas residências reais dividindo o mesmo comprido jardim ao longo da avenida The Mall.

e a obra foi realizada em rápidos dezoito meses (com um custo adicional de 28 mil libras), com Elizabeth e Philip visitando-a até duas vezes ao dia. Elizabeth ajudou a preparar a cor suave, chamada de "verde Edimburgo", escolhida para a sala de jantar — "Coloque um balde de feno ali ao lado", disse ela quando alguém reclamou do cheiro, "e ele vai desaparecer" —, enquanto Philip se deliciava em trazer engenhocas e aparelhos poupadores de tempo da exposição Ideal Home. O escritório dele tinha interfone, telefone e central telefônica de última geração, juntamente com um refrigerador para bebidas, e bastava apertar um botão para que seu guarda-roupa ejetasse magicamente qualquer uniforme ou camisa que desejasse. O jovem duque adotara muitas de suas ideias do tio doido por engenhocas, Dickie Mountbatten, embora não tivesse aderido à última invenção em termos de economia de tempo: uma camisa "Simplex" que já vinha com cueca, em uma peça única.

"O duque" desenvolveu uma reputação pouco convencional entre os onze funcionários de sua equipe, cada um dos quais tinha o próprio quarto acarpetado com rádio e um "aparelho de televisão brilhante, branco e muito futurista" no salão dos funcionários, um presente de casamento dos Mountbatten: circulavam rumores de que o chefe não possuía um único par de pijamas! "Jamais uso essas coisas", disse ele a um valete, ao passo que outro relatou que ele não sentira o menor constrangimento ao ser descoberto, certa manhã, nu na cama com a princesa (que sempre usava uma camisola de seda). Sir Frederick "Boy" Browning, tesoureiro da residência do duque, certa vez o encontrou totalmente nu na piscina do palácio, do outro lado da rua, dando aula de natação aos filhos. O forte de Clarence House era a informalidade: almoços leves, do tipo bufê, no relaxado estilo que impressionara o duque de Windsor durante sua visita de 1952, com pratos casuais como salsichas com purê de batatas para o jantar. Eles viviam "quase como pessoas comuns", lembrou John Gibson, o funcionário de libré do berçário encarregado de lustrar e empurrar o carrinho do príncipe Charles, "muito menos formais que algumas pessoas que conheci e estavam muito abaixo na escala social". Tanto Elizabeth quanto Philip adoravam brincar com os filhos no extenso jardim que Clarence House dividia com o Palácio de St. James.

Quando o casal enfrentou o inesperado desafio dos novos deveres reais, em fevereiro de 1952, ambos foram atraídos pela perspectiva de continuar a operar a cuidadosamente projetada e aconchegante residência, desafiando a tradição e as expectativas do *establishment* real de que atravessassem a rua até a grandiosidade do Palácio de Buckingham. Philip e Elizabeth decidiram que não queriam viver "em cima da loja". Permanecer em Clarence House evitaria o tumulto da mudança, e Philip, feliz com o aparato de última geração que trabalhara tão duro para instalar na residência, desenvolvera particular aversão pela fria formalidade do palácio, lar do que os cortesãos mais jovens chamavam de "velhotes excêntricos", liderados por "Tommy" Lascelles, cuja desaprovação ele conseguia sentir. Como precedente, o primeiro ocupante de Clarence House continuara a viver lá depois de se tornar o rei William IV, em 1830, caminhando todas as manhãs para o trabalho na porta ao lado, o Palácio de St. James.

Philip expôs a ideia em um de seus artigos em estilo naval, com total apoio da esposa — e foi capaz de angariar um aliado inesperado. A rainha Elizabeth, agora rainha-mãe, estava muito relutante em desocupar sua muito estabelecida sede no palácio, e seu genro transformou essa relutância em uma proposta de longo prazo. Dali a vinte anos, argumentou ele, o príncipe Charles precisaria da própria residência como príncipe de Gales. Como anexo ao Palácio de St. James onde ocorriam tantas reuniões reais subsidiárias, Clarence House era a sede ideal para o herdeiro ao trono. Ela ficaria "bloqueada" se a vivaz e jovem rainha-mãe fosse instalada lá — e foi precisamente o que aconteceu. Graças à longevidade da rainha-mãe, o príncipe Charles teve de se estabelecer, durante a juventude, no comparativamente remoto Palácio de Kensington, e só se mudou para o complexo do Palácio de St. James em 2003, quando já passava dos 50 anos.

Mas a proposta de Philip não comoveu Lascelles e os "velhotes excêntricos", enfaticamente apoiados por Winston Churchill. O Palácio de Buckingham era há muito o foco do sentimento real e nacional, insistiu o primeiro-ministro, e a monarca não tinha escolha senão morar lá. Elizabeth, Philip e os filhos foram para Windsor durante o feriado de Páscoa de abril de 1952 e, quando retornaram a Londres, mudaram-se para o Palácio de Buckingham — somente alguns dias depois da proclamação que afirmara a continuada primazia da Casa de Windsor. No curso de alguns meses, o duque de Edimburgo perdera três dos mais queridos componentes de sua juventude: a carreira naval, a casa e o sobrenome. Isso não o tornou um marido feliz.

Reformada a um custo de 78 mil libras entre 1948 e 1949, Clarence House se tornou a residência da princesa Elizabeth, do duque de Edimburgo e de seus dois filhos, o príncipe Charles, de 2 anos, e a princesa Anne, de 1 ano, fotografados no jardim quando seus pais retornaram de Malta no verão de 1951.

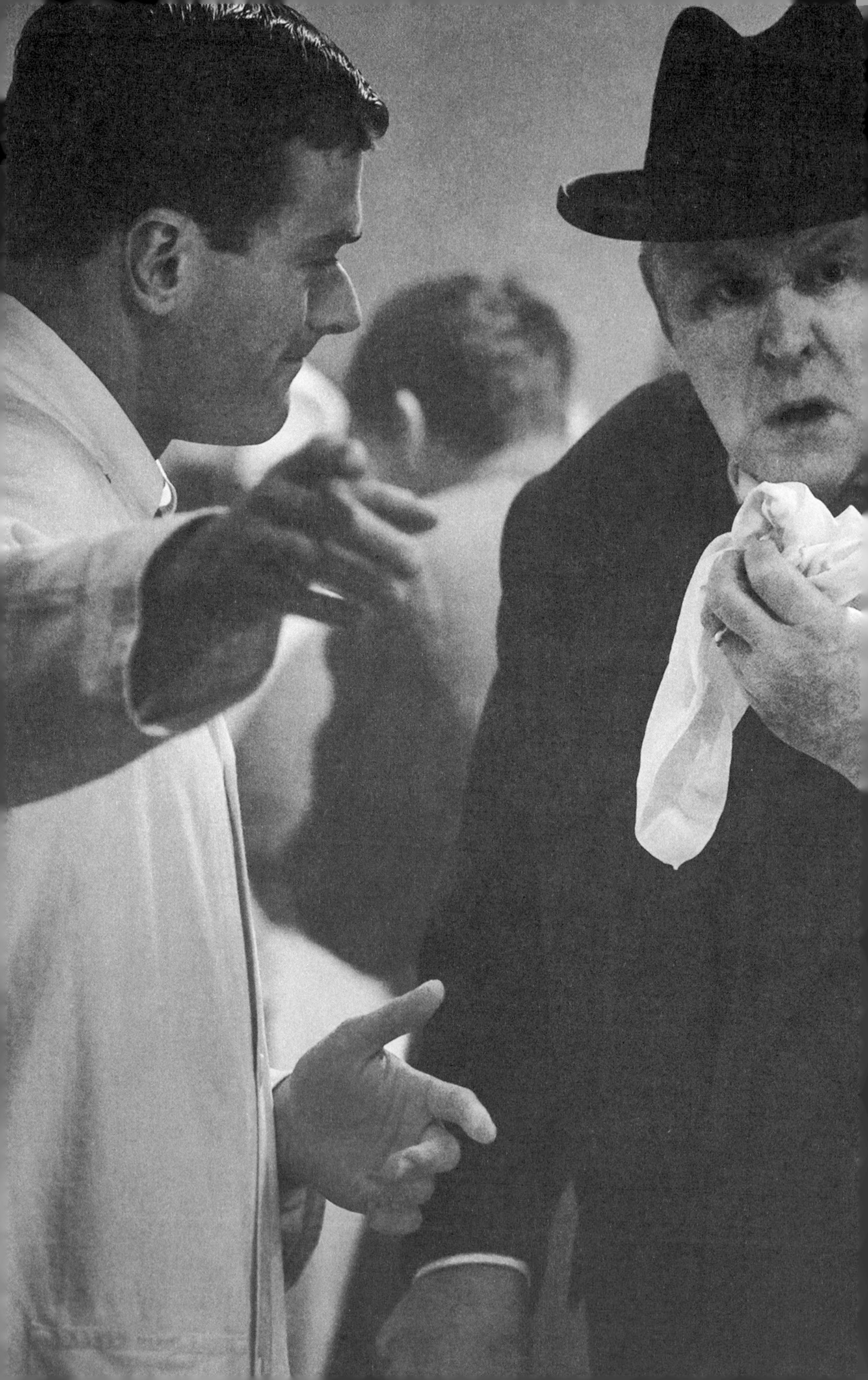

4

ATO DIVINO

O grande nevoeiro de 1952

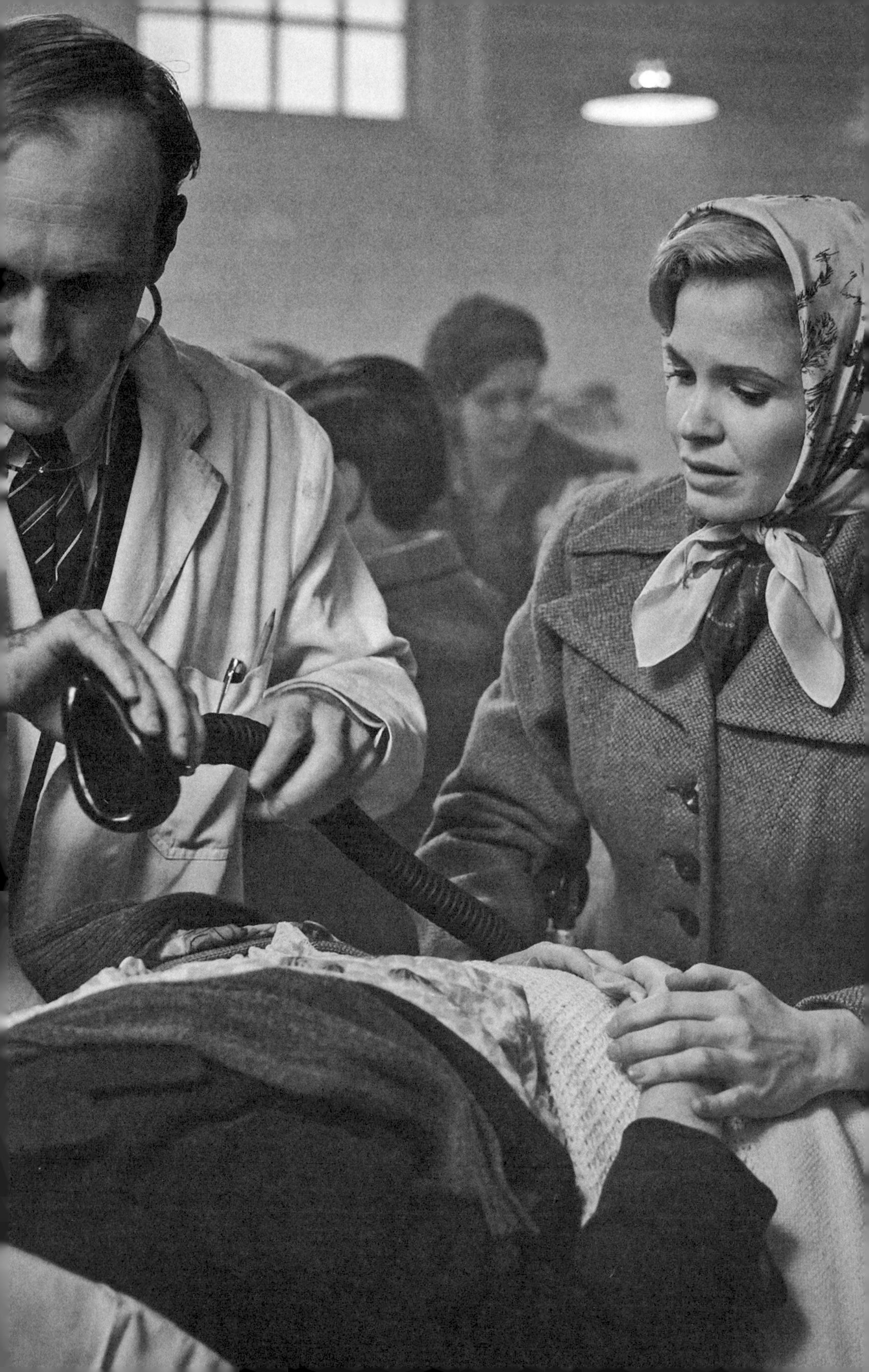

À primeira vista, há tanta invenção quanto história real no quarto episódio de *The Crown*, "Ato divino", ou "Act of God". A principal catalisadora do episódio, Venetia Scott, a jovem e atraente secretária de Winston Churchill que é morta por um ônibus, jamais existiu. Nos primeiros dias de dezembro de 1952, o grande nevoeiro não foi uma crise de vida ou morte para os habitantes de Londres, há muito resignados com as neblinas do inverno. Clement Attlee e o Partido Trabalhista tampouco tentaram derrubar o governo Churchill pela maneira como lidou com a crise.

Os londrinos aprenderam e popularizaram uma nova palavra — smog — *e desenvolveram novas precauções durante o grande nevoeiro de dezembro de 1952. Foi um novo tipo de luta, para a qual o primeiro-ministro Winston Churchill não estava preparado...*

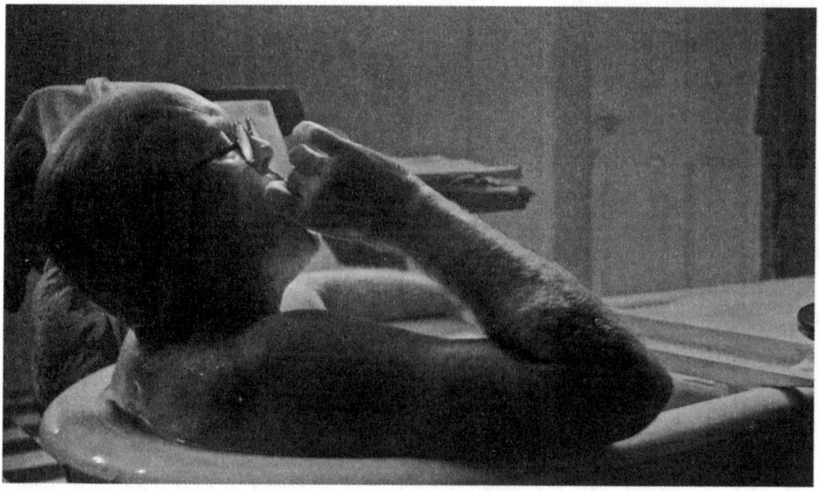

Em contrapartida, a heroica Venetia Scott é uma junção cuidadosamente pesquisada e fiel ao espírito e à vida da notável equipe de mulheres que trabalhava tão devotadamente para Churchill em Downing Street. O grande nevoeiro [do inglês *smog*, é uma combinação de *smoke*, "fumaça", com *fog*, "neblina", e foi cunhado pelos jornais na era eduardiana) acabou se provando o catalisador da primeira legislação britânica sobre ar limpo. E o Partido Trabalhista não precisou atacar Churchill. O idoso líder foi minado pela traição de alguns de seus mais próximos colegas de gabinete. Aos 22 anos, Marion Holmes era sua secretária mais jovem, tendo cabelo loiro e olhos azuis e, segundo uma de suas colegas em Downing Street, "parecendo uma fada" — o modelo físico mais óbvio para Venetia Scott. "Essa garota é muito bonita; ela é adorável", comentou Churchill certa vez para seus convidados em Chequers (a casa de campo dos primeiros-ministros britânicos) quando Marion saiu da sala para buscar uísque e soda. "O tipo de garota que preferiria morrer a confessar segredos." "Ela é muito jovem", disse ele em outra ocasião à esposa, Clementine. "Não posso assustá-la."

Totalmente consciente do efeito assustador que seus ataques de raiva podiam ter nos outros, o irascível primeiro-ministro tentava adotar uma atitude paternal em relação à meia dúzia de jovens que compunham sua equipe de datilógrafas. Trabalhando em um sistema contínuo de revezamento, elas tomavam notas das 8h30 da manhã, enquanto ele tomava café — usualmente na cama —, até bem depois da meia-noite, muitas vezes entrando pela madrugada, com ele de roupão. "Não tenha medo das minhas explosões", disse ele certa vez a Marion Holmes. "Não estou zangado com você, mas com o trabalho." Holmes descobriu que Churchill podia ficar subitamente silencioso e então iniciar um longo trecho de ditado sem aviso prévio, inconsciente de qualquer coisa e qualquer um a sua volta enquanto caminhava de um lado para outro. Ele podia repetir uma frase difícil para si mesmo até vinte vezes, em voz baixa, tentando e testando até encontrar os termos e a entonação certos — frequentemente com a ajuda de um copo de brandy ou uma taça de seu adorado champanhe Pol Roget. "Não se pode escrever um bom discurso bebendo água gelada", costumava dizer ele.

Sempre que o primeiro-ministro limpava a garganta, as secretárias sabiam que precisavam sacar o lápis e se preparar para taquigrafar (elas podiam facilmente preencher um bloco inteiro durante uma única sessão), ou então localizar uma das máquinas de escrever "silenciosas" que estavam sempre por perto e tentar datilografar enquanto as palavras fluíam. Quando Churchill retornou a Downing Street em 1952, transferiu seu quarto para o andar de cima e reservou a sala ao lado do salão para suas secretárias pessoais. "Garota!", gritava ele da cama, e uma delas chegava correndo munida de bloco e lápis. "Me dá", era sua abrupta instrução quando considerava o documento finalizado, antes de puxar o papel que estava sendo retirado do rolo. Após uma brevíssima pausa para ler, ele recomeçava a ditar.

Phyllis Moir, que se uniu à equipe de Churchill em 1932, foi a primeira secretária a documentar o estranho suplício experimentado por Venetia Scott no episódio 1: tomar notas enquanto o chefe estava na banheira. O ditado

Os transportes foram os primeiros a levar o nevoeiro para as manchetes: matérias sobre pessoas sentadas no capô dos carros ou andando à frente deles para orientar os motoristas. O aeroporto de Londres foi fechado e os passageiros precisaram viajar mais de 160 quilômetros até Bournemouth para pegar seus voos.

sempre era feito com relativo decoro, com a voz do orador passando por uma fresta na porta do banheiro. Ocasionalmente, porém, o primeiro-ministro saía para o corredor com uma toalha enrolada na considerável barriga, ainda declamando sonoramente o discurso que faria em algum lugar naquela noite. A equipe de Downing Street já estava acostumada, mas, segundo Moir, o rotundo e gotejante espetáculo esbravejado no corredor "apavorava" as criadas despreparadas nas casas de campo que Churchill frequentava nos fins de semana.

Durante a guerra, sua energia parecia infinita e, em certas ocasiões, o ditado fluía às 4h30 da manhã. Ao trabalhar para Neville Chamberlain, o antecessor de Churchill no número 10 de Downing Street, Marion Holmes estava acostumada a parar de trabalhar todos os dias às 6 horas da tarde. Quando Churchill chegou, em maio de 1940, ela escreveu em seu diário: "É como se uma corrente super-humana de eletricidade de alta voltagem estivesse fora de controle." O primeiro-ministro parecia gostar da tempestade de documentos oficiais gerada por alguma crise, processando cada um deles de imediato e enviando adiante, usualmente guarnecido por um de seus carimbos vermelhos especiais, exigindo "Ação hoje". "Temos de continuar e continuar, como uma pistola, até cairmos duros", disse Churchill a Elizabeth Nel, que se uniu à equipe em 1941, no auge da Blitz.

"Palerma", "otária" e "idiota" foram algumas das palavras mais gentis que o primeiro-ministro disse a Nel quando, por engano, ela datilografou seu primeiro memorando em espaço simples e não com espaço duplo, que ele preferia. Quando ficava frustrado, Churchill batia os pés como uma criança pequena, mas a novata passou a aceitar suas explosões frequentes como parte do projeto maior de que fazia parte. "Meu Deus", disse ele a Nel quando achou que a fizera chorar, "não me dê ouvidos. Somos todos sapos debaixo do arado." (A citação de Rudyard Kipling alude aos pesados cravos de metal arrastados pelos fazendeiros pelos campos a fim de arejar o solo, ferindo qualquer animal selvagem no caminho.) Acompanhado de um sorriso angelical, seu remorso era irresistível — assim como seu cativante comprometimento de propósito. "A sensação", lembrou Nel, "era de partilhar uma tremenda experiência com ele." Foi essa mesma noção de propósito e de urgente lealdade ao chefe que levou a fictícia Venetia Scott a sair no nevoeiro em "Ato divino" — sendo fatalmente atropelada por um ônibus.

Embora Venetia seja fictícia, seu destino não era incomum em tempos de neblina. Em 7 de dezembro de 1952, dois ferroviários consertando trilhos perto de Norwood Junction, no sul de Londres, foram mortos por um trem suburbano que não os vira em meio à névoa. No dia seguinte, dois trens lotados não viram os sinais de alerta e colidiram perto da ponte de Londres. Em certo momento, com 38 ambulâncias nas ruas atendendo a emergências, os ônibus foram proibidos de trafegar, seguindo em lentos comboios até a garagem, com os para-choques encostados uns nos outros. Mas as piores fatalidades ocorreram quando enfermos e idosos respiraram os vapores tóxicos e morreram em casa ou nos hospitais. Um anticiclone sem ventos retivera a fumaça das usinas de carvão sobre Londres, misturando partículas de fumaça, dióxido de carbono, ácido hidroclorídrico e, o mais fatal de tudo, cerca de quatrocentas toneladas de dióxido de enxofre (como se calculou depois) em um coquetel letal cujo principal ingrediente era o ácido sulfúrico.

CLEMENT ATTLEE

Primeiro-ministro do Partido Trabalhista

(1883-1967)

INTERPRETADO POR SIMON CHANDLER

O "Cidadão Clem" teve o mais longo mandato ativo como líder do Partido Trabalhista e foi arquiteto do Estado de bem-estar social "do berço à sepultura" da Grã-Bretanha. As obras de caridade no East End de Londres transformaram o ex-aluno de colégio interno de 23 anos em reformador social dedicado a aliviar a pobreza por meio da intervenção estatal e da redistribuição de renda — "um direito garantido por lei, como a aposentadoria por idade, é menos angustiante que a ajuda dada por um homem rico a um homem pobre". Ferido três vezes durante a Primeira Guerra Mundial, ele foi um patriota que não deixou que seus princípios socialistas o impedissem de organizar a coalizão do mundo livre contra Stalin na década de 1940, nem de desenvolver secretamente o programa nuclear de dissuasão da Grã-Bretanha. Magro, lacônico e fumante de cachimbo, Clement Attlee era como água da torneira comparado ao champanhe que era Winston Churchill — um bancário contra um cão de guerra. Mas a nação e o consenso igualitário que moldou entre 1945 e 1951 fizeram dele o maior primeiro-ministro britânico de tempos de paz.

As substâncias tóxicas vinham do carvão de baixa qualidade que queimava nas lareiras e nos aquecedores de água de praticamente todas as casas antes do advento do aquecimento central a base de óleo ou gás, e especialmente das usinas elétricas movidas a carvão, cujas torres se erguiam ao longo do Tâmisa: em Fulham, West Ham e, mais substancialmente, Battersea. A algumas centenas de metros de Westminster, as quatro imensas torres da gigantesca usina elétrica de Battersea eram as que mais liberavam resíduos e, portanto, não era coincidência o fato de Westminster ser recoberta por flocos preto-amarelados de fuligem e terra — parte óleo, parte lama — que causavam ardência nos olhos e nos pulmões. "A névoa rodopiava pelas alas e parecia consistir principalmente de fuligem", lembrou Sir Donald Acheson, mais tarde Conselheiro Médico do Reino Unido e, na época, um jovem médico no Hospital de Middlesex, perto da Tottenham Court Road, "de modo que as bacias e banheiras ficavam cada vez mais escuras e, em certo ponto, era literalmente possível escrever seu nome nelas — o que fiz." As alas do Middlesex começaram a se encher de pacientes idosos e de meia-idade com dificuldades respiratórias e, após um ou dois dias, o jovem médico chamou o cirurgião-chefe e pediu permissão para cancelar todas as cirurgias de rotina e admissões das listas de espera. Todas as alas cirúrgicas disponíveis, e mesmo as alas obstétricas, ficaram lotadas de pacientes com problemas respiratórios agudos.

Essa é a cena retratada muito vividamente em "Ato divino", mas não foi o ângulo projetado pela mídia da época. Os problemas de transporte chegaram às manchetes: matérias sobre pessoas sentadas no capô dos carros ou caminhando na frente deles para guiar os motoristas e sobre o fechamento do aeroporto de Londres. Para pegar um voo as pessoas tinham de ir de trem da capital até o aeroporto de Hurn, perto de Bournemouth — e o trem era puxado por uma das dezenove mil locomotivas a vapor do país, com caldeiras de carvão que só exacerbavam o problema da névoa. Os transportes pelo Tâmisa foram paralisados e os motoristas abandonavam seus veículos nas ruas e caminhavam até o trabalho. "Londres nunca ficou tão sem tráfego desde os anos da guerra, quando o petróleo foi drasticamente racionado", relatou o *Manchester Guardian*.

O cancelamento de todos os programas esportivos no sudeste da Inglaterra chegou às manchetes no fim de semana de 6 e 7 de dezembro. Os britânicos eram "passionalmente viciados" em futebol, relatou o *New York Times*, as corridas de cães e cavalos haviam sido canceladas e até mesmo os cinemas foram afetados. "A visibilidade da tela é nula", alertou um gerente em um cartaz na frente de seu cinema; o filme só podia ser visto das primeiras fileiras. Em 8 de dezembro, a plateia do Royal Festival Hall, na margem

Clement Attlee era água da torneira comparado ao champanhe que era Winston Churchill – um bancário contra um cão de guerra. No entanto, durante quinze anos, de 1940 a 1955, os dois se alternaram no número 10 de Downing Street e foram amigos mais próximos do que permitiram que o mundo soubesse.

sul do Tâmisa, descobriu que a névoa extremamente espessa vinda do rio significava que eles não conseguiriam ver o palco. Muito pior, e tema de numerosas manchetes sensacionalistas, foi o aumento do que o jornal *The Guardian* descreveu como "crimes e roubos a pé [...]. Os ladrões estão agindo rapidamente. A névoa não permite que a sala de informações da Scotland Yard envie carros para responder a 999 chamadas, e a polícia está tendo de usar bicicletas". Em termos de fatalidades, as mortes que chegaram primeiro às manchetes foram as de onze touros premiados do Smithfield Show, após dificuldades respiratórias. Oito foram sacrificados a pedido dos proprietários: "O ar cheio de fumaça de Londres se provou especialmente prejudicial para o gado de áreas nas quais o ar é normalmente frio, mas seco."

Foi somente depois que os ventos dispersaram a névoa, em 10 de dezembro, que os fatos sobre as doenças e mortes humanas começaram a ser conhecidos. Os números eram chocantes. Em 18 de dezembro de 1952, o ministro da Saúde, Iain Macleod, relatou na Câmara dos Comuns que as mortes na Grande Londres haviam ultrapassado o dobro na semana de 13 de dezembro, chegando a 4.703, comparadas às 1.852 da semana correspondente em 1951, e "grande parte desse aumento deve ser atribuído ao nevoeiro". Um segundo nevoeiro, em 27 de dezembro, com nuvens brancas e acres rodopiando nas ruas e entrando "em casas alegremente decoradas para o Natal", finalmente deixou evidente a gravidade da situação, com mais mortes na capital do que as fatalidades da desastrosa epidemia de cólera de 1886, relatou a revista *The Lancet*. "Massacre" foi a manchete do *Evening Standard* de lorde Beaverbrook, que comparou os seis mil londrinos mortos em dezembro aos 5.957 mortos pelos bombardeios nazistas em setembro de 1940, o pior mês da Blitz. "A perda econômica — advinda de aviões presos em terra, comércio sujo e lento — chega a milhões de libras", relatou o *New York Times*. "Muitos londrinos, tossindo e sentindo vagas dores no peito, experimentam uma sensação de medo." Após ter dado de ombros algumas semanas antes, o governo Churchill anunciou que passaria a tratar os nevoeiros recorrentes como "problema da maior urgência" — uma mudança de 180 graus que "Ato divino" dramatiza como tendo sido provocada pela morte de Venetia Scott.

Quando os fatos se tornaram conhecidos, o processo de investigação e legislação que levou à Lei do Ar Limpo de 1956 foi relativamente bipartidário, refletindo o respeito, e até mesmo afeto, entre Winston Churchill e Clement Attlee, laços mais estreitos do que as pessoas presumiam.

As supostas zombarias de Churchill, dirigidas ao homem que o derrotara na eleição para primeiro-ministro em 1945, eram conhecidas: "uma ovelha em pele de ovelha"; "um homem modesto que tem muito sobre o que ser modesto"; "um táxi vazio para em frente ao número 10 de Downing Street e dele sai Clement Attlee." Mas nem todas as tiradas sarcásticas podem ser atribuídas a Churchill, e, em caráter privado, ele frequentemente defendia seu lacônico oponente por ser um patriota: "Um colega fiel que serviu bem a seu país no momento em que ele mais precisava." Ele se referia aos amargos debates do gabinete de guerra na noite de 28 de maio de 1940, após a infame evacuação da força expedicionária britânica em Dunquerque, onde a Grã-Bretanha permanecera sozinha no acontecimento que ficou conhecido como "sua hora mais sombria". Neville Chamberlain e Edward Halifax diziam que era preciso chegar a algum tipo de acordo de paz com Hitler, vencendo Churchill em dois para um, até que Attlee e seu colega de partido Arthur Greenwood entraram na discussão. A mera sugestão de rendição destruiria o moral nacional, argumentaram eles, e Churchill jamais se esqueceu da posição inabalável de Attlee no que Peter Hennessy descreveu como "as duas horas mais cruciais da história moderna do gabinete". Mesmo quando, mais tarde, os rivais se desentendiam sobre questões políticas como a nacionalização e a natureza das provisões de bem-estar social, Churchill regularmente elogiava a solidez com que o líder trabalhista — "um cavalheiro honrado e galante" — servira como seu leal e altamente eficiente vice no gabinete de coalização que finalmente vencera a guerra.

Após a guerra, Churchill foi surpreendentemente flexível em relação a muitas características da "Commonwealth socialista" que o governo trabalhista de Attlee implantara entre 1945 e 1951. Trinta anos depois, conservadores radicais da era Margaret Thatcher olharam para trás com surpresa e pesar pelo fato de, quando Churchill retomou o poder, em outubro de 1951, ele não ter buscado reverter mais aspectos do estado de bem-estar social trabalhista, especialmente a nacionalização dos transportes e da energia. Mas Churchill jamais foi um *tory* no sentido linha-dura. "Sou um liberal inglês", escreveu ele em 1903. "Odeio o partido *tory*, seus homens, suas palavras e seus métodos." Ele se orgulhava de ter introduzido o primeiro esquema de seguro-desemprego como porta-voz liberal em 1908 e de ter modelado e executado a aposentadoria das viúvas e a redução da idade de aposentadoria de 70 para 65 anos quando fora chanceler do Tesouro, em 1924. Embora criticasse a agenda pós-guerra de Attlee, Churchill a aceitou como principal estrutura do equivalente britânico ao "New Deal" de Roosevelt, e sua oferta ao eleitorado, em outubro de 1951, não foi abolir o estado de bem-estar social, mas gerenciá-lo de modo mais eficiente — "casas e carne vermelha, não penúria".

Quando os votos lhe deram uma vitória estreita, o primeiro-ministro reeleito não minimizou o desafio. "No pior momento da guerra, eu sempre soube o que fazer", confessou ele a Oliver Lyttelton, seu secretário de Estado para as Colônias. "Os problemas de hoje são vagos e intangíveis." Ele disse algo semelhante em seu tributo à rainha Mary, em seguida à morte dela em março de 1953. "É preciso não somente coragem, mas resiliência mental para aqueles cuja juventude se passou em tempos mais calmos e lentos", disse ele, "ajustarem-se ao gigantesco contorno e à árida estrutura do século XX." Ele poderia estar falando do gigantesco contorno da usina elétrica de Battersea, exibindo sua feiura angular acima do nevoeiro. Harold Macmillan, seu ministro da Habitação, fora parcialmente responsável pelos problemas de dezembro de 1952 ao resistir aos pedidos por controle da emissão de fumaça no verão anterior, e Macmillan subsequentemente obstruiu a nomeação de uma comissão de inquérito. Entretanto, quando o Comitê de

Poluição do Ar iniciou suas tarefas sob a liderança de Sir Hugh Beaver, em maio de 1953, o progresso foi rápido. "Poucos relatos de um mal social levaram a uma ação tão veloz", escreveu em aprovação Brian Clapp em *An Environmental History of Britain* [Uma história ambiental da Grã-Bretanha, em tradução livre]. Em 1965, dez anos depois de a Lei do Ar Limpo ser promulgada, as emissões de fumaça industrial haviam sido reduzidas em 74% em todo o país e o nevoeiro tornou-se uma relíquia fétida da história.

Quaisquer que fossem as diferenças políticas cotidianas, pessoalmente Churchill e Attlee continuaram a se tratar com respeito. Attlee e a esposa, Violet, foram convidados para todos os principais eventos em Downing Street, tanto oficiais quanto privados, entre eles, a festa de 80 anos de Churchill em novembro de 1954 e a festa de 70 anos de Clementine, alguns meses depois. Attlee, aliás, se dava melhor com o líder conservador do que alguns dos principais membros do próprio partido de Churchill, que tentavam tirá-lo da política há quase uma década.

Já em 1945, um grupo de conservadores liderados por Robert "Bobbety" Cecil (então visconde de Cranbourne e mais tarde marquês de Salisbury) bolara um plano para alocar o velho veterano, então com 70 anos, na Câmara dos Lordes, mas permanecendo líder nominal do partido e, desse modo, permitindo que seu vice, Anthony Eden, assumisse as batalhas cotidianas na Câmara dos Comuns. Eden não se mostrou disposto a isso em 1945, mas sete anos depois, com Churchill próximo de seu octogésimo aniversário, Bobbety ainda estava tentando, e viu uma oportunidade na manhã de sexta-feira, no dia 22 de fevereiro de 1952, quando Charles Moran, médico do primeiro-ministro, chegou a seu escritório para uma reunião apressadamente convocada por "Jock" Colville, o secretário particular de Churchill.

Churchill sofrera um derrame leve na tarde anterior — um espasmo arterial —, relatou Moran. Quando o primeiro-ministro acordara de seu costumeiro cochilo e pegara o telefone, descobrira que sua mente estava em branco e se vira temporariamente incapaz de falar. Ele recuperara a fala, mas Moran previa uma recorrência do problema — ou algo pior — no futuro. Aquele certamente era o momento, propôs Salisbury, de o primeiro-ministro se mudar graciosamente para "o andar de cima", e os demais concordaram.

Eles também concordaram que somente a rainha poderia propor um plano de ação tão drástico com qualquer chance de sucesso, e marcaram uma reunião naquela mesma tarde com Tommy Lascelles, no Palácio de Buckingham. Lascelles concordou com o trio que um primeiro-ministro mentalmente incapaz era um problema constitucional sério, e achou que o plano de Bobbety para afastá-lo poderia ter sucesso. Mas se recusou taxativamente a envolver a Coroa na questão. Ele achava que a jovem rainha, no cargo há menos de dois

ROBERT CECIL

Quinto marquês de Salisbury

(1893-1972)

INTERPRETADO POR CLIVE FRANCIS

Como descendente direto de William e Robert Cecil, conselheiros da primeira rainha Elizabeth, e neto de Robert Gascoyne-Cecil, o último primeiro-ministro da rainha Vitória, "Bobbety" Salisbury se orgulhava de seu serviço prestado à monarquia, à Igreja da Inglaterra e ao Partido Conservador. Apoiador inicial de Winston Churchill em sua luta contra o apaziguamento, ele assumiu uma posição quando viu que as habilidades do grande homem estavam falhando — como mais tarde assumiu uma posição contra o desejo da princesa Margaret de se casar com o divorciado Peter Townsend. Muito imitado por sua dificuldade de pronunciar a letra "r", Bobbety é lembrado pela pergunta que fez aos conservadores em janeiro de 1957, quando tentava descobrir se eles preferiam "Rab" Butler ou Harold Macmillan como sucessor de Anthony Eden no cargo de primeiro-ministro: "Bem", perguntou ele, "será Uab ou Hauold?".

meses, não tinha a menor chance de persuadir o primeiro-ministro. Se ela tocasse no assunto, especulou Lascelles, Churchill agradeceria cortesmente pela sugestão e passaria, imperioso, para outros assuntos — "É muito gentil de sua parte pensar nesse assunto, senhora..." eram as palavras que, segundo Lascelles, Churchill poderia utilizar. A intervenção malsucedida da monarca prejudicaria tanto sua prerrogativa quanto seu relacionamento com o primeiro-ministro, embora as coisas pudessem ter sido diferentes, acrescentou o secretário particular, se o rei George VI ainda estivesse vivo...

Assim, o veterano permaneceria no cargo — ao menos até o derrame seguinte —, embora haja uma ressalva à recusa de Lascelles de abordar o assunto da possível renúncia de Churchill com a rainha em fevereiro de 1952. Somente alguns dias antes, o secretário particular e o primeiro-ministro haviam confabulado — para não dizer tramado — para abortar as ambições da Casa Real de Mountbatten e garantir a preferência dos "velhotes excêntricos" do palácio pela Casa de Windsor. Uma gentileza merecia outra. O ato de proteção exercido por Lascelles em benefício de Churchill inspirou a tragicômica cena de "não intervenção" criada por Peter Morgan perto do fim de "Ato divino", quando Elizabeth convoca o primeiro-ministro para perguntar sobre a crise do nevoeiro e muda de assunto, evitando o confronto, ao ver o sol romper miraculosamente a barreira da névoa.

— E se o nevoeiro não tivesse se dissipado? — pergunta ela à avó Mary logo em seguida. — E se o governo tivesse continuado a cometer erros? E se as pessoas tivessem continuado a morrer? E se Churchill tivesse continuado a se agarrar ao poder e o país tivesse continuado a sofrer? Não parece certo, como chefe de Estado, não fazer nada... Certamente não fazer nada não é um trabalho.

— Esse é exatamente seu trabalho — responde a mulher mais velha, com base em sua experiência de 43 anos como rainha. — Fazer nada é o trabalho mais difícil de todos e exige cada grama de energia que você possui. Ser imparcial não é natural, não é humano. As pessoas sempre querem que você sorria, concorde ou franza o cenho e, no momento em que fizer isso, você terá declarado uma posição, um ponto de vista. E essa é uma coisa que, como soberana, você não tem o direito de fazer. Quanto menos você fizer, disser, concordar ou sorrir...

— Quanto menos eu pensar? Sentir? Respirar? Existir? — interrompe desanimadamente a jovem Elizabeth.

— Quanto menos, melhor — conclui a avó, com firme e fria determinação. Foi um conselho amargo, mas Elizabeth II o seguiria à risca pelo restante de seu reinado, e a severa verdade contida nele faria com que atravessasse seguramente, embora nem sempre com o coração leve, muitas crises depois daquela.

"O nome Donora significa algo para você?"

Enquanto os meteorologistas de Londres tentavam entender a combinação de fatores que haviam gerado o grande nevoeiro de dezembro de 1952, eles puderam analisar um modelo do outro lado do Atlântico: a pequena cidade industrial de Donora, em uma curva do rio Monongahela, ao sul de Pittsburgh, na região siderúrgica da Pensilvânia, nos Estados Unidos. Durante quatro dias no fim de outubro de 1948, uma camada de ar estagnado fizera pairar sobre a cidade os vapores venenosos emitidos pela usina de zinco de Donora, juntamente com os poluentes das siderúrgicas locais, dos depósitos de escórias e de uma fábrica de ácido sulfúrico, criando um nevoeiro tóxico que fez adoecer sete mil habitantes e matou oitocentos animais e ao menos vinte pessoas, que tiveram um fim agonizante, com dificuldades respiratórias parecidas com as da asma. Comovido com a tragédia, o presidente Truman convocara uma conferência nacional de cientistas e especialistas em clima que chegara a um diagnóstico e uma solução relativamente simples: a necessidade de regulamentações rígidas para a emissão de fumaça, alguns dos quais foram incorporados à primeira legislação norte-americana sobre poluição, a Lei de Controle da Poluição do Ar de 1955.

A isso se seguiu a Lei do Ar Limpo de 1963, que fundou um programa federal para analisar técnicas de redução da poluição do ar, mas, assim como na Grã-Bretanha, foi necessário um grande desastre para gerar alguma ação decisiva. No fim de novembro de 1966, as celebrações do Dia de Ação de Graças em Nova York foram encobertas por um nevoeiro que mais que dobrou a quantidade de dióxido de enxofre no ar no nível das ruas. Os onze incineradores municipais foram fechados; os proprietários foram ordenados a baixar os termostatos dos apartamentos para quinze graus; as empresas Consolidated Edison e Long Island Lighting Company limitaram as emissões de enxofre trocando o petróleo pelo gás natural; e o governador Nelson Rockefeller declarou "estado consultivo de alerta" em toda a área metropolitana de Nova York, Connecticut e Nova Jersey. Ao fim do alerta, três dias depois, 168 mortes por problemas respiratórios haviam sido relatadas.

Em comparação com Donora e Londres, Nova York teve poucos prejuízos com o nevoeiro. Mas uma chocante fotografia do topo do edifício Empire State, feita por Neal Boenzi, do *New York Times*, teve efeitos dramáticos no sentimento nacional, ajudando a inspirar a Lei do Ar Limpo de 1970 e a criação, no mesmo ano, da Agência de Proteção Ambiental por Richard Nixon. Em Donora, entrementes, onde a usina de zinco fechou em 1957, com a perda de novecentos empregos, seguida dez anos depois pela fábrica da US Steel, com a perda de cinco mil empregos, um grupo de ativistas inaugurou o Museu do Nevoeiro de Donora para celebrar "as pessoas que deram a vida para que tivéssemos ar puro [...]. Aqui em Donora, dizemos que esse episódio foi o início do movimento ambiental". Em exibição no museu está um dos tanques de oxigênio originais que os bombeiros carregavam pelas ruas escurecidas em 1948, a fim de oferecer alívio aos cidadãos com dificuldades para respirar, e do lado de fora um cartaz alaranjado proclama orgulhosamente: "A Lei do Ar Limpo começou aqui."

Rainbow One

No fim de semana da Festa do Divino Espírito Santo, perto do fim de maio de 1953, Mike Parker, o antigo camarada naval e então secretário particular do duque de Edimburgo, foi convocado ao número 10 de Downing Street. Ao chegar, foi enviado ao escritório do primeiro-ministro, onde Churchill o manteve em pé diante de sua mesa por um longo tempo, antes de se dignar a levantar os olhos dos documentos. "É sua intenção", perguntou ele finalmente, com ar funesto, "destruir toda a família real no menor prazo possível?". O primeiro-ministro ficara horrorizado ao ler nos jornais que o marido da rainha fora transportado de helicóptero até seus compromissos pré-coroação e queria saber como um método tão arriscado de transporte fora adotado sem a permissão do governo de Sua Majestade. Foi somente após receber muitas garantias quanto ao excelente histórico de segurança do esquadrão de helicópteros da Marinha Real — e receber a oferta de um helicóptero naval para sua próxima viagem a Londres — que Churchill se acalmou um pouco.

O primeiro-ministro criara ainda mais dificuldades em outubro, ao receber a notícia de que o marido da rainha queria aprender a voar, e levara a questão para discussão do gabinete. Ele estava preocupado com a segurança de Philip, mas temia ainda mais que, ao receber a licença, o jovem quisesse levar a mulher e os filhos para voar com ele. Os colegas mais jovens de Churchill tentaram defender Philip, dizendo que o falecido rei fora piloto da RAF — assim como seus irmãos, os duques de Windsor, Gloucester e Kent — e que voar "hoje em dia é visto como meio normal de transporte". Contornando diplomaticamente a idade do primeiro-ministro (Churchill faria 78 anos no mês seguinte), eles afirmaram que, naqueles dias, os jovens consideravam aprender a voar "pouco mais perigoso que aprender a dirigir um automóvel". Talvez o argumento mais forte, em vista das decisões recentes do gabinete contra o príncipe, tenha sido de que seria "uma grande decepção" se os desejos pessoais do jovem fossem frustrados. Churchill disse que discutiria a questão com o duque em sua próxima visita a Balmoral, e, duas semanas depois, relatou que conseguira as garantias necessárias — particularmente a de que SAR "não tem a intenção de pilotar um jato".

Isso tinha especial ressonância em função do desastre do Show Aéreo de Farnborough no mês anterior, quando o protótipo do jato DH110 caíra

sobre a multidão, matando 31 pessoas. O mais importante de tudo era que o duque concordara em não pilotar qualquer avião transportando a rainha.

Após refletir, o primeiro-ministro se sentira capaz de retirar sua objeção ao treinamento básico do duque como piloto, "sob orientação de um instrutor da Royal Air Force", e a aprovação fora devidamente registrada como Conclusão do Gabinete nº 85, de 14 de outubro de 1952. Philip sempre quis voar: "Como todos os meninos", dissera ele certa vez, "que querem ser maquinistas". Já adulto, ele passara a ver o exercício de pilotar uma aeronave como "desafio intelectual" e, se pudesse, teria seguido carreira na Força Aérea e não na Marinha. Mas tio Dickie dissera que a Marinha oferecia conexões familiares melhores — e assim fora, é óbvio, da forma mais espetacular.

Uma das consequências de Elizabeth ascender ao trono fora a chuva de altas patentes militares sobre o marido, entre elas o de marechal da Força Aérea Real, e Philip decidiu que, moralmente, não podia aceitar o título sem conquistar suas asas como piloto. *The Crown* mostra Peter Townsend ensinando Philip a voar. Na realidade, o instrutor do duque foi o tenente-aviador Caryl Gordon, da Escola Central de Aviação da RAF, que o levou para sua primeira lição de verdade no aeródromo White Waltham, perto de Maidenhead, em 12 de novembro de 1952, e permitiu que voasse sozinho pela primeira vez no Natal. Ele considerava o aluno real "acima da média", embora admitisse ter se sentido "perturbado", ao assistir ao primeiro parafuso solo do duque, "com o número de estóis antes da recuperação completa". Birutas foram instaladas no Grande Parque de Windsor para transformar o campo de polo de Smith's Lawn em pista de pouso, e Elizabeth levou Charles e Anne para verem o pai pousar a aeronave Chipmunk Trainer e subirem na cabine — embora não para voar com ele em seguida.

Em fevereiro de 1953, Philip passou para um avião mais avançado, o Harvard Trainer, e uma unidade examinadora da RAF descreveu seu modo de voar como "cuidadoso, com um apreço pela segurança e perícia acima da média". Suas

Em 6 de maio de 1953, o duque celebrou a licença recém-recebida voando sozinho sobre o Castelo de Windsor. Ele amava voar, contou posteriormente, porque era algo totalmente imersivo: quando está pilotando um avião, você não pensa em mais nada.

habilidades de navegação eram excelentes, o que não era surpresa, após os anos de serviço em combate na Marinha, embora o tenente-aviador Gordon tenha alertado o aluno sobre os perigos da autoconfiança excessiva — uma lição, relatou ele, que foi recebida "com humildade".

Em 4 de maio de 1953, um mês antes da coroação e algumas semanas antes de completar 32 anos, o duque de Edimburgo recebeu a licença de piloto das mãos do chefe do Estado-Maior da Força Aérea, no Palácio de Buckingham, na presença do secretário de Estado da Força Aérea, do capitão da aeronave real e de uma muito sorridente rainha. A família viajaria para Balmoral no dia seguinte, para uma breve pausa antes da coroação, e embora Philip tenha decidido pilotar até Aberdeen, a mulher e os filhos viajaram separadamente.

"Sinto", escreveu Philip mais tarde, "que voar não é algum tipo de arte sombria que só pode ser praticada por devotos ou temerários." Ele amava voar porque era algo totalmente imersivo — quando está pilotando um avião, explicou ele, você não pensa em mais nada.

Quando ganhou experiência, tornou-se rotineiro para o duque pilotar todas as aeronaves da frota real com um copiloto ao lado — seu codinome era RAINBOW ONE —, e, desse modo, ele pilotou os voos com a mulher e os filhos por muitas centenas de horas, como certa vez assegurara ao gabinete que jamais faria. Em 1956, tiveram início suas primeiras aulas em um helicóptero e recebeu a licença como piloto de helicóptero da Marinha. A essa altura, no entanto, Winston Churchill já não era mais primeiro-ministro.

5

ILUSÕES

Coroando a rainha

"Que sua testa seja ungida com óleo sagrado, como reis, sacerdotes e profetas foram ungidos [...]. Como Salomão foi ungido rei pelo sacerdote Zadoque e pelo profeta Natã, que sejas ungida, abençoada e consagrada rainha dos povos que o Senhor teu Deus te deu para governar." O antigo cerimonial da coroação da rainha Elizabeth II oferece ao clímax solene do quinto episódio de *The Crown*, "Ilusões", uma virada irônica. Paralelamente à cerimônia na Abadia de Westminster, vemos o rei que abdicou, o duque de Windsor, assistindo à coroação pela televisão junto da duquesa. Em 2 de junho de 1953, o casal realmente assistiu à cobertura dos eventos em Londres, feita pela BBC, ao vivo da França, graças a uma

Em 2 de junho de 1953, o duque e a duquesa de Windsor se uniram a um grupo de amigos norte-americanos para assistir à celebração da coroação de Elizabeth II, filmada pela BBC e transmitida ao vivo em Paris.

conexão com uma estação parisiense de TV — inspirando o criador da série, Peter Morgan, a imaginar um diálogo pungente. O antigo monarca se sente compelido a explicar o significado dos antigos rituais da cerimônia a um grupo de amigos norte-americanos, nos fornecendo, assim, a perspectiva do rei que nunca usou a coroa — e que era o tio favorito da jovem no centro da cerimônia.

A princesa Elizabeth ainda não tinha 5 anos completos quando seu adorado tio David conheceu a Sra. Wallis Simpson, em janeiro de 1931, e não pôde compreender o significado do encontro. Que observador da época, de qualquer idade, poderia ter imaginado as consequências do encontro entre o príncipe voluntarioso e a divorciada cheia de vida? Elizabeth só se encontrou com a Sra. Simpson uma ou duas vezes durante a infância, e então em um punhado de ocasiões muito tensas mais adiante. Mas a Sra. Simpson teria um impacto muito decisivo em sua vida, pois seria seu apaixonado relacionamento com o futuro rei Edward VIII que transformaria o destino real comparativamente incerto de Elizabeth de York, filha de um filho mais novo. A abdicação de Edward em dezembro de 1936 colocaria sua sobrinha de 10 anos na linha direta de sucessão da coroa e, ainda mais crucialmente, forneceria o mito primordial do reinado subsequente de Elizabeth. As complexas paixões de 1936 forneceriam o terrível exemplo que assombrou a adolescência da princesa, um exemplo que permanece sendo o desafio da família real até hoje: como *não* se comportar ao lhe ser confiada a sagrada aliança da monarquia.

O príncipe de Gales era o tio mais carismático e desobediente de Elizabeth, partilhando com ela aquele lado da infância que é prerrogativa dos tios indulgentes. No casamento, em 1931, da sobrinha da rainha Mary, Lady May Cambridge, ele deu à garotinha uma piscadela secreta e recebeu um largo sorriso como resposta. Um filme familiar da época mostra tio David se pavoneando pelo jardim, ensinando à jovem Elizabeth paródias da saudação nazista. O pai e a mãe dela certamente não aprovaram. No terceiro aniversário dela, o príncipe de Gales a presenteou com um filhotinho de cairn terrier, raça da qual gostava especialmente, muito embora os pais de Elizabeth achassem, de acordo com um escritor real aprovado pela corte, "que a princesa ainda era jovem demais para ter um animal tão exigente como bichinho de estimação".

Na época, no entanto, não houve nenhum sinal de alerta. Ao contrário: na década de 1920 e início da década de 1930, o príncipe de Gales parecia estar abrindo uma trilha nova e promissora. Uma série de viagens muito aclamadas ao exterior o havia transformado em radiante celebridade internacional. Ele lutara com sucesso pelo direito de se aproximar das trincheiras durante a

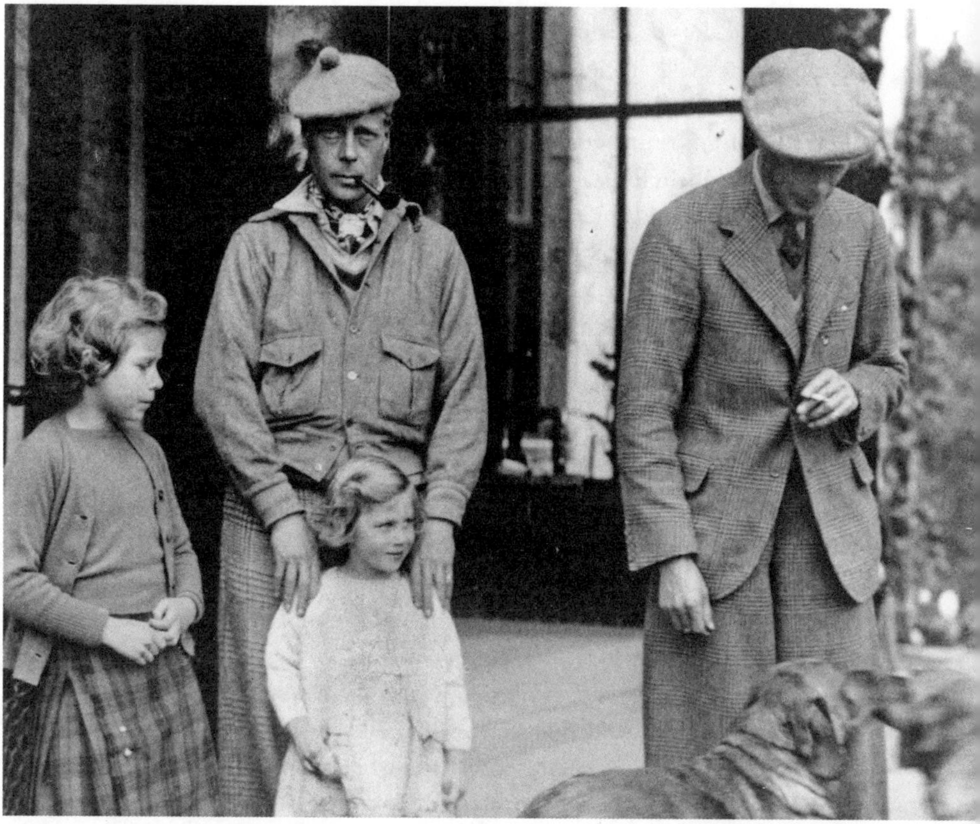

David, o príncipe de Gales, e seu irmão mais novo, Bertie, duque de York, eram próximos desde a infância. Esses laços se tornaram mais intensos após o nascimento das filhas de Bertie, Elizabeth e Margaret Rose, fotografadas aqui pouco antes da ascensão de David como rei Edward VIII, no início de 1936.

Grande Guerra. Fora o primeiro membro da família real a falar no rádio e o primeiro a ser fotografado fumando um cigarro. Parecia anunciar uma abordagem mais aberta e acessível da monarquia. Quando viu que um grupo de soldados australianos fora impedido de entrar no Carlton Grill, ele foi até lá, apertou a mão deles e os fez ser conduzidos a uma mesa. Pediu que Fred Astaire colocasse chapinhas em seus sapatos e, durante sua breve estadia em Oxford (ele passou dois anos no Magdalen College antes da guerra), cantou "The Red Flag" [uma canção socialista] acompanhado de um banjo. E inspirou compositores populares: "Dancei com um homem que dançou com uma garota que dançou com o príncipe de Gales."

As parceiras de dança é que eram o problema. Na primavera de 1918, o príncipe de Gales iniciou um romance intermitente com Freda Dudley Ward, esposa de um parlamentar liberal, que durou dezesseis anos. Seu relacionamento incluíra o ambiente semipúblico dos clubes noturnos de Mayfair, onde o príncipe também fora visto dançando com Tallulah Bankhead, a notoriamente sedutora atriz norte-americana, e Florence Mills, a "rainha da felicidade" afro-americana. Uma companheira duradoura foi Thelma, Lady Furness, que mais tarde descreveu em sua biografia a experiência de participar de um safári com o príncipe: "Seus braços me envolvendo eram a única realidade [...] Toda noite, eu me sentia totalmente possuída pelo nosso amor." Em 1929, as complicações dos diversos romances do príncipe levaram seu secretário particular, o capitão Tommy Lascelles, a pedir demissão em sinal de protesto (ele mais tarde foi readmitido, em um significativo gesto de simpatia pelo pai do príncipe, o rei George V). Durante uma viagem ao exterior, Lascelles tivera de lidar com as consequências de o príncipe ter dormido com a esposa de seu anfitrião oficial, o governador britânico local.

Foi Lady Furness quem apresentou o namorado a Wallis Simpson, nascida Bessie Wallis Warfield em 1896 na Pensilvânia, em uma família de Baltimore outrora abastada, mas então empobrecida. Tendo se divorciado do primeiro marido, Earl Winfield Spencer Jr., um oficial aviador da Marinha norte-americana, Wallis se casara com Ernest Simpson, um nova-iorquino cujo pai era inglês e que tinha a ambição de se tornar cidadão britânico. Simpson cruzara o Atlântico, participara brevemente do Coldstream Guards [tropa de elite da infantaria] como segundo-tenente e fora trabalhar no escritório londrino da transportadora internacional do pai. Orgulhoso das origens britânicas da família e, estranhamente, mais inglês que o inglês típico, Ernest Simpson apresentara a esposa à sociedade de cafés de Londres, o que colocara o casal em contato com Thelma Furness.

Em janeiro de 1931, Lady Furness convidou os Simpson para participar de uma festa de fim de semana para a qual o príncipe também fora convidado e, nos meses que se seguiram, os Simpson o encontraram muitas vezes, geralmente na companhia de Thelma Furness. Em janeiro de 1934, porém, Lady Furness foi para os Estados Unidos, e a Sra. Simpson rapidamente a substituiu. Subitamente, os diários do período ficaram repletos de referências ao príncipe e sua nova namorada, com a Sra. Simpson "cintilando", de acordo com Lady Diana Cooper, ou "com um exagero de esmeraldas [...] literalmente soterrada por rubis", nas palavras de "Chips" Channon. Os rumores davam conta de que muitas das joias eram relíquias reais, com as esmeraldas supostamente tendo pertencido ao

O duque de Edimburgo e sua nova esposa fazem o cortejo de saída da Abadia de Westminster em 20 de novembro de 1947. "Fiquei tão orgulhoso de você...", escreveu o rei para a filha após a cerimônia. "Posso ver que você está notavelmente feliz com Philip, o que é certo, mas 'não se esqueça de nós' é o desejo de seu sempre amoroso e devotado PAPA."

1951 – Malta. O tenente comandante Philip Mountbatten (à frente, à esquerda) dá braçadas na fragata HMS Magpie, levando sua equipe à vitória na competição anual de remo da frota britânica, na qual Magpie venceu seis das dez provas de barco. "Dukey", como o chamavam pelas costas, logo impressionou a tripulação por suas habilidades náuticas.

Substituindo o pai, o já debilitado rei George VI, a princesa Elizabeth assumiu pela primeira vez o lugar dele nas celebrações do aniversário real na cerimônia Trooping the Colour [desfile com as bandeiras coloridas dos regimentos] na Horse Guards Parade, em 7 de junho de 1951, montando Winston, um cavalo castanho da guarda. "Ela se manteve tão calma e serena...", escreveu sua avó, a rainha Mary. "Foi um prazer assistir."

O lendário Hotel Treetops, construído em 1932 entre os galhos de uma figueira gigante no Parque Nacional Aberdare, no Quênia. Elizabeth ainda era uma princesa quando subiu e, quando desceu, já era rainha.

7 de fevereiro de 1952, aeroporto de Londres. Vestida de preto em sinal de luto, a jovem rainha — não mais Elizabeth Mountbatten ou Elizabeth Windsor, mas uma nova pessoa, Elizabeth Regina, a rainha Elizabeth — desce as escadas da aeronave sozinha em direção ao primeiro-ministro e aos representantes do governo.

Mais de trezentas mil pessoas de luto fizeram fila durante quatro horas ou mais para prestar as últimas homenagens e ver o corpo do falecido rei George VI no velório público que aconteceu no Westminster Hall. No dia 15 de fevereiro de 1952, o país inteiro fez dois minutos de silêncio enquanto o caixão do rei era transferido para Windsor, onde seria enterrado na igreja de St. George. Cinquenta anos depois, em março de 2002, a rainha-mãe teria o mesmo velório público em Westminster Hall antes do funeral na Abadia de Westminster, seguido do enterro ao lado do marido, em Windsor.

Quando a princesa Elizabeth foi fotografada orgulhosamente na sala de estar da Clarence House pelo barão Nahum, fotógrafo e amigo de seu marido, Philip, no verão de 1951, ela não fazia ideia de que em menos de um ano estaria se mudando para o Palácio de Buckingham.

O ministro da Saúde Iain Macleod relatou que as mortes na Grande Londres haviam ultrapassado o dobro no fim da semana de 13 de dezembro — chegando a 4.703, comparadas às 1.852 da semana correspondente em 1951, e que "grande parte desse aumento deve ser atribuído ao nevoeiro".

Um segundo nevoeiro, no fim de dezembro de 1952, elevou o número de mortos em Londres para quase seis mil — se aproximando dos 5.957 mortos pelos bombardeios nazistas em setembro de 1940, o pior mês da Blitz. Uma vez que a gravidade ficou evidente, o Partido Trabalhista e o Partido Conservador atuaram juntos na pioneira Lei do Ar Limpo de 1956.

Em novembro de 1966, Nova York foi encoberta por um nevoeiro que mais que dobrou a quantidade de dióxido de enxofre no ar ao nível das ruas. A fotografia feita por Neal Boenzi, do New York Times, foi reconhecida como uma grande inspiração para a aprovação da Lei do Ar Limpo nos Estados Unidos e a criação da Agência de Proteção Ambiental, ambas em 1970.

6 de maio de 1935. Tela panorâmica de Frank Salisbury da família real entrando na Catedral de St. Paul pelo portão oeste para a cerimônia do Jubileu de Prata, que celebrava o reinado de 25 anos do rei George V e da rainha Mary. Atrás do rei e da rainha podem ser vistas as jovens princesas Elizabeth, de 9 anos, e Margareth Rose, de 4 anos, entre seu tio David, o príncipe de Gales, e os pais, Bertie e Elizabeth, o duque e a duquesa de York.

6 de outubro de 1945. Quase nove anos após sua abdicação, em dezembro de 1936, o anterior rei Edward VIII, agora duque de Windsor, viaja a Londres para visitar sua mãe, a rainha Mary, que não se esforçou para esconder seus sentimentos. "Você não parecia capaz de levar em consideração qualquer ponto de vista além do seu...", escreveu ela em carta, atendendo ao pedido do duque para lhe contar seus verdadeiros sentimentos. "Não acho que você tenha se dado conta do choque que sua atitude provocou na família e em toda a nação. Parecia inconcebível para aqueles que haviam feito tantos sacrifícios durante a guerra que você, o rei, se recusasse a fazer um sacrifício menor..."

Em 4 de maio de 1953, o duque de Edimburgo recebeu a licença de piloto das mãos do chefe do estado-maior da Força Aérea, no Palácio de Buckingham, na presença de sua sorridente esposa, do secretário de Estado da Força Aérea e do capitão da frota aérea real.

A princesa Elizabeth, "Lilibet", em 1933, aos 7 anos, com seu tio favorito, David, príncipe de Gales. Ele estava prestes a embarcar em um caso de amor com Wallis Simpson, o que levaria à eventual ascensão de Elizabeth ao trono.

3 de junho de 1937. O duque de Windsor com sua noiva, a ex-Sra. Wallis Simpson, fotografados por Cecil Beaton no dia de seu casamento no Château de Candé, no Vale do Loire, na França.

Câmeras de televisão filmaram a coroação da rainha Elizabeth II na Abadia de Westminster, mas antes foi acordado que não seriam registrados os momentos sagrados da Unção e Comunhão. E não haveria closes do rosto de Elizabeth em nenhum momento da transmissão.

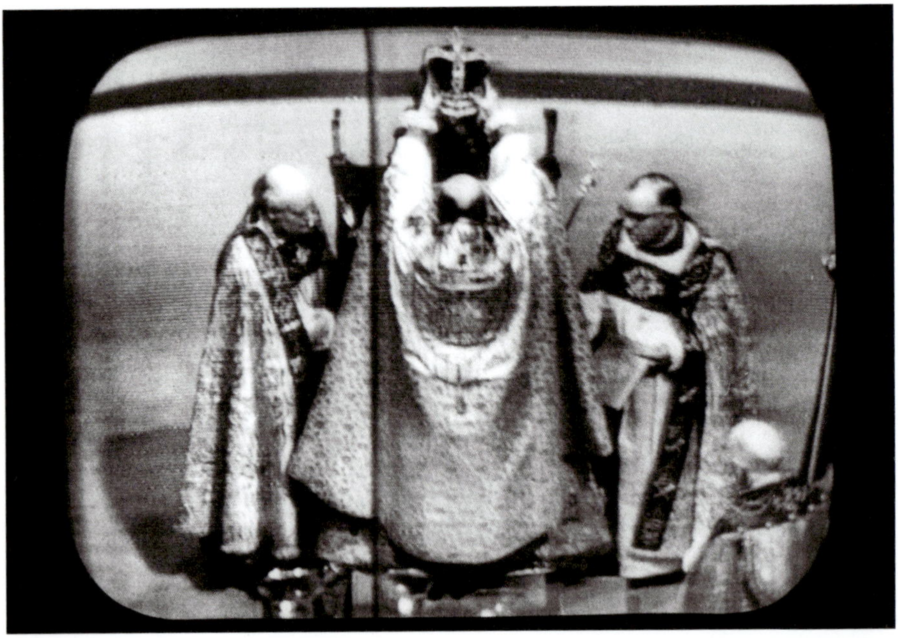

Os sinos tocaram e gritos de "Deus salve a rainha" ecoaram na Abadia. Enquanto isso, o príncipe Charles, de 4 anos, assistia pacientemente à coroação da mãe, ladeado pela avó e pela tia.

À esquerda: Uma tira dos negativos de Cecil Beaton. Abaixo: Beaton até convenceu Elizabeth II a dar um de seus raros sorrisos largos, mostrando todos os dentes.

Wallis, a futura Sra. Simpson, nascida em 1896, fotografada com pouco mais de 20 anos, enquanto era casada com o primeiro marido, Earl Winfield Spencer Jr., um oficial aviador da Marinha norte-americana.

tesouro que a avó do príncipe, a rainha Alexandra, legara para a futura esposa dele.

Os comentaristas sociais especulavam que a Sra. Simpson devia exercer sobre o príncipe algum tipo de fascínio sexual. Havia sombrios rumores sobre Wallis ter aprendido técnicas exóticas — o "aperto de Xangai" ou "aperto chinês" — durante o "ano de lótus" que passara no Extremo Oriente após se separar do primeiro marido. Entretanto, em junho de 1935, as fofocas se tornaram mais sérias.

O príncipe de Gales tinha uma admiração não muito secreta pelos ditadores fascistas em ascensão na Europa, e usou a reunião da Legião Britânica no Albert Hall de Londres para propor que a legião "estendesse a mão da amizade aos alemães". Os jornais alemães e norte-americanos tomaram isso como evidente endosso político a Hitler, e o gabinete pediu que George V informasse sua desaprovação ao filho.

Juntamente com a crescente indiferença do príncipe para com seus deveres cerimoniais, isso demonstrava triste ignorância sobre os deveres de um monarca constitucional britânico. Em 1935, George V passou muitas horas do último setembro de sua vida em Balmoral, conversando ansiosamente com o arcebispo de Canterbury, e ambos previram um futuro sombrio. "Quando eu partir", disse o rei, "o menino se arruinará em doze meses." Quando Edward VIII sucedeu o pai, em janeiro de 1936, o primeiro-ministro Stanley Baldwin conversou com Clement Attlee, o recém-eleito líder do Partido Trabalhista, e disse não saber se o novo rei "se manteria no curso".

Baldwin tivera a esperança, como admitiu a um colega, "de fugir da responsabilidade de se encarregar do príncipe como rei. Mas talvez a Providência tenha me mantido aqui para esse propósito". Os donos de jornais britânicos haviam concordado em não mencionar a nova amiga do rei, que então vivia separada do marido.

Mas a ansiedade crescia nos bastidores, com as pessoas mais próximas começando a especular sobre o que aconteceria em seguida. De acordo com a condessa de Airlie, amiga e dama de companhia da rainha Mary, George V dissera muito francamente, alguns meses antes de sua morte: "Peço a Deus que meu filho mais velho jamais se case ou tenha filhos, e que nada se coloque no caminho de Bertie e Lilibet ao trono."

O rei Edward VIII iniciara seu reinado com um turbilhão de atividades, lendo energicamente todos os documentos oficiais enviados pelo governo, rubricando e mesmo fazendo comentários às margens. Mas esse excesso de zelo logo o traiu, pois, após apenas alguns meses, as rubricas e os comentários começaram a ficar mais escassos e documentos confidenciais começaram a ser devolvidos sem sequer serem lidos, ocasionalmente manchados de comida e com marcas de copo. Perguntas discretas revelaram que as caixas vermelhas contendo documentos cruciais do gabinete estavam indo para Fort Belvedere e sendo deixadas sem supervisão em meio aos convidados que iam e vinham. Stanley Baldwin, consequentemente, decidiu restringir os documentos disponíveis para o rei, incluindo os que requeriam a assinatura real — e a atenção de Edward VIII em relação ao trabalho era agora tão escassa que ele não percebeu.

Em outubro de 1936, a Sra. Simpson se divorciou oficialmente do marido, Ernest, e o secretário particular do rei, Alexander Hardinge, achou que chegara a hora de fazer uma visita ao duque de York no número 145 da rua Piccadilly, a residência londrina dos York. A situação era grave, avisou ele ao pai da princesa Elizabeth, e poderia levar à abdicação do irmão mais velho. Na noite de 16 de novembro, o rei confirmou essa suspeita ao jantar com a rainha Mary, falando abertamente, pela primeira vez, sobre seu amor por Wallis. Ele ficou surpreso com a simpatia demonstrada pela mãe por seu problema pessoal — até que contou a ela que planejava tornar a questão pública, a fim de testar o apoio popular. "Para minha mãe", escreveu Edward posteriormente, "a monarquia é algo sagrado e o soberano, um personagem à parte. A palavra 'dever' se interpôs entre nós." Essa foi a separação, a primeira enunciação formal da trágica diferença de opinião que dividiu a família real britânica em 1936. O que significava dever? Aos olhos de Edward, seu dever era para com a mulher que amava. Sua única dúvida, dizia ele, não era se Wallis Simpson era aceitável ou não, mas se ele era digno dela. Quando o rei disse aos irmãos, na manhã seguinte, que estava disposto a abdicar se esse fosse o preço para se casar com Wallis, a reação deles foi similar à da mãe. O duque de York ficou especialmente angustiado com o que isso significaria para sua vida e a de sua filha Elizabeth. Ele ficou sem palavras.

A opinião nacional foi igualmente negativa quando os jornais afinal quebraram o silêncio. No início de dezembro de 1936, um discurso do bispo de Bradford, que escolheu falar publicamente sobre a irregularidade da frequência do rei aos serviços religiosos, forneceu o pretexto de que a imprensa precisava para abordar o relacionamento real com a Sra. Simpson — e o tom da maioria dos comentários foi hostil. A perspectiva de uma rainha Wallis causou horror. Rebeldes como Winston Churchill podiam falar em nome de um suposto "partido do rei", mas a causa de Edward VIII estava visivelmente condenada ao fracasso. O rei precisava escolher entre o amor e o dever, e já deixara explícita sua escolha para a família.

"A Coroa neste país [...] foi privada de muitas de suas prerrogativas", declarou Stanley Baldwin em seu discurso ao Parlamento explicando por que Edward VIII decidira abdicar. "Mas hoje, embora isso permaneça verdadeiro, a Coroa representa mais do que jamais representou na história. A importância de sua integridade é indubitavelmente maior que nunca." Em outras palavras, a abdicação era a escolha da Grã-Bretanha para a monarquia. Tentando tirar vantagem desses acontecimentos, o parlamentar socialista James Maxton iniciou uma moção para substituir a Coroa por "um governo do tipo republicano" — sendo derrotado por 403 a 5. No número 145 da rua Piccadilly, era impossível esconder das crianças que algo muito empolgante e um pouco assustador estava acontecendo. "Acho que haverá grandes mudanças em nossa vida, Crawfie", disse a duquesa de York à governanta das meninas, Marion Crawford. "Precisamos aceitar os fatos e reagir da melhor maneira possível." Lady Cynthia Asquith, amiga dos novos reis, foi convidada para o chá na sexta-feira, 11 de dezembro de 1936, o dia em que a abdicação foi formalmente ratificada pelo Parlamento, e encontrou as princesas totalmente conscientes, em seus termos, dos acontecimentos. A princesa Elizabeth vira sobre o balcão do hall uma carta endereçada à "Sua Majestade, a rainha". "Essa é a mamãe agora, não é?", perguntara ela com assombro. A princesa Margaret Rose, então com 6 anos e aprendendo a escrever, estava preocupada com questões práticas. "Eu acabei de aprender a soletrar York — Y O R K — e agora não vou mais usar. Tenho de assinar somente Margaret."

No dia seguinte, foi feita a proclamação pública do novo título do pai das garotas no balcão do Palácio de St. James. "Lilibet e Margaret correram como sempre para se despedir do pai com um abraço antes de ele partir", lembrou Crawfie. Quando o rei retornou, as filhas dobraram os joelhos e fizeram uma graciosa mesura. "Nada do que acontecera até então deixara tão nítido para ele a mudança em sua condição", escreveu a governanta. "Ele ficou parado por um instante, surpreso e comovido. Então se abaixou e as beijou afetuosamente."

REI EDWARD VIII

(Reinou de 20 de janeiro a 11 de dezembro de 1936)

Oficialmente Edward, príncipe de Gales, mais conhecido pela família como David, duque de Windsor (1936-1972).

(1894-1972)

INTERPRETADO POR ALEX JENNINGS

"Sinto que o príncipe de Gales não levantaria um dedo para salvar seu futuro cetro", escreveu Henry "Chips" Channon já em 1925. "Na verdade, muitos de seus amigos íntimos acham que ele ficaria feliz em renunciar." Com a aproximação da crise da abdicação em 1936, é notável como tantos outros observadores falaram sobre David procurar um pretexto para fugir do destino real – como se o cenário do romance e da renúncia fosse somente o meio para atingir um fim. Se Wallis Simpson não tivesse existido, precisamos nos perguntar, o rei relutante a teria inventado? *The Crown* mantém o veredito em aberto. A série registra como o dever foi observado e cumprido pelos sucessores de Edward VIII, George VI e a rainha Elizabeth II. Mas permanece o desafio apresentado pelo antigo rei do outro lado do oceano. A que propósito elevado deveríamos nos dedicar, senão a alguém amado e à eterna causa do amor?

FLORIS

WALLIS WARFIELD SIMPSON

Duquesa de Windsor

(1896-1986)

INTERPRETADA POR LIA WILLIAMS

"Ouçam os anjos anunciadores a cantar, nosso rei a Sra. Simpson vai roubar!", dizia uma cançoneta de Natal em 1936. Quer as pessoas rissem, quer não, o veredito popular sobre Wallis Simpson era praticamente unânime: ela era uma sedutora maligna, uma Lady Macbeth – e, pior ainda, era *norte-americana.* Mas seu compatriota "Chips" Channon concluiu o oposto quando a conheceu, em janeiro de 1935: "Uma mulher agradável, discreta, educada", escreveu ele, "com olhos grandes e assustados e uma pinta [no queixo]." "Ninguém", escreveu Winston Churchill, "foi vítima maior das fofocas e do escândalo." Em 3 de dezembro de 1936, quando Stanley Baldwin ainda estava desesperado para que Edward VIII mantivesse a coroa, Wallis foi para a França "a fim de me afastar da vida do rei", oferecendo-se para "recuar [...] e fazer qualquer coisa para evitar a abdicação". Os cínicos acreditaram que ela queria que David assumisse toda a culpa pelo que aconteceu em seguida, e, certamente, a vida do casal no exílio estava longe de idílica. Mas é possível que a dama realmente estivesse sendo sincera?

Um ano e meio depois, o antigo rei, agora duque de Windsor, escreveu à mãe pedindo que ela expressasse seus sentimentos sobre o ocorrido, e a rainha Mary respondeu com franqueza: "Você se lembra de como fiquei insatisfeita", escreveu ela, "quando você me informou sobre seu casamento e consequente abdicação, e como implorei para que não fizesse isso, pelo nosso bem e pelo bem do país. Você não parecia capaz de levar em consideração qualquer ponto de vista além do seu [...] Não acho que você tenha se dado conta do choque que sua atitude provocou na família e em toda a nação. Parecia inconcebível, para aqueles que haviam feito tantos sacrifícios durante a guerra, que você, o rei, se recusasse a fazer um sacrifício menor [...] Durante toda a minha vida, coloquei a Coroa à frente de todo o resto, e simplesmente não consigo mudar agora." Sacrifício e dever, Coroa e país: essas haviam sido as questões definidoras da abdicação e, quando chegou o momento de a neta da rainha Mary ser coroada, dezessete anos depois, esses foram os temas que nortearam a coroação.

"Rezem por mim nesse dia", pedira Elizabeth II em dezembro de 1952, durante seu primeiro discurso de Natal. "Rezem para que Deus me dê sabedoria e forças para cumprir as promessas solenes que farei." Profundamente religiosa na infância e durante toda a vida, a nova rainha estivera trabalhando com o arcebispo de Canterbury em um programa de leituras e meditações diárias a fim de entender melhor cada elemento da coroação. Buscando sabedoria e inspiração na coroação do pai, em maio de 1937, ela se lembrava da cerimônia como uma experiência mística. "Eu achei tudo muito, muito maravilhoso, e penso que o abade também achou", escrevera a princesa de 11 anos em sua caligrafia ordenada e redonda em um relato que apresentou "À mamãe e ao papai, em memória de sua coroação, escrito por Lilibet".

"Os arcos e vigas no topo estavam cobertos por uma espécie de névoa de fascinação quando papai foi coroado. Ao menos, foi o que achei." O dilema para a rainha de 27 anos era se seria capaz de disseminar a mesma névoa de fascinação em 2 de junho de 1953. O quinto episódio, "Ilusões", retrata dramaticamente as discordâncias no interior do Palácio de Buckingham e em Downing Street sobre se as câmeras deveriam ser permitidas no interior da Abadia de Westminster, com o moderno duque de Edimburgo se opondo às forças reacionárias lideradas por Winston Churchill, pelo arcebispo de Canterbury e pelo duque de Norfolk, o organizador tradicional da cerimônia de coroação. "A Grã-Bretanha de hoje não é a Grã-Bretanha das coroações passadas", argumenta Philip. "Temos uma nova soberana, jovem e mulher. Vamos dar a ela uma coroação apropriada [...] moderna e avançada em uma época na qual estimulantes desenvolvimentos tecnológicos tornam possíveis coisas jamais sonhadas."

Elizabeth é retratada na série como apoiando cautelosamente o marido, usando a disputa para avançar a própria causa: fazer com que Philip se ajoelhasse em sua devoção. Mas isso não reflete os registros históricos. O duque de Edimburgo realmente era um entusiasta da televisão (e realmente se curvou para a mulher durante a cerimônia de coroação), mas, quando a BBC pediu permissão, em junho de 1952, para colocar câmeras no interior da abadia, foi Elizabeth II quem negou e liderou a oposição.

Os registros do Comitê Executivo da Coroação, em 7 de julho de 1952, não deixam dúvidas em relação a isso. A rainha não queria as câmeras focadas nela durante a complicada e desafiadora cerimônia. Ela temia que alguma gafe pessoal pudesse ser transmitida ao vivo para milhões de telespectadores, sem possibilidade de edição, e havia aspectos do ritual, como a Sagrada Comunhão e a unção da parte superior e desnuda de seu peito, que ela considerava profundamente particulares. De modo geral, ela achava a cobertura televisiva de eventos sagrados algo vulgar. O sentimento prevalente, lembrou Mike Parker, que processou os documentos da coroação para Philip, "era de que a televisão era igual aos jornais sensacionalistas".

Como disse o arcebispo de Canterbury: "A televisão é uma forma de entretenimento de massa, potencialmente um dos maiores perigos do mundo." Confirmada pelo gabinete a fim de "evitar estresse desnecessário para Sua Majestade", a decisão de não televisionar a cerimônia foi publicada em outubro de 1952 — e a reação se fez

imediata. Foi uma "decisão ruim e reacionária", disse o *Daily Express*. O *Daily Mirror* a chamou de "verdadeiramente assombrosa". A proibição foi matéria de capa de todos os jornais e condenada com notável unanimidade. Já havia inquietação porque os membros eleitos da Câmara dos Comuns teriam de votar para preencher o limitado número de lugares na abadia, ao passo que os membros da Câmara dos Lordes, juntamente com as respectivas esposas, tinham direito a um assento. Ali estava outro exemplo de um sistema de castas anacrônico, pré-guerra, restringindo a participação a poucos privilegiados. "Para além dos limites de Westminster", escreveu Cassandra, do *Daily Mirror*, "das praias da Cornualha às águas cinzentas do Clyde, do cálido sol do Weald de Kent ao adorável verde-azulado de Lakes, ao menos quinze milhões de súditos de Sua Majestade serão abruptamente excluídos pelo que parece ser um monumental erro de julgamento." Os temores de Philip haviam se justificado. Os parlamentares imediatamente começaram a fazer perguntas e, quando Churchill se levantou em uma câmara incomumente lotada para respondê-las, ficou evidente que o ponto já fora concedido. Ele falou de consultas e da necessidade de novos testes de luz, mas a questão real era criar um compromisso que fosse pessoalmente aceitável para a apreensiva rainha.

Periscópios improvisados com espelhos de mão foram úteis para os espectadores que se reuniram em Londres a fim de assistir às muitas horas das procissões de coroação pelas ruas do West End em 2 de junho de 1953. Os habitantes da Grã-Bretanha e da Commonwealth eram quase 650 milhões, e uma multidão de súditos se congregou no centro da capital.

No fim, chegou-se ao acordo de que as câmeras não filmariam os momentos sagrados da Unção e Comunhão e não haveria closes do rosto de Elizabeth. Mas praticamente todo o restante seria transmitido ao vivo. A revogação da proibição das câmeras foi lealmente apresentada como tendo vindo pessoalmente da rainha, como se ela tivesse se ofendido com a tentativa de impedir que seu povo se unisse a ela naquele momento sagrado e tivesse se apressado para corrigir as coisas. Mas o que Elizabeth realmente sentia em relação à TV ficara nítido em sua recusa ao pedido da BBC para televisionar seu primeiro discurso de Natal. Em 25 de dezembro de 1952, as difusoras tiveram de se contentar em transmitir o discurso radiofônico, estampando apenas uma imagem da rainha e seu microfone na tela. Levaria tempo para que Elizabeth superasse a timidez — embora a transmissão da própria coroação, que se transformaria em notável sucesso internacional, tenha sido um dos eventos que lhe aumentaram a confiança.

O dia da coroação, 2 de junho de 1953, amanheceu escuro e úmido. A data fora escolhida pelo Gabinete Meteorológico como mais provável de ser agraciada pelo sol, mas o clima piorara alguns dias antes e as grandes multidões acampadas ao longo da rota da procissão ficaram encharcadas. Abrigando-se sob guarda-chuvas e tendas improvisadas, elas permaneceram desafiadoramente animadas. Em 1953, os habitantes da Grã-Bretanha e da Commonwealth somavam quase 650 milhões, e uma multidão de súditos se congregou em Londres. Hotéis e hospedarias ficaram lotados. O Ministério de Obras transformou o centro de Londres em parque temático cerimonial, adornado com arcos e longas arquibancadas cobertas que deram às ruas The Mall e Whitehall uma aparência de hipódromo. Todos os assentos nas arquibancadas haviam sido reservados já no primeiro dia, e as entradas custavam entre quarenta e cinquenta libras no mercado paralelo — cerca de 950 libras em valores atuais. As sacadas com vista para a rota da procissão custavam ainda mais, e em cidades e vilarejos do país muitos comitês improvisados organizaram a distribuição dos vizinhos pelos recém-disponibilizados aparelhos de televisão — os quais, após toda a agitação, revelaram-se os melhores suvenires da coroação. A Guerra Fria estava no auge e os relatos ocidentais sobre a Rússia ridicularizavam o culto de personalidade a Stalin, mas ele nem sequer se comparava à profusão de cartazes e lembrancinhas da coroação na Grã-Bretanha, de caixinhas de latão a toalhinhas para o chá, decorados com a imagem solene e de olhos escuros da jovem Elizabeth.

No dia da coroação, a rainha Elizabeth II usou nada menos que três coroas, começando com o diadema da rainha Vitória que portou a caminho da abadia. O diadema de diamantes, originalmente feito para George IV, exibia a Cruz de São Jorge e os emblemas dos outros componentes do Reino Unido. A peça fora usada por Elizabeth nos selos impressos antes mesmo da coroação e permaneceu como favorito de todos os impressores desde então. Na abadia, a cerimônia solene de consagração envolveu a coroa de santo Eduardo, feita em 1661 para Charles II, a fim de substituir a regalia de santo Eduardo, o Confessor, destruída por Oliver Cromwell e pelos parlamentaristas após a guerra civil. A coroa de ouro maciço, grande e pesada, espalhafatosamente adornada com pérolas e pedras preciosas, é identificada com mais facilidade pelos arcos generosamente curvados.

Então, ao deixar a abadia, desde a rainha Vitória os soberanos modernos trocam essa pesada coroa — mais de 2 kg — pela coroa imperial de Estado, com arcos menos dramaticamente curvados e pesando comparativamente menos: "apenas" 1,3 kg. Foi esta a que Elizabeth usou durante as procissões de coroação e, consequentemente, aquela fotografada com mais frequência em 2 de junho de 1953. A coroa "do dia a dia" que ela usaria durante seu reinado foi remodelada para se ajustar a sua cabeça logo após a ascensão, encaixada sobre e em torno da Cap of Maintenance de veludo carmesim, com uma espessa borda de arminho contornando a base de metal. Às 11 horas, a rainha Elizabeth II chegou à Abadia de Westminster com o marido, na carruagem de Estado dourada. Extravagantemente decorada com querubins e tritões, a carruagem fora construída em 1761 para George III e foi ladeada por guardas em uniforme dourado e escarlate. "Alegrei-me quando disseram: vamos à casa do Senhor", cantaram as notas do hino de abertura, e Elizabeth II iniciou seu trajeto pela nave.

"Senhores, apresento-lhes Elizabeth, sua incontestável rainha", disse o arcebispo de Canterbury ao mostrá-la aos quatro cantos da abadia — leste, sul, oeste e norte —, onde os correspondentes estrangeiros estavam sentados. Esse "reconhecimento" era destinado somente aos súditos da rainha na abadia, mas a atmosfera já estava tão carregada que os jornalistas estrangeiros se uniram aos gritos de "Deus salve a rainha Elizabeth". Quando as notas de "Zadoque, o sacerdote, e Natã, o profeta", de Händel, espalharam-se pela igreja, entoando o texto recitado em toda coroação na Inglaterra desde a coroação do rei Edgar, em 973, as joias e o manto da rainha foram removidos por suas damas de honra. Seu manto cerimonial, vermelho carmesim, transbordou dos braços estendidos do Groom of the Robes, criado responsável por segurar os trajes reais, e Elizabeth II se apresentou sem adornos, pronta para a consagração. Esse momento não foi filmado: o arcebispo ungiu a testa e o colo de Elizabeth com óleo. Os telespectadores viram panorâmicas da abadia, juntamente com comentários que explicavam como, de acordo com o primeiro Livro dos Reis no Antigo Testamento, a mais antiga descrição conhecida de uma coroação religiosa, Zadoque e Natã haviam ungido o rei Salomão da mesma maneira. Mas as câmeras retornaram quando Elizabeth começou a receber os símbolos da responsabilidade com a qual estava sendo investida: o Orbe — "Lembre-se", enunciou o arcebispo, "que o mundo inteiro está sujeito ao poder e ao império de Cristo" —; o Cetro e a Cruz, "insígnias do poder e da justiça reais"; o Bastão da Misericórdia; e o Anel do Soberano, com uma cruz feita de

safira e rubi — o chamado "anel de noivado da Inglaterra". Então chegou o momento da coroação em si, quando o arcebispo ergueu a brilhante coroa de santo Eduardo. Elizabeth II curvou a cabeça e a coroa foi posicionada sobre ela, relatou Dermot Morrah, um dos oficiais perto do trono. "O sentimento de exultação espiritual que irradiava dela era quase tangível."

Até esse momento, os pares do reino, agrupados no centro da abadia, estavam com a cabeça descoberta. Então, simultaneamente, vestiram seus chapéus e diademas cerimoniais — com as duquesas, pensou "Chips" Channon em seu nicho na galeria, parecendo cisnes ao erguerem os braços acima da cabeça. "Deus salve a rainha", vieram os gritos de todos os lados, e a congregação continuou celebrando enquanto clarins soavam, sinos badalavam e tiros de canhão pipocavam por toda a Londres. No interior da abadia, a cacofonia se misturou aos ecos dos séculos passados nas traves do teto — a "névoa de fascinação" da pequena princesa Elizabeth. Liderados pelo príncipe Philip, que se ajoelhou perante a esposa, os pares do reino mais velhos de cada grau hierárquico — duques, marqueses, condes, viscondes e barões — prestaram suas homenagens enquanto o coral cantava. Após

As damas de honra da rainha após a cerimônia, fotografadas por Cecil Beaton na Sala de Estar Verde do Palácio de Buckingham. Da esquerda para a direita: Lady Moyra Hamilton, Lady Anne Coke, Lady Jane Stewart, Lady Mary Baillie-Hamilton, Lady Jane Heathcote-Drummond--Willoughby e Lady Rosemary Spencer-Churchill.

receber a comunhão (com as câmeras novamente focadas em outros pontos da abadia), a rainha saiu para se encontrar com seu povo. Quando a cerimônia chegou ao fim, dois sociólogos tentaram explicar os pormenores do ritual. Na *Sociological Review* de dezembro de 1953, o professor Edward Shils e Michael Young, que nascera nos Estados Unidos, estudara na Universidade de Chicago e era membro do Partido Trabalhista e cético confesso em relação à monarquia, analisaram os dados do ano da coroação, inclusive estatísticas mostrando que, a despeito do enorme número de pessoas nas ruas, houvera menos furtos em 2 de junho que em um dia normal em Londres, além de significativamente menos roubos residenciais. "Não existe sociedade que não sinta necessidade de manter e reafirmar, em intervalos regulares, as ideias e sentimentos coletivos que compõem sua unidade e personalidade", declararam eles, citando Émile Durkheim, o pai francês da sociologia. A coroação de 1953, decidiram eles, foi "exatamente o tipo de cerimonial no qual a sociedade reafirma os valores morais que a constituem como sociedade".

As classes instruídas podiam sorrir com desdém em função da "aversão por todos os sentimentos e práticas associados à religião", e talvez também porque estavam relutantes em reconhecer "a existência desses sentimentos um pouco alarmantes no interior de si mesmas". Mas o fato era que "a coroação forneceu, para praticamente toda a sociedade, um contato tão intenso com o sagrado que acreditamos ser justificado interpretá-la como grande ato de comunhão nacional".

— Óleos e juramentos. Orbes, cetros, símbolos e mais símbolos! — declara o duque de Windsor na cena final de "Ilusões", a versão de Peter Morgan dessa discussão antropológica. — [Trata-se de] uma incomensurável rede de mistérios e liturgias arcanas, borrando tantas linhas que nenhum clérigo, historiador ou advogado conseguiria desenredá-la.

— É uma loucura — concorda um de seus amigos norte-americanos, que vira a cerimônia pela televisão, sendo polidamente contradito pelo anfitrião.

— Ao contrário — diz o duque. — É perfeitamente racional. Quem quer transparência quando pode ter mágica? Quem quer prosa quando pode ter poesia? Retire o véu e o que resta? Uma jovem comum, de habilidades modestas e pouca imaginação. Mas enrole-a nesse manto, faça com que seja ungida com óleo e, *em um instante*, o que você tem? Uma deusa!

O amigo responde, pensativo:

— E pensar que você abriu mão de tudo isso. A chance de ser um deus!

Novamente, o duque o contradiz:

— Eu abri mão disso — diz ele — por algo muito maior.

Ele se vira e olha para a esposa.

— Por amor. — A ex-Sra. Simpson sorri.

Trata-se de uma conclusão poderosa, com o duque de Windsor criticando astutamente o complexo e enganoso mito do que constitui a "realeza". Mas igualmente complexo e enganoso, lógico, é o mito do que constitui o "amor".

REVERENDÍSSIMO GEOFFREY FISHER

Arcebispo de Canterbury

(1887-1972)

INTERPRETADO POR RONALD PICKUP

Cantuar (a palavra latina para "Canterbury") é o título com o qual o arcebispo de Canterbury assina seu nome, e inspirou um poema desdenhoso depois que um dos antecessores de Geoffrey Fisher, Cosmo Gordon Lang, declarou que o rei Edward VIII e seu círculo social deveriam "se sentir censurados pelo julgamento de toda a nação". "Meu caro lorde arcebispo, como você é rabugento! E quando seu adversário está caído, como pode ser ousado! Quão estranhamente mísero de caridade! Lang, seu porco, agora tão pomposo por ser *Cantuar*!" No quinto episódio de *The Crown*, Peter Morgan dá ao duque de Windsor a chance de cuspir essas linhas no rosto de Geoffrey Fisher, o *Cantuar* da época, que presidiu a coroação de Elizabeth II com dignidade, mas partilhava o dom de seu antecessor para os comentários insensíveis. Perguntado se estava preocupado com o recente desenvolvimento da bomba de hidrogênio, Fisher respondeu: "O pior que a bomba pode fazer é enviar um grande número de pessoas deste mundo para o próximo, para o qual elas, de algum modo, têm de ir."

Cecil Beaton

FOTÓGRAFO E ESCRITOR

Se, no verão da coroação de 1937, você perguntasse que fotógrafo seria selecionado para fazer os retratos oficiais da realeza na *próxima* coroação, o extravagante e muitas vezes petulante Cecil Beaton seria o último nome na lista. Na época, Beaton era conhecido nos círculos reais por seus lisonjeiros desenhos e fotografias de sua amiga, a Sra. Ernest Simpson — ele os chamava de Coleção Wallis —, culminando no atraente conjunto de retratos dos novos duque e duquesa de Windsor para celebrar seu casamento no Château de Candé em junho de 1937. O fotógrafo e alpinista social foi o propagandista visual do partido do rei e, no fim, do escândalo da abdicação.

Contudo, no verão de 1939, às vésperas da guerra, a esposa de George VI, a rainha Elizabeth (uma das mais ferozes oponentes de Wallis Simpson), imaginativamente colocou a inimizade de lado. Ela convocou esta figura de grande pompa e pediu que fizesse sua mágica, e a resultante sequência de imagens causou sensação. "Eu queria tanto", escreveu Beaton em seu diário, "que essas fotografias fossem diferentes daquelas formais e meio genéricas [...] da família real" — e suas imagens enevoadas e flutuantes

da, até então tímida, rainha Elizabeth ao lado das janelas do Palácio de Buckingham conseguiram isso, e de modo espetacular. "Essas fotografias serão guardadas com carinho em centenas de milhares de lares em toda a Grã-Bretanha e no Império", entusiasmou-se o *Daily Sketch*. "Quantas vezes foi possível capturar a rainha em sua sala de estudo", perguntou o *Daily Mirror*, "para enviar tal imagem para a família em terras distantes?"

Durante os anos de guerra, Cecil Beaton foi o fotógrafo escolhido para criar imagens da realeza que misturavam esplendor e humanidade. Ele fotografou as jovens princesas Elizabeth e Margaret Rose em poses no estilo de Gainsborough diante dos cenários que se tornaram sua marca registrada, além de criar um portfólio realista e nada sentimental do rei e da rainha entre os destroços causados por numerosos bombardeios alemães ao Palácio de Buckingham. Para Beaton o período da guerra foi positivo.

Em 1940, na "hora mais sombria", ele se filiou ao Comitê Consultivo de Artistas para a Guerra e serviu por quatro anos, viajando mais de 160 mil quilômetros e produzindo mais de trinta mil imagens de guerra — uma das quais, o comovente retrato de Eileen Dunne, uma garotinha de 3 anos ferida durante a Blitz que segurava um ursinho de pelúcia no hospital, ajudou a obter o apoio da opinião pública norte-americana para o esforço de guerra britânico. Criando trajes de alta-costura e cenários, Beaton era muito mais que "apenas" um fotógrafo: mais tarde, seus deslumbrantes figurinos para *Gigi* e *My Fair Lady* lhe dariam muitos prêmios, entre eles, dois Oscars. Seu bem-sucedido trabalho no teatro e no cinema conferia a suas fotografias uma teatralidade memorável, e foi assim que, em 1953, quando a família real começou a pensar em quem chamar para fotografar a coroação em junho, seu nome foi a escolha óbvia.

Mas havia uma complicação. Ao se aproximar dos 50 anos, Beaton parecia ter perdido o favoritismo do novo regime. A jovem rainha e seu marido haviam encomendado ao amigo e companheiro de almoços de Philip, o devasso Sterling Henry Nahum, conhecido profissionalmente como "Barão", as fotografias de seu casamento e do batizado dos filhos, o príncipe Charles e a princesa Anne. "Eu me pergunto", confidenciou Beaton em tom desconsolado a seu diário, em maio de 1953, "se meus dias como fotógrafo do palácio chegaram ao fim. O Barão, um amigo muito inesperado do príncipe Philip, tem feito todos os recentes ensaios."

O estilo fotográfico informal do Barão combinava com a abordagem moderna que Philip defendia para a coroação. Mas a nova rainha-mãe estava firmemente ancorada no campo da tradição. Ela desaprovava o Barão, e ainda mais seu grosseiro e opinioso genro — a respeito de quem, de acordo com alguns dos amigos de Philip, manteve certas reservas até o fim da vida. A rainha Elizabeth ajudara a manobrar Philip na questão do sobrenome familiar, e então entrou em ação em defesa de seu adorado Cecil, que a cortejava assiduamente. "Passei em meu florista favorito", registrou ele em seu diário no início do ano da coroação. "Uma vez na vida, decidi ser tão extravagante quanto queria. Com imenso cuidado, escolhi um buquê com todas as primeiras flores da primavera, para ser enviado ao adorável ser humano que vive naquele palácio frio e sombrio!"

O gesto não foi desperdiçado. A rainha-mãe estava firmemente convencida de que a abordagem histórica de Beaton era a mais apropriada para o legado de mil anos da coroação, e a filha concordava. Philip conseguira incluir câmeras de televisão na abadia, mas a tradição triunfaria em relação às fotografias para a posteridade, que seriam tiradas no interior do Palácio de Buckingham no fim do dia. "Que imenso alívio", escreveu Beaton ao receber a notícia poucas semanas antes da coroação — naquela mesma noite, por coincidência, ele foi convidado para um baile na embaixada norte-americana no qual a rainha era a convidada de honra. "Estou muito feliz porque você vai fazer as fotos", disse Elizabeth ao encantado fotógrafo, "mas, quando

Quando a sessão de fotos começava a se tornar cansativa, Cecil Beaton tirou essa foto espontânea da princesa Anne, de 3 anos, caminhando ao longo da cauda da capa de arminho que sua avó, a rainha-mãe, usara na coroação. "Imediatamente [...] gostei do que estava fazendo. O príncipe Charles e a princesa Anne estavam muito empolgados e não pararam quietos nem por um minuto", registrou ele em seu diário.

Cecil Beaton trabalhando no interior do Palácio de Buckingham com seus assistentes de iluminação e câmera. O cenário pintado e "ampliado" para recriar a abóbada da Capela de Nossa Senhora da Abadia de Westminster foi reservado para as fotos da rainha Elizabeth II.

finalmente chegar a hora das fotografias, terei brincos até aqui [ela indicou a altura das bochechas], a coroa vem até aqui [até os olhos], a cauda é presa aqui e eu fico assim [projetando a barriga para a frente]. Há camadas em cima de camadas: saias, manto e cauda."

O ponto alto da noite foi quando ele encontrou a rainha-mãe e aproveitou a oportunidade para agradecer "pela ajuda nesse 'golpe' em meu benefício". A velha rainha nada disse, mas "riu de modo deliberado", registrou ele, erguendo "um dedo no ar" em um gesto de triunfo. Refletindo que a ansiosa rainha teria olheiras após a longa manhã na abadia, seguida pela procissão que duraria a tarde inteira pelas ruas do centro de Londres no desconfortável sacudidor de ossos da carruagem de Estado dourada, Beaton começou a planejar imediatamente. Ele queria tornar a sessão de fotos tão confortável quanto possível para sua importantíssima modelo, e sua primeira providência foi a produção de dois cenários — Beaton os chamava de "backgrounds" — que evocariam a Abadia de Westminster no interior do Palácio de Buckingham de maneira realista, mas também ligeiramente onírica.

O primeiro cenário retratava o espetacular teto de arcos abobadados da Capela de Nossa Senhora da Abadia de Westminster (novamente, a "névoa de fascínio" de Elizabeth); o segundo fora inspirado em uma gravura vitoriana das torres da abadia vistas do rio. A ideia era que as leves molduras fossem empurradas uma sobre a outra a fim de criar diferentes cenários sem perturbar a modelo, com todo o conjunto sendo ladeado pelas opulentas cortinas de canto da Sala de Estar Verde do palácio. Em 1º de junho, um dia antes da cerimônia, Beaton foi até a Sala de Estar Verde para montar o estúdio com seu amigo Patrick Matthews, diretor do Vogue Studios, e sua equipe de técnicos e eletricistas. Havia tripés e escadas, minimontanhas de fusíveis, filmes e lâmpadas de reserva e cabos serpenteando pelo chão; foi como se, escreveu ele, "eu estivesse organizando uma vasta cena de multidão para um dos filmes iniciais de Cecil B. de Mille." Beaton levara flores — rosas, gladíolos e clemátis — de sua casa em Wiltshire para decorar o cenário, juntamente com a irmã Baba. O trabalho dela seria "endireitar as caudas" — especialmente a longa cauda da própria rainha, tão comprida e pesada que exigiria a atenção de seis jovens damas de honra em boa forma física, selecionadas de algumas das maiores famílias aristocráticas do país, com Leicester, Londonderry e Marlborough entre elas.

Sentindo-se supérfluo enquanto os técnicos faziam seu trabalho, Beaton se esgueirou pelo labirinto de corredores do palácio e encontrou um banquete sendo servido aos primeiros-ministros da Commonwealth, juntamente com as esposas, cujas peles e bolsas encontrou em cadeiras douradas no corredor. Espiando por uma fresta na porta, o fotógrafo viu Churchill "em pé, carrancudo, com as pernas afastadas", ao lado da princesa Margaret, com seus "olhos turquesa-hanôver" e fumaça de cigarro saindo pelas narinas.

Enquanto contemplava sem pudores os poderosos, Beaton se sentiu um maltrapilho "garoto Bisto", escreveu em seu diário, citando uma popular campanha publicitária da época. O que mais o impressionou foi o bom humor da jovem rainha, rindo e "obviamente extasiada por ser o encantador, alegre e atraente foco da atenção de todos. Ela usava um vestido claro, bege-

-acinzentado, e bolsa combinando [...]. A empolgação, alimentada pelos jornais e crescendo dia após dia, obviamente afetara seu espírito, e ela parecia estar em um humor exultante, com um rubor de triunfo na face". O humor real parecia auspicioso para o dia seguinte. Pela manhã, o fotógrafo acordou às 5 horas para vestir seu fraque e encher a cartola de utensílios para desenho, sanduíches e cubos de açúcar de cevada para manter as forças — como um dos oito mil convidados da abadia instruídos a estar em seus lugares logo após o alvorecer. Beaton recebera um posto de observação no alto das vigas, perto dos tubos do grande órgão, tão frio naquela gelada manhã de junho que ele se imaginou escalando o Everest ao lado dos alpinistas da Commonwealth (cujo feito ao chegar ao topo fora a principal notícia dos jornais da manhã).

"Vi muitas xilogravuras e pinturas de todo tipo", escreveu ele, olhando para a cena abaixo com olhos de cenógrafo, "dos primeiros reis e rainhas sendo coroados [...]. Em todos os períodos, os pintores tiveram oportunidade de registrar a cerimônia [...]. Mas o espetáculo de hoje transcendeu todas as minhas expectativas." O outrora propagandista da abdicação se tornara um monarquista sentimental, e seu diário no dia da coroação em junho de 1953 é uma fascinante peça histórica, no qual ele escreve tanto como espectador deslumbrado quanto como participante informado do processo. "O cerimonial", escreveu ele, "pareceu novo e inspirador como alguma grande peça ou evento musical encenado pelo impulso espontâneo de um gênio. Talvez o *background* altivo de pedra abobadada — como uma floresta prateada — tenha feito tudo parecer tão particularmente surpreendente."

Tudo, inclusive a variedade de cores: "vermelho, dourado e azul esfumaçado", encantou-se o fotógrafo. "O dourado brilhante do tapete foi a base perfeita para as sapatilhas dos pajens e criados e o escarlate, azul e dourado dos arautos [...]. Um raio de luz brilhou sobre uma lantejoula dourada caída no tapete, sobre o anel de um bispo [...]. Tudo era vívido e novo: era história, mas história do presente e do futuro. Foi algo pulsante e vital para nós, uma parte essencial da vida na qual acreditamos." Olhando para o desfile de realezas visitantes, Beaton viu a surda e excêntrica princesa Alice de Battenberg, "mãe do duque de Edimburgo, em contraste com a grandiosidade a sua volta, vestindo trajes acinzentados como os de uma freira". "O mais dramático e espetacular", registrou ele, "foi a entrada da rainha à frente de seu séquito de damas vestidas de branco, como se fossem lírios.

"As bochechas são rosadas e o cabelo está penteado rigidamente em torno do diadema vitoriano de pedras preciosas, perfeitamente alinhado em sua testa. As mãos rosadas estão dobradas humildemente sobre a elaborada grandiosidade da saia incrustada; ela ainda é jovem, com uma atitude de simplicidade e humildade [...]. Ao caminhar, permite que a pesada saia se mova para a frente e para trás, em um belo efeito rítmico. Essa jovem figura possui uma enorme dignidade: ela pertence a essa cena de quase bizantina magnificência." O fotógrafo tinha a imagem guia de que precisava: o retrato de Elizabeth no momento da coroação que seu estúdio fotográfico teria de capturar mais tarde no palácio.

Quando a cerimônia na abadia chegou ao fim, um pouco antes das 2 horas da tarde, Beaton voltou correndo para sua base em Londres, a casa da mãe em Chelsea, e encontrou Etty Beaton ao lado do rádio, ouvindo os comentários da BBC sobre a longa procissão de carruagens que acabara de se iniciar em Londres. Pegando um punhado de aspirinas, ele conseguiu cochilar por uma hora antes de correr, revigorado, para o palácio. Na Sala de Estar Verde, os cenários, as luzes e os técnicos estavam todos no lugar quando a carruagem de Estado dourada passou pelo arco central e entrou no pátio, por volta das 4h30 da tarde. "A rainha olhou por sobre o ombro e me pareceu atordoada e exausta", notou com ansiedade. Xícaras de chá e sanduíches de pasta de peixe pareceram fazer maravilhas. "Logo depois, jovens vozes foram ouvidas na extremidade da Galeria de Retratos. 'Ah, olá! Você assistiu? Quando chegou em casa?' Pelas portas espelhadas da Sala de Estar Verde, vi a rainha com as damas e os filhos animados; a família fazendo perguntas; piadas, sorrisos e risadas, com as vozes agudas da rainha e da princesa Margaret sendo ouvidas acima das outras." A rainha e as damas estavam indo em direção ao Salão do Trono, para as urgentes fotografias que seriam divulgadas para o mundo todo naquela mesma noite pelo *Times*. Enquanto isso, seguindo o cronograma organizado pelo severo secretário de imprensa do palácio, o comandante Richard Colville, Beaton começou a tirar fotos dos demais membros da família, começando com a rainha-mãe, "rindo com as covinhas à mostra e os olhos tão brilhantes quanto qualquer uma de suas joias", e a princesa Margaret, em cujos olhos o fotógrafo detectou um atrevido "brilho sexual".

"Não há tempo a perder! Por favor, vire-se para este lado; agora aquele; um contorno tomou forma, um retrato ganhou vida. Rápido! Rápido!"

Fotograma da produção do Episódio 1 que retrata Cecil Beaton em ação, com seus cenários deslizantes, no casamento de Elizabeth e Philip em 1947. Na realidade, foi o amigo do príncipe Philip, "Barão" Nahum, quem fotografou naquela ocasião — sem cenário algum.

Beaton começou a se sentir aflito. As pessoas espiavam pela porta da Sala de Estar Verde — primeiro o príncipe Bernhard dos Países Baixos, depois o duque de Edimburgo. O príncipe Charles e a princesa Anne pareciam descontrolados, pulando sobre e em torno da cauda púrpura de veludo da tia Margaret. Somente a rainha-mãe estava calma — "a grande figura maternal e babá de todos nós", envolvendo a todos, sentiu Beaton, em uma cálida colcha de conforto. "De repente, eu tinha aquela maravilhosa cúmplice, alguém que me ajudaria a passar por tudo aquilo. Imediatamente, e por causa dela, passei a gostar de fazer meu trabalho." Conforme a sessão progredia, o príncipe Charles e a princesa Anne continuaram a correr de um lado para o outro, "na mais desvairada animação". Ninguém conseguia achar as babás e eles não ficavam quietos, até que "a rainha-mãe os ancorou em seus braços, baixou a cabeça para beijar o cabelo do príncipe Charles e proporcionou uma fotografia incrível". Em apenas alguns flashes, Beaton conseguiu um conjunto de imagens informais e humanas dos filhos da rainha, algo que jamais esperara, além de uma foto única da princesa Anne, de 3 anos, caminhando ao longo da cauda da capa de arminho da avó. "Então, com o rosto pálido e parecendo o tio malvado de uma pantomima, Richard Colville, que lida tão severamente com todos conectados à imprensa, apareceu antes da hora e, como se pronunciasse minha sentença de morte, disse: 'A rainha está esperando. Você deve atender à rainha agora!'"

O momento crucial chegara. "A rainha entrou com suas damas, impassível, sorrindo, soberana da situação", e Beaton pediu que sua modelo posasse sozinha em frente ao cenário "ampliado" do teto abobadado da abadia, o qual, decidiu ele, seria reservado para fotografias da rainha sozinha em seu esplendor, segurando o orbe e o cetro. "A luz não estava como eu gostaria, mas não havia tempo para reajustes; cada segundo contava."

Ele estava trabalhando com uma antiquada câmera vertical de placas sobre o tripé, juntamente com uma Rolleiflex de lentes duplas que mantinha pendurada no pescoço. Como o filme precisava ser trocado, Beaton se virou para trás a fim de pegar uma câmera recém-carregada com um de seus assistentes. "Eu batia uma fotografia depois da outra, em grande velocidade", escreveu ele, "mas não tinha a menor ideia se eram em preto e branco, coloridas ou se eu estava dando a elas a exposição correta." Ele também estava preocupado porque sua modelo "parecia minúscula sob o manto e a coroa, com o nariz e as mãos gelados e os olhos parecendo cansados". "Sim", disse ela em resposta à pergunta que ele fizera, "a coroa é bem pesada." No contexto de todo um reino, essa seria uma citação para figurar nos livros de história, mas, naquele momento, a fotografia teve precedência. De algum modo, fazendo a rainha se inclinar para a frente e então olhar para ele enquanto ele a fotografava de cima, Beaton conseguiu que ela desse um de seus raros e ofuscantes sorrisos largos, com os deslumbrantes dentes à mostra — uma sorridente Lilibet em preto e branco ao lado da solene e digna soberana que ele fotografara em cores alguns minutos antes: duas fotografias memoráveis, sem olheiras.

Agora era hora de fotografar o marido da heroína, o qual, na opinião de Beaton, "definitivamente adotou uma atitude irritante em relação aos

"Eu tentei", escreveu Beaton, "nos poucos segundos à minha disposição (como um comediante de vaudeville *estabelecendo contato com sua plateia), manter o clima leve." Ele foi recompensado com fotografias que fizeram o duque de Edimburgo parecer "extremamente belo".*

procedimentos". O fotógrafo se sentia em desvantagem quando se tratava do duque de Edimburgo, intimidado por suas piadas secas e pelos "lábios apertados em um sorriso que me deixou morto de medo. Acho que ele não gosta de mim nem aprova minha presença [...]. Talvez estivesse desapontado por seu amigo, o Barão, não ter ficado com o trabalho de hoje." Lady Anne Coke, uma das damas de honra que sabiam sobre a rivalidade com o

Barão, viu Beaton ficar irritado com a maneira como o duque obviamente tentava controlar ou mesmo sabotar a sessão, "fazendo sugestões sobre onde as pessoas deviam se sentar", e admirou a cortesia com a qual o fotógrafo finalmente perdeu a calma. "Cecil apenas parou e, de maneira muito polida e firme", lembrou ela, "perguntou '*O senhor* gostaria de batê-las?' Não houve mais problemas com o duque." Mantendo o clima leve, Beaton trabalhou duro em um conjunto de fotografias de Philip, registrando orgulhosamente em seu diário que conseguira fazer o duque parecer "extremamente belo" em seu uniforme naval. "O que devemos fazer agora?", perguntou a rainha. "A senhora pode ficar naquele canto?", perguntou Beaton de maneira abrupta e incisiva da qual imediatamente se arrependeu. "Ir para o canto?", respondeu Elizabeth, com os olhos arregalados de surpresa pelo tom de voz utilizado, mas sem demonstrar estar ofendida. Estava na hora da sessão final de fotografias, com as seis damas de honra agrupadas em torno de sua rainha, para a qual Patrick Matthews e a equipe do Vogue Studios haviam preparado um sofá e luzes no outro canto do cômodo. "A senhora deve estar cansada, madame", disse Beaton. "Sim", respondeu ela, "mas essa é a última coisa que precisamos fazer hoje." Então ela foi para o corredor com Philip, as crianças, as damas e o resto da família, todos se dirigindo novamente ao balcão do palácio para ver a RAF "voar por ali". Sozinhos na subitamente deserta Sala de Estar Verde, Cecil e a irmã Baba localizaram a taça de champanhe da rainha e beberam todo o conteúdo, em um brinde leal — mas com uma sensação de anticlímax.

"Fiquei um pouco insatisfeito", confessou ele em seu diário. "De toda forma, tive minha chance [...]. A sensação de realização me escapou o dia todo. Agora me pergunto se consegui alguma fotografia que valha a pena. Exceto com a rainha-mãe e os netos, sinto que jamais decolei. A maior parte das fotos foi feita correndo; não posso imaginar que tenham sido bem-sucedidas." Baba e Cecil foram para casa, sob a chuva, sentindo-se "profundamente esgotados" — com uma série de artigos e entrevistas ainda por fazer, para a Austrália e para o Canadá, a respeito das impressões de Cecil sobre o dia. Às 3 horas da manhã, entretanto, após ter se restabelecido com os aperitivos e drinques da festa da embaixada francesa, Beaton ligou para o estúdio e descobriu que eles estavam felizes com as fotografias coloridas da rainha — o tema principal do exercício —, e, quando foi até lá na manhã seguinte para ver por si mesmo, ficou "surpreso por tantas delas serem excelentes". A posteridade endossou-lhe a opinião. A natureza surreal e quase hollywoodiana do cenário da abadia e as luzes de estúdio poderiam ter parecido artificiais e mesmo fracas — como o duque de Edimburgo e a escola de realismo do Barão certamente esperavam. Contudo, nas fotografias finais, com a sólida figura da rainha envolta em seu manto e tendo sua regalia em primeiro plano, e com a convicção das feições dela, tanto solenes quanto sorridentes, havia um brilho transcendental — a "névoa de fascínio" da infância de Elizabeth — ou, como descreveu outro crítico, "o peculiar esplendor transfigurante que cerca aqueles que ocupam o trono". Feitos em segundos, os retratos "às pressas" de Cecil Beaton de junho de 1953 estão à altura das imponentes pinturas das coroações de séculos passados, nas quais artistas eminentes trabalharam durante meses para compor.

Tudo o que restava a ser feito era apressar a impressão das fotografias e entrar em contato com o palácio para que uma seleção fosse aprovada para publicação e divulgação para o mundo. "O resto da semana foi um complicado pesadelo", escreveu Beaton, "tentando oferecer à imprensa o número solicitado de fotos. Os mensageiros esperavam em vários cômodos da casa de minha mãe por mensagens que nunca chegavam. Falei tanto ao telefone que fiquei rouco." Foi somente por uma fração de segundo que o exausto fotógrafo finalmente embarcou no trem na estação Waterloo naquela noite de sexta-feira, a fim de fugir para o interior. Ao se acomodar em sua poltrona ao fim de uma corrida semana de realizações, ele viu a primeira publicação! "Uma de minhas fotografias da rainha saiu na primeira página do *Evening News*!"

6

EXPLOSIVO

A princesa e o piloto

A magia da coroação de Elizabeth II foi abalada com uma velocidade que ninguém poderia ter imaginado — na verdade, minutos depois de a nova rainha ser coroada. Quando o séquito real saiu da Abadia de Westminster no fim da histórica cerimônia de 2 de junho de 1953, a princesa Margaret estendeu a mão e retirou um fiozinho do uniforme do atraente administrador da recém-formada residência de sua mãe, o capitão de grupo da RAF Peter Townsend, condecorado com a Ordem de Serviços Distintos e a Cruz de Voo Distinto. A princesa passou a mão enluvada pelas medalhas sobre o bolso do herói de guerra com uma atitude coquete que capturou o

Em 1953, o romance da princesa Margaret com um homem divorciado provocou os mesmos conflitos religiosos, políticos e sociais que sacudiram a monarquia durante a crise da abdicação, em 1936.

olhar de um jornalista atento e, com esse gesto, a história do novo reinado passou a ter uma cara mais sombria e complexa. "Não significou nada para nós na época", diria Peter Townsend ao jornalista Jean Rook muitos anos depois. "Deve ter sido um tufo de pelos do casaco de alguma viúva na abadia que ficou grudado em mim. Nem sequer pensei a respeito." Mas a imprensa pensou muito e tirou as próprias conclusões. "Tirar um pelinho do casaco de um homem é um gesto tão íntimo quanto um beijo", comentou Bill Mattheson, o irônico jornalista de escândalos imaginado pelo criador da série, Peter Morgan, para dar início ao escândalo real "Explosivo" do sexto episódio de *The Crown*. "[É] *mais* íntimo, pois sugere que o beijo já aconteceu."

A princesa Margaret conhecera Peter Townsend em fevereiro de 1944, quando tinha 13 anos e ainda usava meias brancas de colegial, exatamente a mesma idade que tinha a irmã quando conheceu e se apaixonou por Philip. Mas, ao passo que o romance entre Lilibet e Philip se desenvolvera durante os anos e culminara em um casamento que forneceria um sólido alicerce à Coroa, o romance de Margaret com um homem divorciado levou em tempo recorde à mesma polêmica e escândalo causados pela inesquecível crise de 1936. "Historicamente, quando essa gente lida com divórcio", diz Bill Mattheson a seu editor, "as coisas terminam em reforma ou abdicação."

1950. Peter Townsend na cabine de um avião financiado pela princesa Margaret para suas competições. O capitão de grupo recebeu a Ordem de Serviços Distintos e a Cruz de Voo Distinto por seus serviços durante a Segunda Guerra Mundial.

1946. A princesa Margaret (16 anos), o rei George VI, a rainha Elizabeth, Peter Townsend (32 anos) [...] e a princesa Elizabeth (20 anos) comparecem a um espetáculo de teatro no West End de Londres. Na época, Townsend era cavalariço do rei.

Em 1944, as duas princesas adolescentes haviam se escondido para espiar uma empolgante adição ao domicílio real — e o folclore do palácio registrou a profética reação de Elizabeth, então com 18 anos: "Que azar, ele é casado!" O capitão de grupo Townsend, que tinha 29 anos em fevereiro de 1944, chegava ao palácio como um novo tipo de cavalariço, um herói de guerra que serviria e ficaria ao lado do rei. O cavalariço era o equivalente masculino da dama de companhia, e fora ideia de George VI, em tempos de guerra, substituir o convencionalmente aristocrático ocupante do cargo por um "cavalariço de honra" que conquistara o lugar pelo próprio valor — e que, francamente, merecia o conforto de viver por algum tempo na companhia do monarca.

Townsend havia se destacado na batalha da Grã-Bretanha. Ele liderara esquadrões de Hurricanes e Spitfires durante uma corajosa e brilhante carreira que incluíra onze aviões inimigos abatidos, tendo sido atingido duas vezes e sofrido um breve período de tensão psicológica — um "colapso nervoso", na linguagem da época. Ele tinha a boa aparência de um astro do cinema e podia

1953: Peter Townsend aos 38 anos. Seu serviço no palácio deveria durar três meses. Mas ele permaneceu por quase dez anos.

empregar seu delicado e ligeiramente ansioso charme em abundância. "Ele era como Jean-Louis Barrault", lembrou o futuro responsável pela pinacoteca real, Sir Oliver Millar, referindo-se ao galã francês da época. "Espera-se que a qualquer momento ele se dependure habilmente no lustre mais próximo."

Townsend vinha de uma honrada linhagem de construtores de impérios. Haileybury, seu colégio interno, fora fundado para educar os filhos dos funcionários da Companhia das Índias Orientais. Na década de 1940, o aluno mais famoso do colégio era Clement Attlee, líder do Partido Trabalhista que adquirira consciência social ao trabalhar na progressista Missão Haileybury, que o colégio fundara e financiava no East End de Londres.

O avô de Townsend fora general do Exército indiano e o pai, segundo alto-comissário da Birmânia. Criado entre peles de tigre e gongos de latão, o jovem Peter cresceu com um forte compromisso para com o serviço social, com um toque do misticismo oriental. Sua decisão de se unir à socialmente inócua RAF na década de 1930 fora uma forma de rebelião. "Na época", lembrou ele, "aquele não era o lugar adequado para um jovem de boa família."

O serviço de Townsend no palácio originalmente seria de somente três meses, mas ele permaneceu por quase dez anos. O rei George VI, que partilhava tanto a gagueira quanto o amor pela RAF com seu calmo e competente assistente, achava a sensibilidade de Townsend reconfortante, conforme ele mesmo piorava cada vez mais. Ele tratava "Peter", como ficou conhecido por toda a família, como o filho que jamais tivera, e a esposa do rei também passou a confiar no novo cavalariço. "Peter tinha um ar de 'perdido' que era tanto vago quanto glamoroso", lembrou Oliver Millar. "Era algo que combinava bem com o clima de verão indiano dos últimos anos de George

VI. Ele não estava totalmente conectado à realidade e, somando-se a isso sua excelente aparência e sua genuína amabilidade, a situação se tornou, sem qualquer intenção, muito, muito perigosa."

Para Townsend, o preço da graça real foi o fim do seu casamento romanticamente apressado de tempos de guerra. A esposa, Rosemary, se irritou de imediato por ser deixada sozinha com duas crianças pequenas enquanto o marido jogava cartas e ia à ópera com sua grandiosa família adotiva. Depois que a princesa Elizabeth se casou, Townsend foi efetivamente cooptado como substituto da irmã mais velha na unidade familiar dos "nós quatro" de Windsor, que então passou a ser pai, mãe, Margaret e Peter. "Havia uma proximidade que tanto o rei quanto a rainha encorajavam", lembrou o amigo de Philip, Mike Parker.

Para reter os serviços e a amável companhia de Townsend, George VI promoveu o capitão de grupo de cavalariço a vice-administrador do domicílio, um cargo extremamente exigente. O trabalho não somente requeria a supervisão de motoristas, valetes, cozinheiras e faxineiras que começavam a trabalhar no palácio durante a madrugada, como também se esperava que Townsend viajasse com a família como Sr. Faz-Tudo em tempo integral. Ele ia para toda parte, inclusive Windsor, Sandringham e Balmoral, fazendo todas as refeições à mesa real e ajudando a organizar os adorados piqueniques ao ar livre do clã. Um ocupante moderno do cargo calculou que esses "deveres de férias" o mantinham longe da esposa por noventa dias e noites por ano — o vice-administrador que forneceu essa informação pediu demissão após cinco anos.

Nos velhos tempos, os cortesãos se casavam com mulheres que aceitavam a separação: o serviço real era visto como uma espécie de posto militar. Mas nem Peter nem Rosemary Townsend se mostraram à altura do desafio. Um cortesão mencionou uma

festa de aniversário para um dos filhos de Townsend em Adelaide Cottage, a residência dos Townsend em Windsor, outrora o refúgio de campo da rainha Adelaide, esposa do rei William IV.

O telefone tocou para perguntar se Peter sairia a cavalo com a princesa Margaret, e, embora não estivesse trabalhando, ele atendeu ao chamado. Rosemary buscou conforto fora do casamento. Quando o casal se divorciou, ela assumiu o papel legal de "parte culpada", não contestando a alegação de adultério com John de Laszlo — filho de Philip de Laszlo, o retratista da sociedade — com quem se casou meses depois (o segundo de seus três casamentos). O divórcio ocorreu logo após a morte de George VI, deixando Townsend carente e livre precisamente no momento em que a princesa Margaret também sofria.

"Após a morte do rei, havia uma horrível sensação de estar em um buraco negro", confessou a geralmente discreta princesa ao historiador real Ben Pimlott quarenta anos depois.

Frequentemente mais esnobe que a irmã, Margaret também podia ser mais abertamente vulnerável, e foi em perda e dor partilhadas que a princesa e o herói de guerra se aproximaram. O romance talvez tenha começado já em 1947, de acordo com várias fontes, com Townsend e Margaret cavalgando juntos durante a viagem real à África do Sul, e se desenrolou secretamente a partir de então. Contudo, de acordo com Townsend, foi somente no início de 1953, alguns meses antes da coroação, que as coisas se definiram, com o casal sozinho no castelo de Windsor enquanto o restante da família estava em Londres. "Ela ouviu sem dizer uma palavra", lembrou Townsend em sua biografia, *Time and Chance* [Tempo e acaso, em tradução livre], "enquanto eu falava calmamente sobre meus sentimentos. Então apenas disse: 'É exatamente assim que me sinto.'"

Margaret contou à irmã quase de imediato, e a resposta da nova rainha foi levemente encorajadora — e com certeza com alguma sororidade fraterna. "Alguns dias depois", lembrou Townsend em sua biografia, "no Palácio de Buckingham, Sua Majestade nos convidou para passar a noite no castelo, com ela e o príncipe Philip." Havia uma amigável simetria entre os dois jovens casais, cada irmã com o próprio galante e bonito parceiro militar, e Townsend posteriormente falou de uma atmosfera de apoio informal. Ninguém minimizava os problemas à frente, com Philip os mencionando nos mordazes gracejos que estavam se tornando sua marca registrada. Elizabeth se mostrou mais contida, e Townsend ficou impressionado com sua "comovente, simples e empática aceitação do perturbador amor da irmã por mim". Contudo, enquanto permanecia lá sentado, com os pés sob a mesa real, "ocorreu-me que a rainha, para além de toda sua calorosa boa vontade, devia estar muito ansiosa".

Em "Explosivo", Peter Morgan imagina a conversa que a rainha e o marido podem ter tido naquela noite enquanto se preparavam para dormir — Elizabeth tentando apoiar a irmã e Philip mencionando as dificuldades, a começar pelos paralelos com Edward VIII: "Todo mundo já se esqueceu da catástrofe que foi seu tio?" "A situação é diferente", responde Elizabeth defensivamente. "Uma das partes é divorciada?", retruca Philip. "A outra parte é da realeza? Parece bastante similar para mim." Ele também ignora o protesto de Elizabeth de que Peter foi a parte "inocente" do divórcio: "Não existe parte inocente em um divórcio." O argumento final de Elizabeth cita a relativa maturidade de Townsend, afirmando que um homem mais velho seria uma "boa influência" para Margaret. "É mesmo?", responde Philip sombriamente. "Se ele fosse de fato uma boa influência, faria as pazes com a mulher e deixaria Margaret em paz."

Na vida real, Tommy Lascelles fez a mesma grave recomendação — para o próprio Peter Townsend. "Você é maligno ou louco", disse o secretário particular sombriamente, sem fazer qualquer tentativa de fingir simpatia quando Townsend o procurou em busca de ajuda. O capitão de grupo devia ser removido imediatamente, recomendou Lascelles à rainha, e enviado para o mais longe possível, em algum remoto posto ultramarino.

Entretanto, como única irmã e mais íntima confidente de Margaret, Elizabeth se recusou a ser tão dura. Ela concordou que era impossível para Townsend permanecer em Clarence House, mas, ignorando várias posições discretas para as quais poderia tê-lo enviado, escolheu o cargo que daria a ele o contato mais visível e frequente com ela. Ela transformou Townsend em um de seus cavalariços. Foi um gesto amoroso e de apoio a Margaret — embora, com a coroação tendo ocorrido havia poucos meses, fosse razoável pedir ao casal que mantivesse as coisas em caráter privado.

O descuidado gesto de Margaret no dia da coroação foi uma péssima resposta à empatia da irmã mais velha, pois sabotou desastrosamente o

PRINCESA MARGARET

(1930-2002)

Anteriormente princesa Margaret Rose, mais tarde condessa de Snowdon

INTERPRETADA POR VANESSA KIRBY

"Ela já é uma figura pública", refletiu Chips Channon após observar a refinada, mas estranhamente subversiva, princesa Margaret, de 18 anos, desfilando seus trajes de última moda durante a semana Ascot em 1949, "e eu me pergunto qual será seu destino. Ela já tem em si um ar de Maria Antonieta." Ao ouvir o comentário, a princesa pareceu não entender. "O que será que ele quis dizer com isso?", perguntou ela – certamente de maneira insincera, pois todo membro da família real conhece o conto de advertência sobre a voluntariosa rainha francesa que gostava de fingir ser pastora e terminou vítima da guilhotina. Não era difícil ver o paralelo entre a princesa amante da diversão e o "grupo da princesa Margaret", que dominava os salões de dança de Londres até as primeiras horas da manhã nas décadas de 1940 e 1950, enquanto ela, em caráter privado, decidia se casar com um homem divorciado e ignorar os cânones da Igreja estabelecida. "O que me aterroriza é o tédio" era o lema de Maria Antonieta, e Margaret certamente parecia seguir o mesmo caminho.

CAPITÃO DE GRUPO PETER TOWNSEND (1914-1995)

INTERPRETADO POR BEN MILES

Em fevereiro de 1940, o piloto de combate Peter Townsend derrubou um bombardeiro alemão — o primeiro a cair em solo britânico desde a Primeira Guerra Mundial. Vinte meses de inebriante e imprudente combate depois, ele se retirou do serviço ativo com a Ordem de Serviços Distintos, a Cruz de Voo Distinto e os nervos estraçalhados de um homem eternamente assombrado pelo medo. "Já não consigo lutar", escreveu. "Voei até ficar paralisado." As inebriantes e imprudentes aventuras que marcaram o restante de sua vida deixaram cicatrizes similares. Das ruínas de um apressado casamento de tempos de guerra irrompeu seu malfadado romance com a princesa Margaret e uma série de conflitos que ele jamais poderia vencer com cortesãos e políticos britânicos e, a mais cruel, a imprensa britânica. Em cada conflito, Townsend exibia a ingênua bravura, a honestidade e a infalível cortesia que haviam conquistado a confiança de George VI, que nunca fora um rei fácil de agradar. Mas teria o "querido Peter" traído essa confiança quando levou a filha do rei para uma aventura nos céus da qual nenhum dos dois retornaria incólume?

elemento-chave do acordo: o de que, por algum tempo, o romance deveria permanecer em segredo. Havia muitos acertos a se fazer nos bastidores, particularmente com Downing Street, antes que pudesse haver qualquer perspectiva do casamento que Margaret desejava, e a publicidade prejudicaria muitas pessoas. Subconscientemente ou não, o ato público de possessividade de Margaret foi sua última tentativa de ofuscar a irmã mais velha. Como Elizabeth certa vez reclamou com Crawfie, Margaret "sempre quer o que eu tenho". Elizabeth II recebeu a coroa em 2 de junho de 1953, mas a princesa Margaret conseguiu seu homem e, ao deixar a cena do grande triunfo da irmã, não pôde resistir à tentação de exibir seu troféu.

Um curioso interlúdio se seguiu. No dia seguinte, os jornais norte-americanos relataram o que passou a ser conhecido como incidente da "mão terna", coerente com as especulações sobre o casal que vinham imprimindo havia meses. Seguindo o padrão da crise da abdicação, a imprensa britânica se manteve em silêncio.

Mas esse autocontrole durou menos de duas semanas, e quando acabou, em 14 de junho, foi com a típica presunção de Fleet Street, com os jornais repetindo os rumores estrangeiros sobre o amor de Margaret por um homem divorciado — "Está na hora de o público britânico saber etc. etc." —, ao mesmo tempo sugerindo que tais rumores não podiam ser verdadeiros. "É impensável", publicou a *People*, "que uma princesa real, terceira na linha de sucessão, sequer contemple casamento com um homem que passou pelos tribunais de divórcio. O capitão de grupo Townsend foi a parte inocente [...]. Mas sua inocência não muda o fato de que um casamento entre ele e a princesa Margaret iria contra a tradição real e cristã."

Em Chartwell, sua casa de campo em Kent, a reação inicial de Winston Churchill foi surpreendentemente favorável. O verdadeiro amor "deve sempre ter permissão para cumprir seu curso", falou o primeiro-ministro de modo benevolente quando Tommy Lascelles chegou para um conselho de guerra. Por que a jovem e bela princesa não deveria se casar com o belo herói de guerra? Foi Clementine quem lembrou a seu sentimental marido que ele cometera o mesmo erro em 1936, quando seu apoio a Edward VIII e à Sra. Simpson se provara tão impopular e politicamente prejudicial — e paralelos com a abdicação estavam no cerne da questão. Por que o duque de Windsor tivera de sofrer, se sua sobrinha alguns anos depois podia se casar com um homem divorciado?

Como em 1936, o exílio foi a solução — embora, dessa vez, de modo temporário. Decidiu-se que Townsend seria enviado como adido aéreo para a embaixada britânica em Bruxelas, a fim de trabalhar como uma mistura de espião e vendedor, reportando a Londres sobre os desenvolvimentos da aviação belga e procurando oportunidades comerciais para a indústria aérea britânica. Margaret, por sua vez, teria de adiar o casamento até agosto de 1955, quando completaria 25 anos. Então sairia do escopo da Lei de Casamentos Reais de 1772, que requeria o consentimento da rainha — em outras palavras, do primeiro-ministro e do gabinete, já que essa questão de interesse e debate público era, no fim das contas, uma questão política.

A opinião pública, ao menos como mensurada pelos jornais, parecia totalmente a favor do casamento. Em 13 de julho de 1953, o *Daily Mirror* atrevidamente imprimiu uma célula para a "votação da princesa" na primeira página, colocando a questão nestes termos: "O capitão de grupo Peter Townsend, de 38 anos, piloto de batalha da Grã-Bretanha, foi a parte inocente em um divórcio. Ele recebeu a custódia dos dois filhos e a ex-mulher se casou recentemente. Se a princesa Margaret, agora com 22 anos, assim desejar, deve receber permissão para se casar com ele?" Não menos de setenta mil leitores se deram ao trabalho de preencher a cédula e enviá-la pelo correio (ao custo de 1,5 centavo por envelope) — um recorde mundial para uma pesquisa de jornal, de acordo com o *Mirror* —, com 67.907 votando a favor e somente 2.235 contra. O Conselho de Imprensa, a voluntária entidade recentemente que fora fundada e criada para organizar a autorregulação do jornalismo britânico, prontamente repreendeu o jornal por sua impertinência.

Há razão para questionar se os 67.907 leitores voluntários que escolheram "sim" na votação do *Daily Mirror* representavam um país que, em 1953, ainda era socialmente conservador e bastante influenciado pelos valores religiosos tradicionais. Uma pesquisa de jornal que perguntara, dois anos antes, se os jovens deveriam ter relações sexuais antes do casamento terminara com 52% dos votos defendendo o celibato para os homens e 63% para as mulheres. As razões contra o sexo pré-marital iam de "O casamento deveria ser uma experiência nova" a "As pessoas não se casariam se pudessem fazer sexo fora do casamento". O comparecimento às igrejas estava caindo, mas as pessoas ainda esperavam que as figuras públicas, especialmente a família real, "dessem um bom exemplo". "O objetivo da vida, em especial para aqueles em altas posições, não é a autossatisfação", escreveu S. M. M., de Clapham Common, ao *Daily Mirror* em 20 de julho de 1953. "A renúncia da princesa Margaret seria um maravilhoso exemplo e prova da fé que ela professa ter na Igreja da Inglaterra." "As leis da Igreja da Inglaterra sobre o divórcio são explícitas", concordou P. F. Hall, de Gerrards Cross, na mesma coluna de cartas dos leitores. "Sugerir que uma cristã deva receber permissão para desobedecer a essas leis a fim de satisfazer o desejo de seu coração é como sugerir que alguém possa roubar algo somente porque assim deseja."

Winston Churchill sabia que seus parlamentares *tories* assentiriam sabiamente a tais opiniões, e, após refletir, decidiu que não havia chance de persuadir o gabinete a aprovar o casamento Margaret-Townsend em 1953, muito embora houvesse divorciados entre seus ministros, começando com seu número 2, Anthony Eden, que recentemente se casara pela segunda vez (com a sobrinha do próprio Churchill, Clarissa). Margaret teria de adiar seu

Daily Mirror — FRI JULY 17 1953 — 1½d FORWARD WITH THE PEOPLE

Should Princess Margaret be allowed to marry Peter Townsend?

70,142 VOTE AND THE VERDICT IS: YES

THE "Daily Mirror's" call for the people's views on the problem of Princess Margaret and her friend Group-Captain Peter Townsend has resulted in the greatest poll in newspaper history.

The votes totalled 70,142 and more than 1,000 people wrote letters.

This is what the "Mirror's" voting form said:

- Group-Captain Peter Townsend, thirty-eight-year-old Battle of Britain pilot was the innocent party in a divorce. He was given the custody of his two children and his former wife has recently remarried.
- If Princess Margaret, now twenty-two, so desires, should she be allowed to marry him?

The result of the voting was:

Yes: 67,907
No: 2,235

The percentages were:

Yes .... 96.81 per cent.
No .... 3.19 per cent.

The "Daily Mirror" launched the poll in the belief that the views and feelings of the British people on the problem confronting a beloved Princess should be given expression. The amazing response of our readers indicates their deep interest in the subject, and more than justifies the holding of the poll.

Today Princess Margaret returns from Rhodesia to a Britain which knows that she and Group-Captain Townsend would like to marry.

She will have to wait while Church and State dignitaries discuss what, in their opinion, she may do or may not do.

The "Daily Mirror" poll gives a clear guide to the feelings of the PEOPLE of Britain.

☆

- THE GREAT DEBATE.—Points from the letters the "Mirror" has received will be published on Monday.

Rhodesia Princess Margaret smiles and waves to officials as she boards the Comet in which she and the Queen Mother left for home yesterday, after their tour of Southern Rhodesia. They were due at London Airport at 8 a.m. today. And to welcome them—the Queen and the Duke of Edinburgh. The Comet had four scheduled stops on the way home, leaving Rome for the last "leg" of the flight at 4.15 this morning.

Brussels Group-Captain Peter Townsend, former royal equerry, driving his car yesterday in Brussels where he has just taken up his appointment as Air Attache at the British Embassy.

He took up his duties at 10 a.m. in a 15ft. square office by signing the "handing-over chit" which put him in temporary possession of a small desk and three chairs in the office. He lunched with the Military Attache, Lieutenant-Colonel Drummond Wolff.

COLONEL CLEARED —'WITH HONOUR'

LIEUTENANT-COLONEL Alfred Gleave, 46, commanding officer of Moston Hall Military Hospital, Chester, was "honourably" acquitted by court-martial yesterday of charges arising out of the Dying Soldier case.

Findings of Not Guilty were returned at his trial at Saighton Camp, Chester.

The court took thirty-four minutes to consider their findings.

There was a burst of clapping in the small court-room when the verdict was read to Colonel Gleave.

Friends stepped forward to shake hands with the colonel and congratulate him.

Hearing is reported on Centre Pages.

1943: A princesa Margaret Rose, de 13 anos, observa enquanto a irmã, Elizabeth, 17 anos, grava um discurso para as crianças do Império durante a Segunda Guerra Mundial. Nesse momento, Margaret era a segunda na linha de sucessão real.

sonho de se casar com Peter por mais dois anos — e isso seria um desafio para uma jovem acostumada a ter tudo o que queria.

"Eu sou única", costumava dizer a princesa Margaret durante o jantar. "Sou filha de um rei e irmã de uma rainha." A natureza derivativa dessa afirmação que deixava todos sem resposta resumia a infelicidade da irmã mais nova da rainha, que passara a vida lutando para estabelecer uma identidade própria satisfatória. A atitude construtiva que poderia ter resultado de seu nascimento imensamente privilegiado jamais se manifestou, deixando a princesa com o ressentimento perpétuo dos coadjuvantes — demonstrado por uma sucessão de histórias anedóticas de bastidores.

Em 1937, por exemplo, enquanto experimentava o vestido para a coroação do pai, Margaret, então com 6 anos, supostamente bateu os pés quando descobriu que a cauda de veludo púrpura ladeado por arminho de seu manto cerimonial era ligeiramente mais curta que a da irmã mais velha. Não era justo, queixou-se ela, jogando-se no chão. Foi somente quando lhe explicaram que as caudas haviam sido feitas em proporção direta à altura das irmãs — e Lilibet era quase dez centímetros mais alta — que a princesa sossegou, e não de boa vontade. "Que bom", teria murmurado um cortesão, "que Margaret é a mais *jovem.*"

Na vida adulta, de acordo com a biógrafa de lorde Snowdon, Anne de Courcy, o complexo de inferioridade de Margaret era visível em sua falta de consideração pela equipe que partilhava com a mãe em Clarence House. Se houvesse uma festa de Natal no Palácio de Buckingham para a qual a equipe de Clarence House fosse convidada, a rainha-mãe jantava fora ou comia algo leve, a fim de que os criados pudessem comparecer — ao passo que a princesa Margaret, ao contrário, fazia questão de oferecer um jantar formal na mesma noite. Tal perversidade, sugeriu De Courcy, "talvez pudesse ser explicada pelo fato de que, ao contrário da rainha-mãe e da rainha, que haviam sido sucessivamente a mulher mais importante de toda a nação, a princesa Margaret, sempre a número 2, insistia em seu status real". Kenneth Rose, biógrafo e confidente do rei George V, tentava bravamente defender o comportamento às vezes indelicado da princesa. "Demonstramos simpatia", disse ele certa vez, "por aqueles que não recebem educação inspiradora por razões sociais, como pobreza ou raça. Mas há falhas em ambas as extremidades da escala social. As duas princesas, Elizabeth e Margaret Rose, não foram educadas de maneira rigorosa ou árdua. Elas nunca experimentaram o desafio de ir à escola — e isso certamente deixou um apetite não saciado na mais jovem." Durante uma conversa privada com a princesa, Rose descobriu quão amargamente ela se ressentia por não ter podido acompanhar a irmã mais velha, ou mesmo segui-la mais tarde, quando Elizabeth teve aulas de história constitucional em Eton, com o vice-reitor Henry Marten, no início da década de 1940. Naquele estágio da vida, afinal, Margaret era a segunda na linha de sucessão.

Sua avó, a rainha Mary, também se preocupava com as deficiências da educação doméstica das meninas. "A rainha Mary tentou aprimorar as lições", lembrou Rose, "mas a rainha Elizabeth não achava que educação [de mulheres] fosse necessária." Rose relatou como a ex-princesa May de Teck, extremamente culta e versada em belas-artes, conversou sobre o assunto com a nora, a rainha Elizabeth — mas seu pedido caiu em ouvidos moucos. "Não sei do que ela está reclamando", teria dito mais tarde a rainha Elizabeth às amigas. "Eu e minhas irmãs fomos todas educadas em casa, por uma governanta, e todas

Abril de 1953. Dois meses antes da coroação, Peter Townsend (em pé, à esquerda) estava com a família real em seu evento de Páscoa favorito, o Badminton Horse Trials, em Gloucestershire, com a rainha (na frente, à direita) e a princesa Margaret (com uma piteira).

nós nos casamos bem. Na verdade, pode se dizer que uma de nós se casou muito bem!"

Dando algum crédito a Margaret, ela fez grandes esforços para se educar, particularmente sobre temas artísticos que despertavam sua imaginação: história, arte, arquitetura, dança, música e teatro. Ela parece ter sido a origem das famosas pantomimas Windsor de tempos de guerra, que surgiram como uma modesta peça natalina da qual a princesa participou juntamente com crianças evacuadas durante o segundo Natal da guerra, em dezembro de 1940. Margaret cantou "Gentle Jesus, Meek and Mild" [Doce Jesus, humilde e manso] de forma tão comovente que seu pai foi às lágrimas. "Chorei durante a maior parte da música", escreveu o rei em seu diário, e quando Marion Crawford sugeriu que as garotas tentassem algo mais ambicioso no ano seguinte, a jovem Margaret adorou a ideia. "Daquele momento em diante", escreveu a governanta tempos depois, "não tive paz. Margaret ficava o tempo todo atrás de mim. 'Crawfie, você prometeu...', dizia ela uma dúzia de vezes por semana."

A garotinha de 10 anos estava tão ansiosa que começou a desenhar figurinos e cenários, pressionando o pai até receber permissão para uma ambiciosa série de pantomimas que se tornaram o ponto alto dos Natais em Windsor durante a guerra. Ela também trabalhou seriamente para obter maestria musical, especialmente ao piano. A princesa Margaret Rose (ela abandonou o "Rose" assim que se tornou adolescente) fez questão de se tornar adulta mais cedo que a irmã mais velha, abandonando, satisfeita, as capas de gola de veludo (e as meias curtas) da infância. Ela ainda não tinha 14 anos quando fez seu primeiro discurso público, em 1944, visitando a Princess Margaret Royal Free School em Windsor, nomeada em sua homenagem. Acompanhada pela mãe, sentiu-se "terrivelmente nauseada" em função do nervosismo e não gostou da experiência. Mas se saiu melhor dois anos depois, em seu primeiro compromisso solo, quando inaugurou o Hopscotch Inn, um centro de lazer para crianças em Camden, perto de Londres. "É preciso lembrar que ela tinha apenas 15 anos na época", comentou mais tarde Audrey Russell, enviada pela BBC para cobrir o evento em março de 1946, "mas fiquei impressionada com seu enorme carisma. Acho que ela se esforçou muito para seguir o exemplo da mãe, falando com todos e fazendo perguntas o tempo todo, de maneira muito profissional."

Ao completar 16 anos, a princesa Margaret tinha carisma e presença de espírito em abundância, vestindo elegantes terninhos sob medida, chapéus de marcas famosas, meias de seda e saltos altos, com longos vestidos de seda, cetim ou chiffon para os eventos noturnos. Seu pai criara um brasão próprio para ela, seguido por um monograma para seu uso pessoal: um "M" em estilo clássico sob um diadema com relevos no mesmo vermelho de seu papel de carta pessoal. "Rezemos [...] pela princesa Margaret", pronunciou o capelão na igreja Crathie, em Balmoral, quando ela celebrou seu 18º aniversário em agosto de 1948, "para que Deus abençoe e faça prosperar os propósitos de seu coração." Com a história de amor e o casamento de Elizabeth já sendo notícia velha, a imprensa voltou sua atenção para a sofisticada irmã mais jovem, de pele "macia como pêssego", silhueta curvilínea, cintura de 45 cm e vívidos olhos azuis — "a única coisa digna de nota em minha aparência", como disse ela certa vez. Os repórteres descreveram seus lábios sugestivamente como "generosos" e "sensíveis", pois, embora não se pudesse dizer isso explicitamente, o *sex appeal* foi o novo ingrediente que a princesa

Margaret levou para o pacote real. Ela foi descrita como "uma das beldades de sua geração". Preferia que seus amigos fizessem reverência e a chamassem de "madame", mas, após algumas doses de gim-tônica, era a sensação de qualquer festa.

Noël Coward ficou impressionado quando a conheceu em novembro de 1949 durante um jantar na embaixada norte-americana. "A princesa Margaret cantou ao piano", registrou "O Mestre" em seu diário. "Ela é surpreendentemente boa. Tem um ouvido impecável, tocando de modo simples, mas em ritmo perfeito, e seu modo de cantar é realmente muito divertido." Convidada a entreter um clérigo escocês que fora tomar chá com seus pais, Margaret iniciou uma interpretação espirituosa de "I'm Just a Girl Who Can't Say No" [Sou uma garota que não sabe dizer não], do sucesso musical *Oklahoma!*, de Rodgers e Hammerstein — para horror da mãe e deleite do pai, cuja estrondosa risada deu a deixa para o clérigo de que ele também devia rir. *Espiègle* — "travessa" — era a palavra da rainha Mary para descrever a atitude provocadora da neta, uma corruptela em francês do nome Till Eulenspiegel, o camponês pregador de peças do folclore alemão. "Ela é ultrajante de tão divertida", comentou a rainha, "e nós acabamos por encorajá-la." "Elizabeth é meu orgulho", revelou George VI em certa ocasião, "e Margaret é minha alegria." O rei incentivara a irreverente filha mais nova, uma mímica nata, a ser atrevida desde a infância, e, sob a aprovação paterna radiante, Margaret desenvolveu uma personalidade mais extrovertida que a de Elizabeth: menos solene, menos autoconsciente — e muito menos comportada.

Esta era a raiz do problema: a princesa Margaret era, muito simplesmente, mimada. Os mais velhos eram indulgentes porque ela era divertida, mas também porque sentiam que ela merecia algo — uma correção ou compensação por seu papel menor no cenário real, com a princesa Elizabeth se sentindo mais culpada que todos os outros. Uma cozinheira da casa dos York no número 145 da rua Piccadilly em meados da década de 1930 lembrou como a irmã mais velha fazia qualquer coisa para poupar Margaret da parte mais árdua das tarefas domésticas compulsórias das duas.

Consciente de sua senioridade e de suas vantagens, a irmã mais velha parece ter feito enorme esforço para "ser gentil com Margaret", seguindo a tradição familiar — quando, na verdade, poderia ter sido positivo para Margaret

ter uma irmã malvada que a colocasse em seu lugar de tempos em tempos. "Só se é jovem uma vez, Crawfie", disse sua mãe a Marion Crawford quando a governanta, ainda na folha de pagamento da família, na década de 1940, expressou preocupação com o fato de Margaret estar "muito confusa" após uma sucessão de noitadas. "Queremos que ela se divirta. Depois que Lilibet se casou, ela se sente sozinha aqui."

Assim, Margaret começou a passar a manhã na cama — 10 horas ou 10h30 da manhã seria o horário de seu café da manhã durante toda a vida — após longas noitadas com um grupo de jovens que os jornais começaram a chamar de "grupo da princesa Margaret", todos animados e financeiramente independentes, sem o dever de acordar cedo: o ex-aluno de Eton, Billy Wallace; Colin Tennant, o futuro lorde Glenconner; "Sonny" Blandford, o futuro duque de Marlborough; e a norte-americana Sharman Douglas, a animada filha de Lewis Douglas, embaixador de Harry Truman na corte de St. James. "Princesa Margaret chuta alto!" foi a manchete de uma matéria descrevendo o baile da embaixada norte-americana no qual a princesa e Jennifer Bevan, sua dama de companhia, dançaram um ensaiado cancã com Sharman Douglas e três outras amigas, todas vestidas em autênticas anáguas de babados, meias pretas arrastão e chapeuzinhos com penas. "A princesa Margaret tem muito valor jornalístico", escreveu Cecil Beaton em seu diário quando fez as fotografias do 21º aniversário dela, em 1951. "Ela é adulta agora; tem um caráter independente e demonstra mais interesse na vida pouco convencional que qualquer membro da família real desde Edward, o príncipe de Gales." Alguns anos antes, Duff Cooper, o antigo embaixador britânico em Paris, fora ainda mais direto após um almoço no Palácio de Buckingham no qual Margaret brilhara, em 1948: "Pele adorável, olhos adoráveis, boca adorável, muito confiante e cheia de humor [...]. Ela ainda vai se meter em encrencas."

Nem Beaton, nem Cooper sabiam sobre Peter Townsend quando fizeram esses proféticos registros em seus diários, mas, em ao menos um relato, a princesa Margaret tomara sua decisão no ano anterior, durante a viagem real à África do Sul entre fevereiro e abril de 1947. "Cavalgamos juntos todas as manhãs naquele incrível país, em um clima maravilhoso", dissera a princesa a uma confidente. "Foi quando de fato me apaixonei por ele." Foi também, presumivelmente, quando ela deixou de gostar de pertencer à realeza, já que a abdicação era o único preço possível pelo homem que passara a desejar. Será que a princesa Margaret realmente queria ser princesa? Quando o galante capitão de grupo foi para Bruxelas em julho de 1953, ela tinha pouco mais de dois anos para se decidir.

Foi o urgente e cada vez mais furioso desejo de Henrique VIII de se divorciar de Catarina de Aragão, e a recusa do papa em conceder esse desejo, que levou à Reforma inglesa e à criação da Igreja Anglicana em 1534. Mas isso não impediu o agora protestante Parlamento inglês de reviver o título papal e o conceder a Henrique em 1544 — e FID DEF tem sido orgulhosamente usado pelos monarcas britânicos (e suas moedas) desde então. Quando uma moeda de dois xelins (ou "florim") foi inadvertidamente cunhada em 1849 com o busto da rainha Vitória, mas sem as letras mágicas, houve ultraje nacional, e o "florim ateu" foi tirado de circulação. O outro título religioso de Henrique VIII era "líder da Igreja da Inglaterra", também concedido pelo Parlamento por meio da Lei de Supremacia de 1534. Renunciando a Roma e declarando o rei "o único líder supremo da Igreja da Inglaterra na Terra", a lei efetivamente deu a Henrique a eminência de um papa inglês — ou, talvez mais precisamente, a autoridade quase espiritual dos sagrados imperadores romanos que haviam dominado a Europa desde os dias do imperador Carlos Magno.

A filha católica de Henrique, Mary, renunciou à liderança durante seu breve reinado, de 1553 a 1558, mas sua irmã, a rainha Elizabeth I, restaurou para si mesma essa dignidade na forma modificada de "governadora suprema", pois somente o próprio Deus podia ser líder da Igreja.

Em 1563, o artigo 37 dos 39 Artigos da Igreja da Inglaterra estabeleceu os poderes do governador supremo como são até hoje: "A majestade do rei tem o principal poder no reino da Inglaterra e em seus domínios, e a ele pertence o governo principal de todos os estados deste reino, sejam eles eclesiásticos, sejam eles civis, em todas as causas."

Reunindo-se em Canterbury em 1563, um conselho de arcebispos, bispos, deões, arcediagos e procuradores deixou muito explícito que "não damos a nosso príncipe o ministério da palavra de Deus nem dos sacramentos". Em outras palavras, o governador supremo não faria sermões nem determinaria teologias — e, assim, voltando a 1953, a questão do divórcio não era algo do qual Elizabeth II pudesse ter opinião doutrinária ou autoridade pessoal. Contudo, como protetora e administradora terrena da Igreja, cabia a ela

Defensora da fé

Toda moeda britânica moderna carrega a face da rainha Elizabeth II. Juntamente a trilhões de cédulas e selos com sua efígie, que são impressos desde 1952, isso torna seu rosto o mais disseminado e duplicado da história. As letras em torno da borda das moedas também indicam a natureza religiosa de sua autoridade: "DG", que significa *Dei Gratia* [Pela graça de Deus], juntamente com "FD" ou, às vezes, "FID DEF", ambas abreviaturas de seu título em latim, *Fidei Defensor* [Defensora da fé].

Esse título histórico e religioso, conquistado e orgulhosamente exibido por seu antecessor Tudor, o rei Henrique VIII, indica que Elizabeth II não é meramente uma monarca terrena. Sua designação oficial é "Elizabeth, a Segunda, pela graça de Deus, do Reino Unido da Grã-Bretanha, da Irlanda do Norte e de seus outros reinos e territórios, rainha da Commonwealth, defensora da fé". Assim, o papel especial da rainha na proteção e governança das Igrejas da Inglaterra e da Escócia a liga ao divino – ou, ao menos, à lei divina. Foi por isso que Elizabeth II teve tantos problemas em 1953, quando a irmã quis se casar com um homem divorciado.

Fidei Defensor é um título curioso em vários aspectos. Henrique VIII não o conquistou pessoalmente – foi a recompensa do grato papa Leão X em 1521 por um panfleto composto para Henrique por seu futuro lorde chanceler, Thomas More (executado por Henrique em 1535). Ainda mais curioso, o panfleto, *Defesa dos sete sacramentos [católicos]*, era um enérgico ataque verbal ao protestantismo e a Martinho Lutero, o inspirador da Reforma europeia – e o papa revogou o título com indignação, depois que Henrique mudou de ideia e seguiu o exemplo de Lutero ao se separar de Roma.

O rei Henrique VIII (1509-1547) com sua terceira esposa, Jane Seymour, e o único filho, o futuro rei Edward VI. Henrique se orgulhava de ter conquistado e passado a Edward e a todos os monarcas ingleses subsequentes o título de "Defensor da fé".

defender a reputação e autoridade de seus cânones ou leis doutrinárias, "que, em nosso entendimento", continua o artigo 37, "foram entregues eternamente, pelo próprio Deus, a todos os príncipes devotados às Sagradas Escrituras". Em sua coroação, em junho de 1953 — mesmo enquanto refletia sobre o dilema que sua irmã e Peter Townsend haviam criado —, Elizabeth jurou solenemente "manter e preservar inviolavelmente o estabelecimento da Igreja da Inglaterra, e sua doutrina, prática religiosa, disciplina e governança, como estabelecido pelas leis da Inglaterra". Como a Igreja era contrária ao divórcio, Elizabeth não tinha escolha senão seguir a mesma direção. As responsabilidades da Coroa para com a Igreja duplicaram em 1603, quando a morte da rainha Elizabeth I levou o rei James VI e I (James VI da Escócia e James I da Inglaterra) de Edimburgo para Londres. A Igreja da Escócia reconhecia somente Jesus Cristo como "rei e líder da Igreja", de modo que não havia título de governador supremo ao norte da fronteira. Em 1603, porém, tornou-se dever dos reis da Inglaterra, em sua capacidade como reis da Escócia, "preservar o estabelecimento

A filha mais nova do rei Henrique VIII, a rainha Elizabeth I (1558-1603), modificou o título do pai, "líder" da Igreja da Inglaterra, e se tornou "governadora suprema", afirmando que somente Deus podia ser líder da Igreja.

A rainha Elizabeth II em uma moeda de seis pence de 1953, com o título latino: **"ELIZABETH II DEI GRATIA REGINA":** *[Elizabeth II, rainha pela graça de Deus].*

da verdadeira religião protestante, como estabelecida pelas leis da Escócia" — e isso foi formalizado em 1707, com a Lei de União entre a Inglaterra e a Escócia.

Até hoje, os novos monarcas britânicos não mencionam a Igreja da Inglaterra quando ascendem ao trono. Isso é resolvido mais tarde, durante os juramentos da coroação. Mas o primeiro assunto do Conselho da Ascensão, geralmente realizado no dia seguinte à morte do antecessor, é o juramento de manter e defender a Igreja Presbiteriana da Escócia. Elizabeth II fez esse juramento durante a primeira reunião do Conselho Privado de seu reinado, logo que voltou da África, em fevereiro de 1952.

"Eu estava me perguntando", diz Elizabeth pelo telefone à irmã, Margaret, no episódio 6 de *The Crown*, "se você e Peter consideraram a Escócia [...] O casamento não é visto como sacramento na Igreja da Escócia. Não é vinculatório como aqui." Margaret adora a ideia no diálogo imaginado por Peter Morgan.

"Isso quer dizer", pergunta ela "que poderíamos nos casar até mesmo na igreja?"

"Preciso conferir", responde Elizabeth. "Mas acho que sim [...] Isso também facilitaria muito as coisas para mim."

No evento, a opção escocesa não forneceu uma saída fácil para o dilema enfrentado por Elizabeth e Margaret. O divórcio e os tabus ligados a ele em 1953 não eram uma questão menor. As assembleias da Igreja da Inglaterra — efetivamente o Parlamento da Igreja — haviam consistentemente se pronunciado contra o casamento de pessoas divorciadas, e Elizabeth não teve escolha senão obedecer. Essa, afinal, era a razão de ela ocupar o trono. A ironia histórica, logicamente, era que a Igreja da Inglaterra fora criada, e Elizabeth estava presa a suas decisões, porque Henrique VIII quisera se divorciar.

No verso, há uma abreviatura do título em latim, "FID DEF", "Defensora da fé", com as flores nacionais da Inglaterra (rosa), Escócia (cardo), Gales (narciso) e Irlanda (trevo).

7

SCIENTIA POTENTIA EST

Saber é poder

Tinteiros e cadernos, com o ocasional crocitar de um corvo de olhos brilhantes. Começamos o episódio 7 de *The Crown* no pouco iluminado escritório de um tutor, onde um pássaro de brilhantes penas pretas saltita entre pilhas de livros. O corvo inclina a cabeça para o lado com ar de inteligência. Não, não entramos no mundo fictício de Harry Potter. Entramos na toca histórica de Henry Marten, o excêntrico amigo dos corvos e vice-reitor de Eton, em Windsor, recriado para *The Crown* a partir das lembranças de seus alunos na década de 1940, entre eles, a futura rainha Elizabeth II. "Há dois elementos na Constituição", explica Henry Marten à jovem Elizabeth

Lição real. Em abril de 1942, dez dias antes do 16º aniversário dela, George VI prepara a filha Elizabeth para um de seus futuros deveres como rainha: analisar os documentos governamentais enviados para sua inspeção diária em maletas de couro vermelho — as "caixas".

no início do sétimo episódio, "o 'eficiente' e o 'dignificante'. Qual deles é o monarca?" A aluna parece distraída pelo corvo, agora no encosto da cadeira do vice--reitor. "Sua Alteza Real?", insiste ele. "O dignificante", vem a resposta atrasada. "Precisamente", aprova Marten. "O 'eficiente' tem o poder de criar e executar políticas e responde ao eleitorado. 'O que diz respeito a todos deve ser aprovado por todos.'" Com Elizabeth ainda fascinada pelo corvo, o vice--reitor se aproxima do clímax da exposição: "As duas instituições — Coroa e governo, a dignificante e a eficiente — só funcionam quando apoiam um ao outro. Quando *confiam* um no outro. A senhorita pode sublinhar isso." E a jovem Elizabeth diligentemente sublinha a palavra "confiam" em seu caderno. "Confiança" se torna uma palavra extremamente significativa no episódio...

A princesa Elizabeth tinha somente 13 anos quando Henry Marten recebeu a tarefa de lhe ensinar as complexidades da Constituição britânica — no verão de 1939, com a Alemanha prestes a invadir a Polônia, no que seria o estopim da Segunda Guerra Mundial. O professor de 66 anos ia de bicicleta de Eton ao Castelo de Windsor, às vezes se esquecendo de remover os clipes dos pedais nas calças antes de iniciar as lições. A princesa gostava de sua distração e da maneira como ele começava as aulas, com a saudação que usava para seus alunos em Eton: "Cavalheiros!" As lições se transformavam em curso por correspondência quando a família viajava — tanto por causa dos feriados quanto por razões de segurança — para Balmoral e Sandringham. Contudo, quando Elizabeth ficou mais velha, com a família real firmemente baseada em Windsor, ela passou a fazer a jornada a pé, acompanhada somente pela governanta, Marion Crawford — como vemos no início do sétimo episódio. A jovem princesa saía pelo Portão Henrique VIII, descia a colina, cruzava a ponte sobre o Tâmisa e caminhava ao longo da Eton High

SIR HENRY MARTEN

(1872-1948)

Vice-diretor de Eton

Professor de história constitucional de Elizabeth II

INTERPRETADO POR MICHAEL COCHRANE

Tirando torrões de açúcar do bolso para alimentar seu corvo de estimação, o gentil Henry Marten tinha talento para manter o interesse de seus alunos em Eton. "Muito bem, cavalheiros", dizia ele, antes de embarcar em uma das vívidas descrições da história britânica que traziam o passado de volta à vida. "Ele foi o primeiro professor que tive", disse lorde Home, mais tarde um dos primeiros-ministros de Elizabeth II, "que me fez entender que os personagens históricos eram seres humanos como nós." O vice-reitor evidentemente comunicou o mesmo entusiasmo a sua jovem pupila real. Quando a neta da rainha Vitória, a princesa Marie Louise (1872-1956), que se orgulhava de ter vivido durante seis reinados (de Vitória a Elizabeth II), certa vez se desculpou com a futura rainha por falar demais sobre o passado, a princesa Elizabeth pareceu surpresa. "Prima Louise", respondeu ela sem hesitação, "trata-se de história. História é fascinante!"

As princesas Elizabeth, 13 anos, e Margaret Rose, 8 anos, visitam a sede da Associação de Jovens Cristãs na rua Great Russell, em Londres, em maio de 1939, em uma das excursões para conhecer o mundo externo organizada por sua governanta, Marion Crawford (à direita, segurando a mão da princesa Margaret). A dama de companhia da mãe das meninas, Lady Helen Graham (esquerda), lidera o caminho para outra experiência do mundo real: voltar para casa de metrô.

Street, atravessando os portões medievais do colégio e seus alunos de fraque e terminando na toca do bruxo.

Em 12 de março de 1945, após quase seis anos de aulas, George VI foi a Eton conceder ao adorado professor particular o título de cavaleiro, em reconhecimento por seu trabalho com a princesa Elizabeth. A cerimônia de sagração ocorreu nas escadas da capela do colégio, na presença da rainha, das duas princesas e de várias centenas de alunos festejando, e Sir Henry passou o resto da vida como reitor, doando sua biblioteca ao colégio após a morte, que utilizara para instruir os volumes a qual incluía a jovem princesa.

Vistos de fora, eles se parecem com quaisquer livros escolares, já desgastados, que podem ser encontrados em sebos, como os três volumes de *The Law and Custom of the Constitution* [As leis e os costumes da Constituição], de autoria de Sir William Anson. Mas são mantidos trancados na Biblioteca Marten, pois, ao abrir o primeiro volume (*Parlamento*, quinta edição), descobre-se uma rara assinatura — "Elizabeth, 1944" —, seguida de organizados comentários a lápis em uma caligrafia redonda e ainda infantil: as anotações da princesa de 18 anos sobre como ser rainha.

Ao escolher Henry Marten, os pais de Elizabeth fizeram o melhor possível para garantir que temas áridos fossem ensinados de maneira estimulante. O vice-reitor era uma figura grandiloquente e excêntrica, com um dom para a contação de histórias — "um professor dramático, sagaz, entusiástico", de acordo com o ex-aluno de Eton Sir Alec Douglas-Home, o quarto primeiro-ministro de Elizabeth —, conhecido por sugar seu lenço, quase como se fosse uma chupeta, ao explicar alguma passagem especialmente complicada da história. "Os livros cascateavam das estantes, surgindo sobre mesas e cadeiras em aparente desordem", lembrou outro aluno dele. As horas de Elizabeth na caverna do bruxo, onde a pilha de livros no chão crescia "como estalagmites", de acordo com Crawfie, foi o mais perto que a futura rainha jamais chegou de "frequentar a escola" e, alguns anos depois, seu Merlin fez uma interessante descoberta.

Sir Henry notou que, sempre que fazia uma pergunta à garota de 13 anos, ela não respondia diretamente. Nos primeiros anos, ao menos, a princesa estava tão desabituada a ser questionada que seu primeiro instinto era se afastar do professor e "buscar confiança e apoio em sua adorada governanta, a Srta. Crawford". A resposta, quando fornecida, era "quase invariavelmente correta", e não era como se a princesa não possuísse autoconfiança social no fórum público. Aos 13 anos, ela já começara a fazer discursos curtos — quando, por exemplo, na ocasião em que o presidente da França fora a Londres para uma visita de Estado na primavera de 1939. A princesa adolescente, tão tímida que não conseguia responder diretamente ao amável Dr. Marten, fora capaz de receber o presidente Lebrun com um fluente discurso em francês. Suas habilidades sociais podiam não estar à altura de uma criança "comum" correndo pelo parquinho, mas eram exatamente as que ela precisava para seu futuro trabalho. Não dando respostas rápidas e pessoais, mas consultando seus conselheiros — o estilo cauteloso e sutil de uma monarca.

A partir dos volumes cuidadosamente anotados de *The Law and Custom of the Constitution*, podemos reconstruir os princípios que Henry Marten enfatizou para sua aluna, pois há ali uma descrição do trabalho da monarquia que vai além de desvelar placas e acenar graciosamente para as multidões. Anson pitorescamente introduzia a Constituição britânica como "uma estrutura meio labiríntica [...] como uma casa alterada por muitos proprietários".

Essa era uma pista para sua característica essencial, explicava uma passagem que atraiu um dos primeiros destaques da princesa, que sublinhou cuidadosamente nos locais apropriados: "quanto mais complexa a Constituição, mais garantias de liberdade ela oferece". O Império Chinês era apresentado à estudante como exemplo de autocracia grosseira, ao passo que a Constituição norte-americana, com todas as emendas ao longo dos anos, era citada como exemplo das complicações que a liberdade requer para florescer. Juntamente com a educação constitucional britânica de Elizabeth, Henry Marten lhe deu um curso adicional de história norte-americana.

Há comparativamente poucas anotações nas margens do texto sobre as prerrogativas da Coroa e raros comentários sobre o desenvolvimento constitucional. A monarquia anglo-saxônica era descrita como "<u>consultiva</u>" e "absolutismo <u>hesitante</u>" — aqui, a princesa sublinhou as palavras "consultiva" e "hesitante" —, com o Witenagemot, "reunião de homens sábios", o conselho real dos grandes proprietários de terra e bispos conhecido pela abreviatura Witan, sendo retratado como forma inicial de Parlamento. "Se o rei tinha uma vontade forte", escreveu Anson, "e tino para os negócios, ele <u>dominava o Witan</u>; se não, o Witan era o poder <u>prevalente do Estado</u>" (grifos da princesa Elizabeth).

Para ensinar à princesa sobre os poderes que teria como rainha, Marten suplementou Anson com Walter Bagehot, o vitoriano fundador da *National Review* e editor-chefe da publicação *The Economist*, que foi o primeiro a articular a distinção entre as funções "dignificante" e "eficiente" do governo em seu livro *The English Constitution* [A Constituição inglesa], publicado em 1867. Ao passo que Anson, um classicista racional, advogado e parlamentar com interesse pela educação, apresentava solenemente os precedentes históricos e legais para os métodos de governo de toda a nação, Bagehot se detinha nos aspectos filosóficos e mesmo irracionais da Coroa, saboreando seu apelo emocional. "A reverência mística, a lealdade religiosa que é essencial a uma verdadeira monarquia são sentimentos imaginativos que nenhuma legislatura pode fabricar em alguém. Criar uma monarquia é tão possível quanto adotar um pai", escreveu ele. Os reis emergem favoravelmente das páginas de Anson e Bagehot, retratados como figuras em geral benignas e protetoras, instintivamente voltadas para o bem-estar comum. Mas o principal foco da aluna de 13 anos estava no poder do Parlamento, a voz e o instrumento do povo. Foi nessas passagens que ela fez mais anotações. Elizabeth sublinhou o princípio básico de que "o que diz respeito a todos deve ser aprovado por todos", notando que o Parlamento tem o poder de realizar qualquer mudança que deseje, em tal extensão que nenhum Parlamento pode vincular irrevogavelmente seus sucessores. Refletindo diferentes circunstâncias e a vontade do povo, um novo Parlamento pode desfazer o trabalho daqueles que vieram antes.

Aluna e professor nitidamente trabalharam duro para analisar as obscuras tecnicalidades da legislação, chegando ao consentimento real ao fim do processo parlamentar, que formalmente transforma projetos em leis. As anotações da princesa detalham os procedimentos para a aprovação de leis financeiras ou relacionadas a gastos e a observação de que, quando se trata de transações práticas, "toda mudança de tempos recentes tendeu a aumentar o poder do gabinete". A passagem mais longa, uma página inteira de anotações a lápis no ponto em que Sir Henry evidentemente abandonou o texto de Anson para narrar uma de suas famosas "passagens grandiosas" da história britânica, está relacionada aos fatos cotidianos da indigna fuga do trono de James II em 1688. A história foi bem contada, culminando no rei jogando o grande selo do reino, a expressão última de sua autoridade real, no rio Tâmisa — um paralelo do século XVII à abdicação no século XX.

A mensagem de Anson, Bagehot e Henry Marten era explícita: o monarca da vez podia usar a coroa, mas, na idade da democracia de massas, o verdadeiro rei era o Parlamento, e nenhum soberano moderno poderia se esquecer disso. A era na qual monarcas convocavam ou dissolviam parlamentos sem o conselho de ministros eleitos foi chamada de "os dias antes do governo atuante", e Elizabeth anotou as diferenças entre dissolver, prorrogar e suspender o Parlamento.

Suas anotações descrevem as minúcias processuais que podem preencher a mente de um funcionário público competente, e, em certo sentido, era isto que ela se tornaria: a mais pública de todas as funcionárias nacionais.

Nos minuciosos preparativos para sua futura vida e seu futuro trabalho, podemos encontrar as raízes da Elizabeth II moderna, mestre diligente das caixas vermelhas cheias de documentos governamentais enviados a ela todos os dias — até mesmo, ocasionalmente, no Natal. Nenhum soberano da história leu e comentou em pilhas de papel de forma tão minuciosa.

— O senhor ensina isso a seus outros alunos? — pergunta a jovem Elizabeth no diálogo imaginado pelo criador da série, Peter Morgan.

— Não — responde Marten, estendendo um maço de textos de álgebra, trigonometria e interpretação de texto para ela folhear —, somente à senhorita. Isso é o que ensino a eles.

— Eu não deveria saber isso tudo também? — pergunta Elizabeth, de olhos arregalados diante da extensão e do detalhamento dos diferentes assuntos.

— Não, senhorita — responde Marten, com sua resposta pontuada pelo grasnar do corvo. — Não é dignificante.

O tema em desenvolvimento no episódio é como Elizabeth passou a se sentir insatisfeita com o foco limitado de sua educação, negando-lhe o poder que vem com o conhecimento. Entretanto, no que diz respeito à primeira grande crise constitucional de seu reinado, Anson, Bagehot e Henry Marten lhe serviram muito bem. A crise surgiu com seu primeiro-ministro de 79 anos, Winston Churchill, e a saúde dele em deterioração. Já houvera um susto em fevereiro de 1952, diagnosticado por seu médico, Charles Moran, como "espasmo" arterial, quando Churchill perdera temporariamente a fala (ver Capítulo 4, p. 113). Então, na noite de 24 de junho de 1953, somente três semanas após a coroação, o primeiro-ministro acabara de finalizar um brilhante discurso após um jantar em Downing Street em homenagem a sua contraparte italiana — suas observações haviam se centrado humoristicamente no quanto os antigos bretões haviam se beneficiado da conquista romana — quando se deixou cair na cadeira, com o lábio inferior esquerdo torto e sem sensibilidade.

Ele conseguiu se despedir dos convidados sem se levantar, mas seu genro, Christopher Soames, e seu secretário particular, Jock Colville, tiveram de ajudá-lo a chegar ao quarto. No dia seguinte, Moran diagnosticou outro "espasmo" em uma pequena artéria do cérebro, e disse que o primeiro-ministro não poderia comparecer à próxima reunião de gabinete. Churchill ignorou o conselho do médico. No gabinete, em 25 de junho, R. A. Butler, o ministro da Fazenda, estranhou como o primeiro-ministro parecia relutante em falar, delegando as diferentes partes da agenda aos ministros apropriados com gestos das mãos. No entanto ninguém suspeitou que algo estivesse errado, e naquela tarde Churchill foi para Chartwell. Na manhã seguinte de sexta-feira, 26 de junho de 1953, Colville trabalhava na biblioteca de Chartwell quando o Dr. Moran entrou. O primeiro-ministro, disse ele, podia ter somente quatro dias de vida e parecia destinado a ficar incapacitado, na melhor das hipóteses. A paralisia estava piorando e um lado inteiro de seu corpo deixara de responder. "Acho que é muito provável que ele morra neste fim de semana", disse o médico.

A notícia era ainda pior do que parecia. A perspectiva da morte de Churchill era muito ruim, mas, naquele dia, Anthony Eden, seu herdeiro aparente no cargo desde o início da década de 1940, estava nos Estados Unidos, na Clínica Lahey, em Boston, passando por uma cirurgia no ducto biliar da qual levaria vários meses para se recuperar. O secretário do Exterior de 56 anos não gozava de boa saúde, frequentemente sentindo dores em função de uma úlcera duodenal e usando cada vez mais o conteúdo da latinha preta de medicamentos que carregava consigo para toda parte. Os medicamentos iam de aspirinas a injeções de morfina, as quais, de 1951 em diante, se tornaram seu único alívio.

Não sabemos se Anthony Eden realmente roncou na presença do presidente Eisenhower, como retratado no episódio, mas ele certamente se tornou dependente de injeções regulares de opioides. Se Churchill tivesse morrido no fim de semana de 27 e 28 de junho de 1953, ou permanecido tão seriamente incapacitado quanto seu médico previra, Elizabeth II teria enfrentado um dilema constitucional sem precedentes, já que Anthony Eden não poderia formar um governo.

"Você quer dizer", pergunta uma horrorizada Clementine Churchill ao descobrir o tamanho da crise no sétimo episódio, "que, nesse momento, o país está sem líder e sem vice-líder?"

"Shhh", respondeu o marido, irritado. "Não tão alto."

Nos livros didáticos, tanto Anson quanto Bagehot não haviam deixado dúvidas de que, quando um monarca constitucional escolhe um primeiro-ministro, seu trabalho é indicar uma figura política que comande a maioria no Parlamento. O apoio da Câmara dos Comuns era o princípio orientador, e Eden era indubitavelmente o homem que os conservadores, como partido majoritário, queriam como sucessor de Churchill. Contudo, com Eden doente e fora do país, não havia processo constitucional por meio do qual um primeiro-ministro interino pudesse ser nomeado — e como isso poderia funcionar de qualquer modo? Qual político que minimamente tivesse sangue correndo nas veias aceitaria governar o país por três ou quatro meses e então se afastar docilmente quando a convalescença de Anthony Eden permitisse seu retorno dos Estados Unidos?

"A única coisa que a rainha podia fazer", pensou Colville na época, "seria chamar alguém que ela conhecesse muito bem e em quem confiasse para renunciar imediatamente [quando] Eden estivesse bem." Robert "Bobbety" Salisbury, o antigo aliado de Eden que lutava há quase dez anos para garantir a sucessão para seu amigo (ver Capítulo 4, p. 113), era o candidato óbvio. Quando Colville conversou urgentemente com Churchill, por meio de Soames, eles decidiram que Bobbety, com seu legado de serviço familiar e fortes princípios religiosos, era o melhor candidato a fazer a coisa certa — e assim foi. Quando a proposta de ser "interino" lhe foi apresentada, o quinto marquês concordou em desempenhar o papel, se necessário. Assim, tudo foi planejado no fim de semana de 27 e 28 de junho, envolvendo Colville, Salisbury, o Dr. Moran e Churchill, trabalhando com o auxílio de Christopher Soames, que, além de ser o confiável genro do primeiro-ministro, também era seu secretário parlamentar. Outros conservadores de renome foram consultados, notadamente R. A. Butler, o efetivo número 3 da estrutura de poder *tory*, cujo consentimento era crucial. Quando Butler concordou (muito nobremente, dado que tinha motivos plausíveis para requisitar o cargo), Churchill se sentiu capaz de, por meio de Lascelles ao telefone, recomendar o arranjo do "interino" à rainha caso a doença o forçasse à renúncia. Crucialmente, porém, o primeiro-ministro *não* deixou explícito seu real estado de saúde. "Meu caro primeiro-ministro", escrevera Elizabeth com empatia ao saber sobre a *inconveniência temporária* de Churchill, "lamentei ouvir por Tommy Lascelles que o senhor não vem se sentindo muito bem nos últimos dias. Espero que não seja nada sério."

Inconveniência temporária? No sétimo episódio, o teor polido, mas nitidamente não alarmado, das cartas da rainha alerta Clementine Churchill para a falta de sinceridade do marido.

"Quanto ela sabe, exatamente?", pergunta ela, desconfiada. "Porque, pelo tom dessa carta..."

"Ela acha que é um resfriado", confessa o marido, encabulado. "Se soubesse a verdade, ela me pediria que renunciasse."

Os registros históricos mostram explicitamente que Churchill decidira "jogar sujo" — sua expressão favorita para, durante uma crise, usar qualquer tática, por mais questionável que fosse, a fim de conseguir o que queria. O primeiro-ministro se assegurou de que a palavra "derrame" não saísse das paredes de Chartwell no mês de junho; a expressão "distúrbio da circulação cerebral" foi removida do boletim médico oficial; e ele fez Soames e Colville jurarem segredo ao falar com o palácio. "Ele disse à rainha", de acordo com o Dr. Moran, "que tinha a esperança de retomar os deveres em breve."

Esse é o ato de obstinada trapaça no qual Peter Morgan se fixa para concluir dramaticamente o episódio 7 de *The Crown*. Conforme os acontecimentos se desdobravam no fim de junho e início de julho de 1953, Churchill conseguiu se recuperar espantosamente bem do derrame e permaneceu por mais vinte meses em Downing Street. Quando Elizabeth II descobriu a verdade, seu primeiro-ministro já voltara à ação, conversando com o presidente Eisenhower sobre a ameaça representada pela detonação da bomba de hidrogênio pela União Soviética, falando na Câmara dos Comuns e mesmo convocando, com um discurso combativo, uma conferência do Partido Conservador em Margate em outubro. Não fazia parte da natureza de Elizabeth II, nem teria sido produtivo, revisitar os acontecimentos do verão após a coroação. Assim, concluímos o sétimo episódio com um aprazível exercício sobre o que poderia ter sido.

— Não é meu trabalho governar — diz Elizabeth ao contrito marquês de Salisbury, que ela convocara ao palácio. — Mas *é* meu trabalho garantir um governo adequado [...]. Como posso fazer isso se meus ministros mentem e tramam esconder de mim a verdade? O senhor impediu que eu cumprisse meu dever. O senhor dificultou e desnorteou o funcionamento adequado da Coroa.

Com Churchill, Morgan imagina a soberana sendo ainda mais severa.

— Sou somente uma jovem, começando agora no serviço público — diz Elizabeth —, e jamais teria a presunção de repreender um homem tão mais experiente que eu e que tanto fez pelo país. Mas o senhor esteve presente à minha coroação. Consequentemente, ouviu meu solene voto de governar os povos de meus reinos de acordo com as respectivas leis e os respectivos costumes. Um desses costumes é que o primeiro-ministro eleito esteja razoavelmente saudável de corpo e mente. Não acho que seja uma expectativa ultrajante.

— Não — concorda o abatido primeiro-ministro, baixando a cabeça enquanto a soberana continua.

— Mas parece que o senhor *não* esteve saudável de corpo e mente nessas últimas semanas. E escolheu não me informar [...], uma decisão que parece uma traição, não somente ao acordo de verdade entre nós e as instituições que representamos, mas a nosso relacionamento pessoal.

Nesse ponto da série, Elizabeth caminha até uma gaveta para pegar seu antigo e muito anotado livro didático e o abre para revelar sua caligrafia infantil.

— Em 1867 — lê ela para o primeiro-ministro —, Walter Bagehot escreveu: *"Há dois elementos na Constituição: o eficiente e o dignificante."* O monarca é o dignificante e o governo é o eficiente. Essas duas instituições só funcionam quando apoiam uma à outra, quando *confiam* uma na outra [...]. Quebrar essa confiança foi irresponsável e poderia ter tido sérias ramificações para a segurança deste país. — A rainha faz uma pausa para que a mensagem seja absorvida e então pergunta ao primeiro-ministro se ele está melhor. — Suficientemente melhor? Melhor o bastante para exercer o cargo?

Churchill, então, se vê forçado a admitir que "está chegando a hora de eu me aposentar". É aqui que a invenção dramática reencontra a história, dado que um dos resultados positivos da crise de junho de 1953 foi a disposição de Churchill de admitir que suas faculdades estavam diminuindo e ele devia abrir mão de seu domínio sobre Downing Street.

No início de agosto de 1953, o primeiro-ministro viajou a Windsor, de acordo com as memórias de Colville, para informar à rainha que renunciaria se não pudesse enfrentar o Parlamento ou a conferência do partido naquele outono. Embora provocasse Eden cruelmente sobre suas intenções, ele disse a verdade à soberana. Mais tarde, conseguiu pronunciar a temida palavra "derrame", primeiro para o presidente Eisenhower e depois para o Parlamento, ao descrever a natureza de sua indisposição durante o verão. Em termos práticos, concordou com os arranjos secretos a fim de transferir o poder para Anthony Eden caso adoecesse ou morresse nos seis meses da viagem da rainha pela Commonwealth, que começaria em novembro.

Mas essas precauções se mostraram desnecessárias. Winston Churchill continuou no cargo e sem maiores problemas de saúde, finalmente se aposentando em abril de 1955, aos 80 anos. Mas o impensável fora pensado, o pior fora discutido e, ainda mais importante, a confiança fora restaurada entre os ramos dignificante e eficiente do governo. Alguém ouviu o crocitar aprovador de um corvo?

trust

SIR JOHN RUPERT "JOCK" COLVILLE

(1915-1987)

Secretário particular da princesa Elizabeth (1947–1949) e de Winston Churchill (1951–1955)

INTERPRETADO POR NICHOLAS ROWE

Quando Winston Churchill retornou a Downing Street em 1951, ele afirmou que o cargo de secretário particular estava "encharcado do socialismo" deixado por Clement Attlee, e mandou chamar Jock Colville, que o servira como secretário assistente particular durante grande parte da guerra. Assim, os maliciosos e divertidos diários de Colville são uma das principais fontes para as manobras e desventuras políticas de Churchill em seus anos finais como primeiro-ministro. Como secretário particular da princesa Elizabeth, Colville também tivera um vislumbre do caráter da futura rainha quando mencionara casualmente a proposta do governo trabalhista de enviar seu vestido de casamento em uma viagem comercial aos Estados Unidos. "Posso pensar em cinco boas razões para negar", dissera Sua Alteza Real, citando-as imediatamente. Colville as repassara ao ministro da Fazenda. Alguns dias depois, o ministro enviara um pedido de desculpas, no qual admitia que assinara a proposta original sem pensar muito no assunto. Ele aceitara todos os argumentos da princesa e o vestido de casamento fora poupado da exposição comercial.

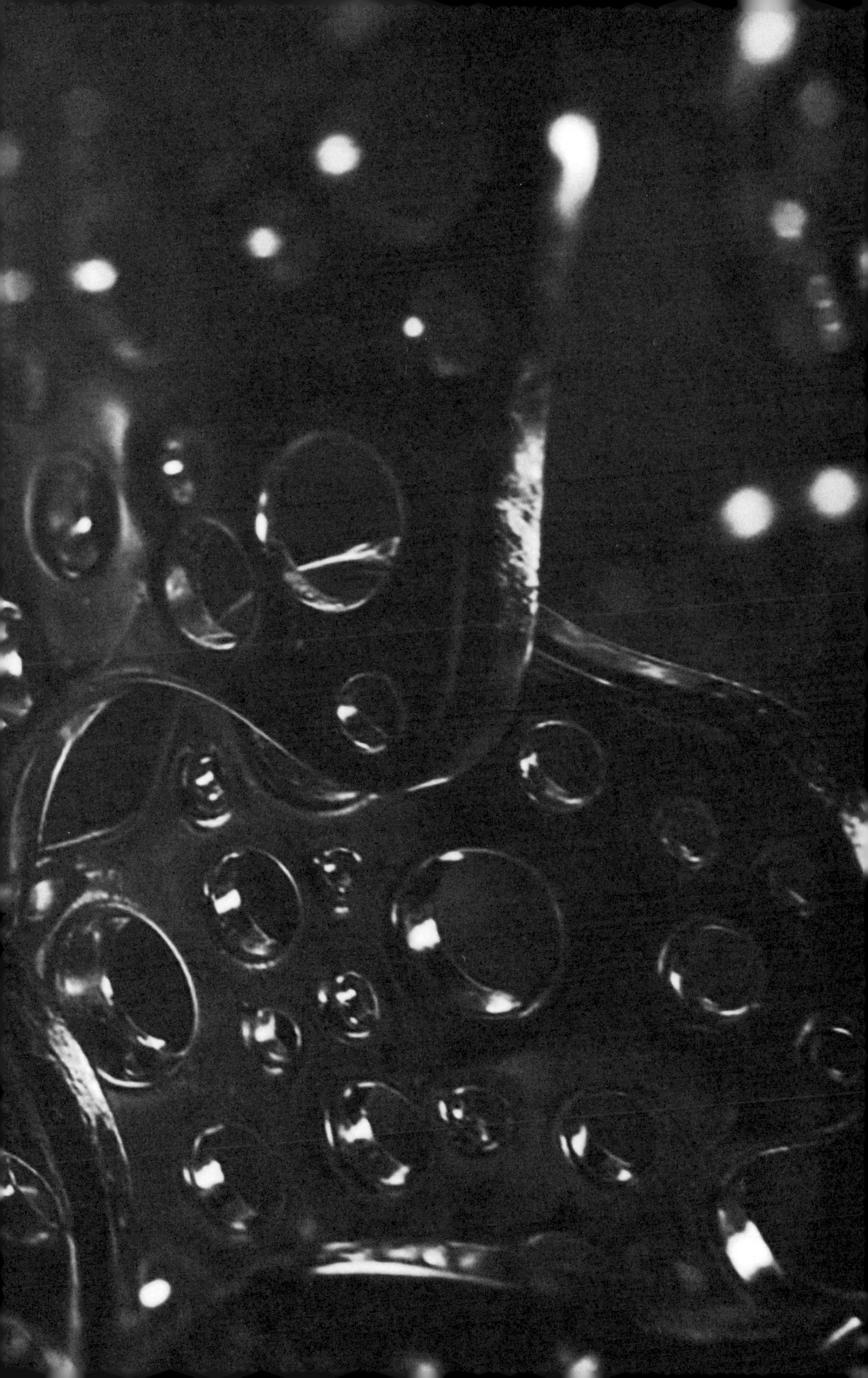

Educando Elizabeth

— Isso *é* uma surpresa! — exclama a rainha-mãe de maneira calorosa quando a filha mais velha a visita inesperadamente em Clarence House em junho de 1953. — A que devo o prazer?

— Eu vim porque queria fazer uma pergunta sobre minha educação — responde Elizabeth, que acabamos de ver envolvida nos problemas causados por seu adoentado primeiro-ministro.

— Sobre o que você quer falar? — pergunta a mãe de 52 anos, cuja atenção é distraída por um programa de auditório bobo na televisão.

— Sobre o fato de que não recebi uma! — responde Elizabeth bruscamente.

— Você *recebeu* — retruca a rainha mais velha.

Elizabeth rebate, furiosa:

— Costurar, bordar e declamar poemas com Crawfie? Isso *não é* educação!

Eis aqui a pergunta apresentada pelo sétimo episódio: a rainha mais longeva da Grã-Bretanha deveria ter recebido uma educação melhor? O título original do episódio, em latim, é *"Scientia Potentia Est"* — "saber é poder" —, e foi inspirado nos apologéticos comentários que a rainha Elizabeth II fazia de tempos em tempos sobre sua falta de educação formal: "Você e eu jamais teríamos entrado na universidade", disse ela certa vez à irmã, Margaret, na presença da deputada trabalhista Barbara Castle, levando-a a garantir

às irmãs que a universidade "não é tão formidável quanto parece". Os comentários autodepreciativos da rainha são um mecanismo que ela usou com regularidade para deixar convidados nervosos à vontade. Mas o tema nitidamente representa algum tipo de preocupação pessoal — "ressentimento" talvez seja uma palavra muito forte? —, e, no sétimo episódio, a rainha-mãe se defende. Ela indica enfaticamente à recém-coroada filha, com 27 anos a essa altura da narrativa, que ela passou nada menos do que seis anos com o vice-reitor de Eton, estudando as minúcias da Constituição, para além de "uma educação totalmente adequada" para uma mulher de sua posição.

"Nós a ensinamos a ser uma dama", diz a rainha-mãe Elizabeth. "Ninguém quer uma operária ou uma professora como soberana. Eles querem uma rainha."

A rainha mais velha poderia ter apresentado argumentos mais convincentes. Certamente era verdade que a filha não tinha experiência nas salas de aula comuns. Em 1936, o plano de enviar Elizabeth, então com 10 anos, a um colégio interno foi supostamente vetado pelo tio, o novo rei Edward VIII, porque romperia a tradição estabelecida por George V. Mas havia um argumento ainda melhor: enviar as crianças reais para uma sofisticada casa de campo com um grupo de filhos privilegiados da classe alta não as prepararia tão bem para a vida real, ou mesmo comum, quanto a estratégia adotada pelo futuro George VI e sua esposa: entregá-las aos cuidados de criados da classe trabalhadora no interior do palácio. "[A rainha] foi criada por babás severas", lembrou uma amiga, descrevendo para a biógrafa Sally Bedell Smith como a jovem Elizabeth certa vez desceu para o chá e colocou os cotovelos sobre a toalha. "Tire-os daí!", repreendeu sem cerimônia sua primeira babá, a Srta. Clara Knight, e os cotovelos saíram voando da mesa. Os tutores da vida podiam ensinar lições melhores que os tutores do colégio.

Clara Knight era a robusta filha de um fazendeiro de Hertfordshire que criara vários membros da prolífica família escocesa da rainha-mãe, incluindo a própria rainha-mãe e seu irmão favorito, David Bowes Lyon. As crianças sob seus cuidados tinham dificuldade para dizer "Clara", e ela era usualmente chamada de "Alla". De queixo quadrado, seios fartos e chapéu redondo enterrado até as orelhas, Alla Knight se parecia muito, vista com olhos modernos, com a Sra. Doubtfire, a governanta criada pelo ator Robin Williams em *Uma babá quase perfeita*. Alla era solteira, mas, seguindo a etiqueta da época, era-lhe concedido o título cortês de "senhora".

A princesa Elizabeth aos 2 anos com sua babá, Clara "Alla" Knight, a pragmática filha de um fazendeiro de Hertfordshire, em frente à casa londrina do duque e da duquesa de York, no número 145 da rua Piccadilly.

Antiquada e firme, Alla dirigia a ala infantil como um "Estado no interior do Estado", com ela mesma como ditadora benigna, exigindo disciplina e regularidade em tudo, do horário das refeições ao funcionamento do intestino. Mais tarde, relatou-se que a princesa Elizabeth fora uma criança notavelmente limpa e organizada, tendo muito cuidado ao alinhar seus sapatos e seus muitos cavalinhos de brinquedo com precisão militar. "Não acho que alguma criança pudesse ter sido criada de maneira mais sensata", aprovou a avó, a rainha Mary. "E ela sempre era punida quando se comportava mal." A idosa rainha tivera a chance de monitorar de perto o regime da ala infantil de Alla no início de 1927, quando os pais de Elizabeth haviam sido enviados para uma visita de seis meses à Austrália e à Nova Zelândia, deixando o bebê recém-nascido, como era comum entre os pais da classe alta daquela época, aos cuidados das babás e sob a supervisão dos dois pares de avós, Bowes Lyon e Windsor, entre cujas casas elas se alternavam.

Entre os 9 meses e seu primeiro aniversário, a pequena princesa morou no andar superior do Palácio de Buckingham, onde era vestida por Alla e sua equipe todas as tardes e levada para tomar chá na presença do rei e da rainha. Relatos da época insistem na informalidade das reuniões. "Chegou a *bambina*!", exclamaria, encantada, a geralmente séria rainha Mary ao ver a neta — embora a mente moderna possa se perguntar sobre o impacto, em uma criança de 11 meses, de ser todos os dias limpa, trocada, escovada e ritualisticamente vestida e então carregada solenemente pelos longos corredores até o santo dos santos, por criados vibrando de fascínio e reverência.

Quando os pais retornaram do outro lado do mundo, no fim de junho de 1927, eles eram estranhos que mal conseguiam reconhecer o cheiro e a textura da criança que haviam deixado para trás. Ela tampouco os reconhecia. Revelando mais do que se deu conta, a biógrafa autorizada da duquesa de York, Lady Cynthia Asquith, relatou que a princesa ficou "quase tão feliz" em ver a mãe quanto ficaria em ver "uma grande multidão" — e estendeu os braços com um sorriso, copiando o gesto que aprendera a fazer quando observadores se reuniam em torno de seu carrinho durante os passeios com Alla no Hyde Park. "Ela é impressionante", relatou Winston Churchill no ano seguinte, ao conhecer a princesa, então com 2 anos e meio, em Balmoral. "Tem um ar de autoridade e reflexão que é espantoso em um bebê." Com o nascimento da princesa Margaret, em 1930, a prioridade de Alla se tornou o cuidado da recém-chegada, com a supervisão de Elizabeth, então com 4 anos, sendo transferida para sua principal assistente, Margaret, "Bobo" MacDonald, filha de um sinaleiro da ferrovia Highland que crescera uma casa pertencente à ferrovia ao lado da linha Aberdeen-Inverness. A direta e ruiva jovem escocesa dormiu no quarto da princesa durante a maior parte de sua infância e, na vida adulta, tornou-se sua mais íntima companheira e confidente, cuidando do guarda-roupa real e supostamente sendo a fonte da famosa frugalidade da chefe. A filha do ferroviário treinara a princesa para abrir seus presentes de Natal e aniversário com cuidado e então alisar o papel e a fita, guardando-os em uma gaveta especial para uso futuro — uma prática que se diz que a rainha mantém até hoje.

Conhecemos os detalhes dessa frugalidade graças à governanta das princesas, Marion Crawford, outra enérgica escocesa que foi trabalhar na residência York logo antes do sexto aniversário de Elizabeth e mais tarde publicou um best-seller internacional, *The Little Princesses* [As princesinhas], sobre sua vida por trás das portas do palácio. "Crawfie" foi trabalhar em Windsor na primavera de 1932, para um período de experiência de um mês como governanta. Ganhou um apelido carinhoso como os de Alla e Bobo e permaneceu por dezessete anos. Preparado com a ajuda de um *ghost writer*, *The Little Princesses* é lido hoje como um relato amável e bastante positivo sobre a criação da futura rainha: todos ganham muita pompa em suas páginas. Mas revelações tão íntimas e cotidianas jamais haviam sido feitas nessa escala, e a família real — que tentou impedir a publicação — passou a ver o livro, lançado em novembro de 1950, como grave traição. "Crawfie foi uma cobra", costumava dizer a princesa Margaret com desdém.

Até embarcar em sua carreira de revelações reais, no entanto, a Srta. Crawford era saudada como professora inspiradora e criativa, elogiada pelo *Times*, no 18º aniversário de Elizabeth, em abril de 1942, por ter "ensinado, durante os anos de tutela, os padrões de vida simples e o pensamento honesto que a Escócia peculiarmente respeita". Vinda de uma família presbiteriana de classe média baixa, Crawfie chamara a atenção do duque e da duquesa de York no início da década de 1930, como tutora de vários amigos aristocráticos que viviam nas colinas em torno de Dunfermline. Crawfie caminhava de uma casa para outra, muitas vezes percorrendo dezenas de quilômetros, todas as semanas, sob qualquer tempo. O príncipe Bertie admirou a energia da jovem, e ambos os pais sentiram que seu estilo despreocupado e vivaz, muito adequado ao ensino infantil progressista e centrado na criança da época, era exatamente do que as filhas precisavam. Assim, em setembro de 1932, a governanta assumiu responsabilidade integral pelas atividades diurnas da princesa Elizabeth, e descobriu que teria surpreendente liberdade.

"Ninguém jamais teve empregadores que interferissem tão pouco [ela escreveu posteriormente]. Com frequência, eu tinha a sensação de que o duque e a duquesa, muito felizes em sua vida de casados, não estavam excessivamente preocupados com uma educação superior para as filhas. O que eles mais queriam para elas era uma infância feliz, com muitas lembranças agradáveis guardadas para os dias que viriam e, mais tarde, casamentos felizes." Seu avô, o rei George V, queria um pouco mais. "Pelo amor de Deus", retumbou ele quando conheceu a Srta. Crawford, "ensine a Margaret e Lilibet uma caligrafia decente, é tudo que peço. Nenhum de meus filhos sabe escrever direito. Todos escrevem exatamente do mesmo jeito. Eu gosto de uma caligrafia com um pouco de personalidade."

A Srta. Crawford descobriu que a princesa Elizabeth já sabia ler. Aprendera com a mãe. A duquesa de York disse a Lady Cynthia Asquith que lera a Bíblia em voz alta aos domingos desde que Elizabeth era muito nova, e escolhera seus livros favoritos da infância com o propósito de ler para a filha nas noites de inverno.

A família cantava em torno do piano após o chá, relatou a duquesa, e então começava a desenterrar "contos de fadas, *Alice*, *Beleza negra*, *Na parte de trás do vento norte*, *Peter Pan,* qualquer coisa que pudéssemos achar sobre cavalos, cães e poemas alegres como 'Venha até essas areias amarelas'". Com o passar dos anos, a Srta. Crawford incluiu na lista Robert Louis Stevenson, Jane Austen, Rudyard Kipling, as irmãs Brontë, Sir Walter Scott, Charles Dickens e Anthony Trollope — todos consumidos em momentos de "leitura silenciosa" que foram "muito úteis" para a futura monarca, como Sua Majestade explicou a J. K. Rowling quando a autora da série Harry Potter foi ao palácio para sua investidura. "Eu leio muito rapidamente agora", explicou a rainha. "E tenho de ler muito."

As sessões de leitura silenciosa eram parte de um currículo de seis dias por semana cuidadosamente organizado pela Srta. Crawford, com as manhãs preenchidas por aulas de meia hora e as tardes devotadas a realizações menos acadêmicas e mais práticas, como canto, desenho, música e dança. A governanta enviara um esboço do cronograma à rainha Mary e lhe foi dito que a rainha achava que muito pouco tempo fora alocado para história, geografia e leitura da Bíblia: "Sua Majestade sente que as genealogias, histórica e dinástica, são muito interessantes para crianças e, para essas crianças em especial, realmente importantes." O conhecimento detalhado da geografia física dos Domínios e da Índia também seria valioso, achava a avó das meninas, juntamente com a memorização de poemas — "um maravilhoso exercício para a memória".

Trabalhando com a governanta, a idosa rainha ajudou a organizar, toda segunda-feira, excursões regulares a locais históricos como o Palácio de Hampton Court e a Torre de Londres, com visitas privativas às melhores bibliotecas e a museus da capital. Desse modo, a jovem Elizabeth tocou a camisa manchada de sangue usada por seu antecessor Charles I no dia em que foi degolado e a bala de chumbo extraída do corpo do almirante Nelson em Trafalgar — "diversões instrutivas", na opinião de sua avó. "Seria impossível para alguém tão devotado à monarquia quanto a rainha Mary", escreveu sua amiga Lady Airlie, "perder de vista a futura rainha em sua neta favorita." Nesse espírito, Crawfie conversou com os curadores da incomparável Coleção Real para selecionar uma "pintura da semana" — um Vermeer ou Canaletto, ou mesmo um Rubens ou Ticiano —, que ficava exposta em um cavalete na sala de aulas do palácio.

Para reduzir os perigos do elitismo que acompanhava tais privilégios, a governanta tentava garantir que as excursões de segunda-feira não fossem em um carro com motorista, mas, sim, por meio de transportes públicos como o metrô de Londres, o *Tube*. A rainha Mary aprovou totalmente. Em uma ocasião famosa, a rainha notou a neta se impacientando durante um concerto e perguntou se ela não preferia ir para casa. "Ah, não, vovó", respondeu, "não podemos sair antes do fim. Pense em todas as pessoas nos esperando do lado de fora!" Ao ouvir isso, a avó imediatamente fez com que a garotinha fosse escoltada pela saída dos fundos por uma dama de companhia e levada para casa de táxi.

Como outra maneira de se manter em contato com o mundo externo, a Srta. Crawford fez para a princesa Elizabeth uma assinatura do *Children's Newspaper*, um tabloide semanal que apresentava atualidades e amostras de literatura adulta adaptada para jovens leitores, com todas as referências a álcool alteradas para bebidas adequadas — suco de laranja no lugar do vinho e refrigerante no lugar da cerveja —, refletindo os princípios de temperança de seu editor, Arthur Mee, um cruzado da educação autodidata. Intitulado *The Story of the World Today for the Men and Women of Tomorrow* [A história do mundo hoje para homens e mulheres do amanhã], o jornal refletia a fé batista e a lealdade ao Império Britânico do autor, cujo objetivo era manter os jovens atualizados sobre as últimas notícias do mundo e das ciências. "O que aconteceria", perguntou Mee a seus jovens leitores durante a crise de

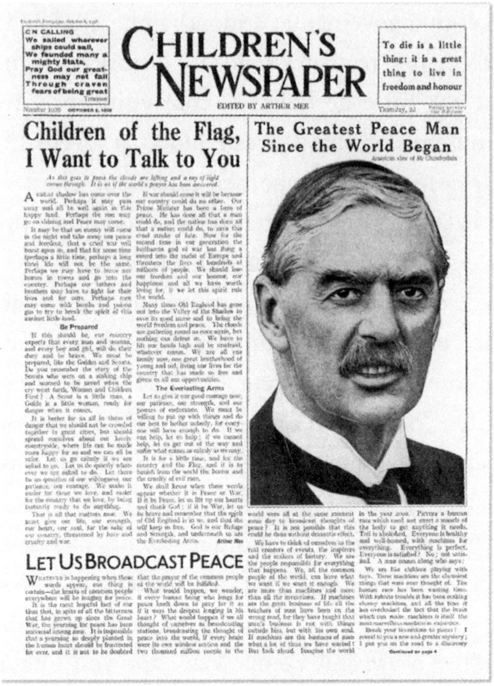
CN CALLING
We sailed wherever ships could sail,
We founded many a mighty State,
Pray God our greatness may not fail
Through craven fears of being great
Tennyson

CHILDREN'S NEWSPAPER

EDITED BY ARTHUR MEE

To die is a little thing: it is a great thing to live in freedom and honour

Children of the Flag, I Want to Talk to You

The Greatest Peace Man Since the World Began

Let Us Broadcast Peace

Com a ameaça de guerra, Marion Crawford assinou para Elizabeth o Children's Newspaper _– "A história do mundo hoje para homens e mulheres do amanhã"._

Munique em 1938, "se todo ser humano que aspira à paz se ajoelhasse e rezasse por ela, como se fosse o maior desejo de seu coração? O que aconteceria se pensássemos em nós mesmos como estações de difusão, difundindo a ideia da paz para o mundo inteiro?"

Elizabeth se tornou leitora ávida do *Children's Newspaper*, discutindo os artigos com o pai, que colaborava com desenhos e matérias bem-humorados de sua revista favorita, *Punch*, a *Private Eye* [revista satírica] da época. O rei também chamava a atenção da filha para artigos de interesse adulto, os quais achava que ela deveria ler, usualmente no exemplar real de *The Times*, então impresso especialmente em papel telado para o Palácio de Buckingham, além do Museu Britânico e das bibliotecas Copyright.

Trabalhando com os pais e a avó de Elizabeth, a governanta que Ben Pimlott mais tarde relacionaria à inspiradora Srta. Jean Brodie, de Muriel Spark, parece ter ensinado muito mais a suas jovens alunas do que somente

Aprender a dar nós em uma reunião das bandeirantes em Frogmore, Windsor, deu à princesa Elizabeth, então com 16 anos, uma rara oportunidade de conviver com garotas da idade dela.

costura, bordado e poesia. Foi a Srta. Crawford quem pressionou pela criação de grupos especiais de bandeirantes no interior do palácio, a fim de que as princesas tivessem contato com meninas do mundo externo. Defensora dos esportes e exercícios físicos — Elizabeth tinha lições de montaria todos os fins de semana em Windsor desde muito nova —, Crawfie organizou lições de natação e salvamento no Bath Club de Mayfair e na piscina do Palácio de Buckingham. Também havia aulas de língua e literatura francesa com Toni de Bellaigue, uma tutora belga que insistia que as irmãs só falassem francês durante as refeições. Em 1972, o presidente Pompidou ficou tão impressionado com o domínio do francês da rainha durante sua visita de Estado a Paris que parou o carro ao sair do aeroporto e disse ao tradutor que ele podia voltar para o escritório. Ele já não precisaria de seus serviços.

No sétimo episódio, a infelicidade de Elizabeth II com sua educação é personificada pelo professor Hodge, o personagem fictício que vai até o palácio para ajudá-la a corrigir as falhas em seu aprendizado — apenas para concluir que não há falhas significativas a corrigir. O professor descobre que Sua Majestade é uma enciclopédia ambulante em suas especialidades, criação e corridas de cavalo. Quanto a disciplinar políticos desonestos: "Madame, a senhora diz que não possui o que é necessário para lutar contra essas pessoas. A senhora possui, sim. A senhora foi treinada durante anos sobre os menores detalhes de nossa Constituição e a conhece melhor que eu. Melhor que todos. A senhora possui a única educação que importa [...]. Convoque-os aqui e lhes passe um sermão, como se fossem crianças [...]. Eles são homens, ingleses e da classe alta. Um bom sermão da babá é o que mais querem na vida."

E assim se dá. "Algo mudou", diz Philip ao encontrar a esposa no fim do episódio, depois que ela açoita verbalmente Winston Churchill e lorde Salisbury. "Você parece... mais alta. Ou fui eu que encolhi?" Em seu notório livro, Crawfie conta uma história com uma moral similar sobre um jogo das bandeirantes que as princesas educadas por babás costumavam jogar junto com as meninas educadas em escolas de fora do palácio. Todo mundo tirava os sapatos e os jogava em uma pilha. Então cada menina tinha de encontrar o seu, calçá-lo e correr de volta à linha de partida. "Isso nunca dava muito certo", escreveu Crawfie, "pois metade das crianças não sabia qual era o próprio sapato! Lilibet e Margaret me contaram isso com desdém. Esse tipo de coisa absurda jamais seria ensinado *a elas*."

A tragédia de Marion Crawford

No início de 1949, Bruce e Beatrice Gould, os ambiciosos editores da *Ladies' Home Journal*, principal revista feminina dos Estados Unidos, abordaram o Palácio de Buckingham com um projeto para instruir e entreter seus 4,7 milhões de leitores: uma série de artigos sobre a educação da futura rainha e de sua irmã. O palácio finalmente concordou, com a condição de que os artigos fossem escritos por Dermot Morrah, um pró-monarquista de confiança da família e que eles conectaram à fonte óbvia, a adorada governanta das princesas, Marion Crawford. Com Elizabeth casada e Margaret tendo completado 18 anos, Crawfie se aposentara recentemente, aos 38 anos, e se casara com o namorado de longa data, George Buthlay, um funcionário do banco Drummonds.

Morrah e os Gould encontraram Crawfie estranhamente pouco cooperativa, e rápido identificaram a raiz do problema. O ambicioso Buthlay já tentara convencer a família real, por meio da esposa, a mover suas contas do Coutts para o Drummonds — sem sucesso. Ficara nítido que ele sentia que os dezessete anos de devotado serviço da esposa mereciam mais que a pensão real de trezentas libras por ano (cerca de dez mil libras em valores de 2017, ano de publicação da versão original deste livro), além do uso vitalício do Nottingham Cottage, no terreno do Palácio de Kensington, e as letras CVO (Comendadora da Ordem Vitoriana) após seu nome. Sentindo a relutância de Crawfie em ceder sua história a outro escritor em troca de nada, os norte-americanos prontamente voaram até Londres e lhe ofereceram um acordo. "A reverência pela família real quase a paralisou", lembrou Bruce Gould. "Mesmo em seu santuário, perto como era do Palácio de Kensington, ela dificilmente

A princesa Elizabeth, aos 10 anos, em 1936, caminhando com seu cachorro no Hyde Park ao lado da governanta Marion Crawford. "Eu acho", a mãe de Elizabeth escreveria mais tarde a Crawfie, "que você não deveria escrever e assinar artigos sobre as crianças, pois pessoas em posições de confiança entre nós devem ser reservadas como ostras."

falava [...] mais alto do que um sussurro." A governanta levou a proposta dos Gould a seus antigos empregadores e recebeu uma firme resposta negativa. "Muito definitivamente acho", escreveu a rainha Elizabeth em 4 de abril de 1949, "que você não deveria escrever e assinar artigos sobre as crianças, pois pessoas em posições de confiança entre nós devem ser reservadas como ostras."

Esse uso de uma frase de efeito familiar apelativa fazia parte de uma longa e cuidadosamente fraseada carta que empregava charme e ameaças na mesma medida. "Você perderia todos os seus amigos", avisou a rainha, "porque tal coisa jamais foi feita ou sequer contemplada entre as pessoas que nos servem com tanta lealdade [...] acredito fortemente que você deve resistir à tentação do dinheiro e dos persistentes editores norte-americanos e dizer não, não, não para ofertas em dólar sobre algo tão privado e precioso quanto nossa família."

A debilidade do argumento da rainha residia no fato de que ela mesma ajudara a criar esse lucrativo gênero, tão atraente para editores persistentes. Como duquesa de York nas décadas de 1920 e 1930, a mãe das jovens princesas dera sua bênção a numerosos artigos açucarados e vários livros "autorizados" sobre as filhas, em um estilo muito parecido com o que os Gould estavam propondo. A questão era manter o controle real sobre o processo e evitar uma enxurrada de revelações de outros funcionários. Como disse a rainha a Crawfie, "jamais confiaríamos em alguém novamente".

A rainha terminava a carta convidando a governanta a "vir até aqui e falar comigo sobre um emprego [...]. Tenho certeza de que você poderia dar algumas aulas, o que, afinal, é seu 'forte', e ficarei feliz em ajudar da maneira que puder". Sua Majestade disse que não se importaria se Crawfie ajudasse Dermot Morrah com seus artigos (que o palácio, é óbvio, seria capaz de controlar) e "recebesse dinheiro dos Estados Unidos [...] desde que seu nome não seja publicado".

Mas nada poderia estar à altura da tentadora oferta dos Gould pela história pessoal irrestrita de Crawfie: oitenta mil dólares (801 mil dólares ou 614 mil libras em valores de 2017) — e, por essa fortuna, ela sequer precisou escrever. Crawfie se entregou ao agora familiar processo de ficar confinada a um quarto de hotel durante dias com um jornalista, que a "sugou" impiedosamente para extrair sua história. Para aplacar o continuado medo que a ex-governanta sentia do palácio, os Gould enviaram uma estenógrafa norte-americana "recomendada por sua discrição ao registrar conferências secretas durante a guerra" e se hospedaram no Dorchester a fim de supervisionar o processo. Quando a primeira das oito partes da entrevista foi publicada, em janeiro de 1950, os exemplares da *Ladies' Home Journal* esgotaram.

Milhares assinaram a revista para não perder a parte seguinte e, na Grã-Bretanha, a *Woman's Own*, que comprara os direitos britânicos da série, aumentou sua tiragem em quinhentos mil exemplares. A publicação da entrevista no Canadá, na Austrália, na Nova Zelândia e na África do Sul fez a fortuna das revistas — e então veio o livro. *The Little Princesses* foi publicado em capa dura, em edições luxuosamente ilustradas que se tornaram best-sellers no mundo todo.

Crawfie partilhou essa bonança por algum tempo, emprestando seu nome a outros livros escritos por *ghost writers* e para uma coluna semanal na *Woman's Own* na qual deveria os acontecimentos reais com as informações privilegiadas de uma informante. "Ascot nesta temporada foi mais empolgante que nunca", relatou a "Coluna da Crawfie" em 16 de junho de 1955, elogiando "a compostura e a dignidade da rainha" na cerimônia anual Trooping the Colour, que causara grande "admiração entre os espectadores". Infelizmente para Crawfie, tanto Ascot quanto a cerimônia foram cancelados naquele ano por causa de uma greve ferroviária, e sua coluna criou sensação, mas não da maneira que ela previa. Crawfie encerrou sua carreira como escritora mais rapidamente do que a de governanta. Sua vida privada tampouco foi mais feliz. George Buthlay — a razão de sua traição, na opinião dos que o conheciam — se provou um marido violento e controlador. Quando morreu, em 1977, seu testamento se deu ao trabalho de excluir a viúva da cerimônia de disposição das cinzas. O casal escolhera morar em uma mansão em Aberdeen, a somente 180 metros da estrada usada pelo cortejo real para ir e voltar de Balmoral — aparentemente na desesperada ilusão de que, algum dia, o cortejo decidiria parar. "Não posso suportar ver aqueles que amo passarem por mim na estrada", escreveu a pesarosa governanta em uma carta que acompanhou sua fracassada tentativa de suicídio na década de 1980. Não houve guirlandas ou flores reais em seu funeral, em fevereiro de 1988. Mas seu nome ainda vive no interior do Palácio de Buckingham, já que alguns — muito poucos — seguiram seu caminho de revelação não autorizada. Esse tipo de traição é sempre descrita nos mesmos termos: "dar uma de Crawfie".

8

ORGULHO E ALEGRIA

Cem vestidos, 36 chapéus, cinquenta pares de sapatos

O episódio 8 de *The Crown* começa com a depressão e o luto da rainha-mãe. "Foram perdas atrás de perdas", confidencia ela tristemente a seus amigos, o comandante Clare e Lady Doris "Fasty" Vyner, em cuja propriedade, Caithness, no nordeste da Escócia, ela se refugiara no outono de 1953. "Não quero parecer dramática, mas [...] a perda do marido, então a perda do lar, tendo de deixar o palácio..." Sua voz se desvanece. "Imagine, dezessete anos de experiência como rainha e como chefe de família. Bertie era um marido e um pai maravilhoso, mas precisava de muita ajuda como

O rei George VI e a rainha Elizabeth celebram bodas de prata em 13 de setembro de 1948. O rei gago e nervoso devia tudo à ferrenha disposição e ao amor da esposa — mas teve de fazer ao menos três pedidos antes que ela dissesse sim.

rei." O filme vencedor do Oscar *O discurso do rei* dá crédito corretamente a Lionel Logue, o terapeuta da fala australiano que ajudou George VI a superar o pior da gagueira. Mas o verdadeiro segredo do sucesso do rei — a pessoa que continuamente deu a Bertie o amor e a força para persistir na batalha — foi sua esposa, Elizabeth, primeiro como duquesa de York e então como rainha. Muito antes de Peter Townsend começar a trabalhar para o rei George VI, ou ter qualquer ideia de que algum dia seria cavalariço real, ele foi um dos alunos de Haileybury reunidos para ver o então duque de York inaugurar o salão de jantar da escola em 1932. O duque mal começara a falar quando congelou, incapaz de continuar, e toda a plateia congelou com ele, tensa de constrangimento. Mas a duquesa continuou a sorrir como se nada tivesse acontecido. Ela pareceu sussurrar para o marido, lembrou Townsend, "fazendo ultrapassar o muro de silêncio e chegar à frase seguinte. Seu companheirismo era sublime".

Doze anos depois, trabalhando no palácio ao lado do rei, Townsend testemunhou a técnica em primeira mão, e aprendeu a imitar o sagaz bom humor com que a rainha parecia pressentir explosões temperamentais, os quais evitava com um sorriso ou com uma mudança de assunto. Elizabeth sabia como divertir o marido, afastando-o do confronto, e, mesmo quando ele explodia, ela se mantinha imperturbável. "Ah, Bertie", dizia ela, colocando os dedos no pulso dele e fingindo acompanhar um relógio, "tique, taque, tique, taque". A raiva simplesmente desaparecia.

Os acessos de mau humor de Bertie eram conhecidos como seu "ranger de dentes", e seu temperamento irascível fora uma das razões pelas quais Elizabeth Bowes Lyon negou seus avanços quando o príncipe Albert, duque de York, a cortejou no início da década de 1920. Era um terreno novo para Bertie, a primeira vez, em tempos modernos, que um membro importante da família real saía em busca de uma noiva. Até 1914, a família real britânica negociara seus casamentos de maneira privativa com realezas estrangeiras, por meio dos canais familiares — a rainha Vitória fora mestre num verdadeiro jogo dos tronos marital. Mas a Grande Guerra deixara poucas famílias reais na Europa, e George V decidiu que a geração seguinte da recém-criada Casa de Windsor deveria encontrar britânicos jovens e adequados para se casar.

Dificilmente alguém seria mais adequada do que Lady Elizabeth Bowes Lyon, a nona criança (quarta do sexo feminino) do conde e da condessa de

Um tríptico de autoria de Samuel Warburton retratando Elizabeth Bowes Lyon em frente às urzes das colinas que cercavam a casa de seus pais, o conde e a condessa de Strathmore, no Castelo de Glamis, na Escócia.

Strathmore, nascida em 4 de agosto de 1900 e uma das jovens mais desejáveis de Londres. No frenético estilo de vida da capital nos anos do pós-guerra, havia algo de vulnerável e antiquado nela. Ela era bonita e sensual de uma maneira melancólica, com grandes olhos redondos e o cabelo preto preso no coque que usaria por toda a vida. Ela não era formal. Na verdade, Lady Elizabeth era muito divertida — até gostava de flertar um pouco. Mas ninguém sonhava em passar dos limites. "Sua ideia de cortejo era andar de barco de mãos dadas" foram as famosas palavras de sua amiga da época, Lady Helen Cecil. A brincalhona filha de lorde Strathmore era diferente das jovens superficiais e frágeis da geração "melindrosa". Ela era alguém que se podia facilmente ver como parceira reconfortante, capaz de criar um lar e ser uma mãe maravilhosa — exatamente as qualidades que atraíam o tímido e gago príncipe Albert.

O casal se conhecera na infância, durante um chá no qual Elizabeth, de 5 anos, dera ao príncipe de 10 anos a cereja de sua fatia de bolo. Eles se encontraram casualmente durante a adolescência em Spencer House, mas foi somente no baile da Royal Air Force no Ritz, em julho de 1920, que prestaram atenção um ao outro. "Dancei com o príncipe Albert, que eu não conhecia", escreveu Elizabeth para Beryl Poignand, sua ex-governanta e amiga. "Ele é muito agradável." De sua parte, o enamorado príncipe Albert disse que se apaixonou por Elizabeth naquela noite.

O jovem príncipe se recuperava de uma relação desaprovada por seus pais, um flerte com Sheila, lady Loughborough, nascida Chisholm, a famosamente atraente australiana que se diz ter sido a expressão da origem "bela como Sheila". Mais tarde amante de Rodolfo Valentino e uma das duas últimas princesas russas, Sheila tivera um casamento infeliz, durante alguns anos, com o alcoólatra lorde Loughborough e era amiga próxima de Freda Dudley Ward, amante do príncipe de Gales. A visão dos dois príncipes dançando abertamente com suas amigas casadas foi o escândalo de Londres na temporada de inverno de 1919, e, em abril, George V repreendera severamente o segundo filho. "Ele me fará duque de York em seu aniversário, desde que não ouça mais nada sobre Sheila!", escreveu Bertie ao irmão mais velho, que fazia uma viagem oficial pela Nova Zelândia e a Austrália, acrescentando passionalmente que Sheila era "a única pessoa do mundo que significa algo para mim".

Após refletir — e ao contrário do irmão mais velho —, Bertie decidiu ceder aos desejos do pai, explicando a situação à compreensiva Sheila e aceitando os termos reais. "Posso dizer que cumpri suas condições ao pé da letra", escreveu ele ao pai em 6 de junho de 1920, "e que nada mais se ouvirá a respeito" — provocando uma rara carta de aprovação do geralmente abrupto rei. "Querido Bertie, fiquei satisfeito ao receber sua carta esta manhã [...]. Sei que você se comportou muito bem, em uma situação difícil para um jovem [...]. Sinto que esse antigo e esplêndido título estará seguro em suas mãos." Assim, foi como duque de York que Bertie se convidou, no outono de 1920, para ir de Balmoral ao Castelo de Glamis, o histórico lar dos Strathmore, vinte quilômetros ao norte de Dundee. "P.S.: O príncipe Albert ficará hospedado aqui no sábado", escreveu Elizabeth a Beryl em 20 de setembro de 1920. "Que horror!" O P.S. foi escrito no topo de uma carta discutindo o segundo pedido de casamento que Elizabeth recebera em alguns meses. "As pessoas estavam muito inclinadas a pedidos de casamento naquela época", lembrou a rainha-mãe muitos anos depois.

Talvez já sentindo a possibilidade de uma proposta real, Elizabeth pediu que suas amigas mais próximas se reunissem — Helen Cecil, Diamond Hardinge e Lady Doris Gordon-Lennox, cujo apelido era "Fasty" — e, juntas, elas planejaram um fim de semana de ruidosa diversão para o príncipe e sua irmã mais nova, a princesa Mary. Sob a égide jovial do clã Strathmore, o Castelo de Glamis em nada se parecia com o local sinistro onde Shakespeare erroneamente fizera com que Macbeth assassinasse o rei Duncan (o Macbeth real matou Duncan em batalha em campo aberto perto de Elgin em 1040 e nunca viveu em Glamis). As festas dos Bowes Lyon incluíam charadas, jogos de salão e danças, às quais Elizabeth e sua amiga "Fasty" adicionaram toadas escandalosas e *apple-pie beds* [pegadinha na qual os lençóis são arrumados de tal modo que é impossível entrar debaixo deles para se deitar]. "Elizabeth está tocando 'Oh Hell' ao piano, de propósito", escreveu Helen Cecil enquanto elas esperavam a chegada do príncipe e da irmã. "Teremos danças e coisas estranhas e selvagens hoje à noite." Elizabeth mostrou o castelo aos visitantes reais e os aterrorizou "com histórias de fantasmas", escreveu ela a Beryl. "Também brincamos de esconde-esconde, eles realmente são bebês!" Bertie e Mary ficaram encantados com a ruidosa diversão dos Strathmore, tão mais relaxada que a formalidade de Balmoral, onde os coquetéis estavam banidos e a lista de convidados incluía muitos bispos. Quando os convidados da festa saíram para uma caminhada, "Elizabeth e o príncipe receberam permissão para seguir quilômetros à frente", lembrou Helen Cecil, "o que o deixou muito agitado". Atrás deles, os demais convidados brincaram de esconde-esconde nos arbustos, com os jovens jogando lama nas garotas como vingança pelas camas nas quais era impossível dormir. Elizabeth foi para a própria cama "totalmente exausta" depois que os convidados reais partiram, escrevendo a Beryl que o príncipe Albert "nos manteve muito ocupados! Mas ele é muito agradável, e melhorou em praticamente todos os aspectos".

O príncipe Albert, por sua vez, não tinha dúvidas de que Elizabeth era a jovem com quem queria se casar, e começou a cortejá-la assiduamente quando a temporada de inverno foi retomada em Londres. "Nosso Bert ficou até as 7 horas, falando sem parar", escreveu Elizabeth a Beryl após uma visita inesperada. O casal se encontrou em bailes e festas, trocou cartas e, no fim de fevereiro de 1921, após cinco meses de cortejo, o príncipe juntou coragem para fazer o pedido após o almoço de domingo em St. Paul's Walden Bury,

26 de abril de 1923. "Não existe um homem na Inglaterra hoje que não o inveje. Os clubes estão de luto." O jovem duque de York sai triunfalmente do Palácio de Buckingham com sua noiva, a nova duquesa de York, no dia de seu casamento.

a casa de campo dos Strathmore perto de Welwyn, no noroeste de Londres — somente para receber um "não" como resposta. "Querido príncipe Bertie, escrevo esta linha para dizer o quanto lamento *terrivelmente* por ontem", escreveu Elizabeth na segunda-feira, 28 de fevereiro de 1921. "Sinto-me péssima só de lembrar. Você foi *tão* agradável a respeito de tudo! Por favor, me perdoe [...]. Entendo muito bem como se sente, e simpatizo com eles, e odeio pensar que sou a causa. Honestamente, não sei explicar quanto lamento. Fico tão preocupada pensando que você possa estar infeliz. Espero que não esteja." Tendo dito que escreveria somente uma linha, Elizabeth, então com 20 anos, escreveu quase uma dúzia. "De qualquer modo", continuou ela, sublinhando liberalmente o texto, "podemos ser amigos, não podemos? Por favor, considere-me sua amiga. Prometo que jamais direi uma palavra sobre nossas conversas e ninguém jamais precisa saber. Eu precisava escrever esta cartinha para dizer quanto lamento. Sinceramente, Elizabeth." Na carta de aparente rejeição, Elizabeth pela primeira vez assinou somente com seu nome cristão.

Devemos o conhecimento dessa íntima missiva, e de dúzias mais, à magistral biografia da rainha-mãe escrita por William Shawcross e publicada em 2009, além de um volume com cartas pessoais, *Counting One's Blessings* [Contando minhas bênçãos], publicado em 2012. Raramente um cortejo foi tão intimamente registrado. A correspondência cobre um período de dois anos e meio, terminando com Elizabeth usando "escrita especular" em seu diário para esconder — ou talvez enfatizar? — seus pensamentos mais íntimos. "uotsE otium axelprep" ("Estou muito perplexa"), escreveu ela em seu diário em 4 de janeiro de 1923, e, na manhã seguinte: "uotsE odnasnep siamed. aireuQ rebas o euq rezaf" ("Estou pensando demais. Queria saber o que fazer").

O príncipe Bertie acabara de fazer o terceiro pedido de casamento desde fevereiro de 1921 — embora, com sua técnica de repetição, eles facilmente pudessem ser contados como 33 —, e, após quase dois anos de esquivas, Elizabeth sabia que já não podia adiar. "mébmaT uotse otium adapucoerp" ("Também estou muito preocupada"), escreveu ela em 11 de janeiro. No fim de semana seguinte, ela foi para St. Paul's Walden com Bertie passar a tarde com seu excêntrico pai, cujo hobby era serrar madeira. "O príncipe Bertie trabalhou duro", comentou ela. "Após o chá, falou durante horas. idiceD rarepse mu ocuop siam. orepsE oãn ratse em odnatropmoc lam." ("Decidi esperar um pouco mais. Espero não estar me comportando mal.")

Serrar madeira pode ter feito toda a diferença. Lorde Strathmore tinha aristocrático desdém pela monarquia de classe média — ele proibira estritamente que os filhos ocupassem posições na corte como a de cavalariço —, e sua esposa partilhava suas suspeitas: "Até onde posso ver", observou certa vez Lady Strathmore, "algumas pessoas se alimentam da realeza como os leões-marinhos se alimentam de peixes." Uma infinita sucessão de deveres reais e incessante escrutínio público pareciam uma sentença cruel para sua charmosa filha, que podia escolher qualquer duque do país, com todo o conforto e a liberdade que isso representava. De acordo com Mabell Airlie, confidente tanto de Lady Strathmore como da rainha Mary, “ela estava francamente em dúvida, incerta sobre seus sentimentos e com medo da vida pública que a esperaria como nora do rei”.

Mas Elizabeth passara a amar e admirar seu persistente pretendente. As cartas que escreveu ao príncipe sobre os problemas de fala que ele possuía mostram que ela apoiava totalmente o projeto Bertie — ela encorajara as tentativas de terapia desde o início — , e naquele fim de semana, no início de 1923, o jovem príncipe resolveu dar tudo de si. “Ele foi até St. P. W. subitamente na sexta-feira e fez o pedido continuamente até a noite de domingo, quando ela disse ‘sim’ às 11h30 da noite!”, escreveu uma empolgada Lady Strathmore. “Estou pasma, já que todos esses dias E. se mostrou hesitante e triste, mas agora ela está absolutamente feliz e ele está radiante.”

“Não existe homem na Inglaterra hoje que não o inveje”, registrou “Chips” Channon em seu diário em 16 de janeiro de 1923, o dia em que o noivado foi anunciado. “Os clubes estão de luto.” A Casa de Windsor a adorou. Elizabeth era muito sorridente, estimulando o lado alegre da rainha Mary, e nem mesmo a paixão do rei pela pontualidade foi um obstáculo à futura nora. Durante toda a vida, Elizabeth fora pouco pontual, mas quando chegava tarde à mesa de jantar real, era invariavelmente perdoada. “Você não está atrasada, minha cara”, declarava o rei. “Acabamos de nos sentar.”

Suas filhas, nascidas em 1926 e 1930, a tornaram ainda mais adorada. A maternidade rapidamente se tornou um componente adicional de seu charme. Até a chegada das princesas Elizabeth e Margaret Rose, a família real tinha comparativamente poucas crianças — uma falha na vida e na persona pública dos membros da família —, e a jovem duquesa presidiu com habilidade o culto das duas princesinhas, recebendo jornalistas e autores cuidadosamente escolhidos na residência York, uma casa de frente para o Palácio de Buckingham do outro lado de Green Park, no número 145 da rua Piccadilly. Por meio das matérias, os leitores eram levados à ala infantil no andar de cima, viam o cavalinho de balanço no patamar da escada, quase podiam tocar as escovas e pazinhas escarlates “com as quais, todas as manhãs, as princesinhas varrem o grosso tapete de peles” e ouvir os gritos e o barulho da água do outro lado da porta do banheiro, onde o duque, um homem, dava banho nas filhas.

No número 145 da rua Piccadilly, a apenas alguns metros de um ponto de ônibus, estava a primeira unidade familiar real que era pequena e nuclear, um modelo de onírica dinâmica doméstica — e o mundo inteiro, como comentou o biógrafo John Pearson, gosta dos personagens de propaganda de margarina.

Essas revelações sagazmente supervisionadas exibiam um outro lado da sorridente duquesa: sua habilidade para as relações públicas. Qualquer outra coisa tão descritiva e íntima jamais fora publicada sobre membros vivos da família real com aprovação real — e foi por isso que, vinte anos depois, a rainha Elizabeth se sentiria tão magoada pelas revelações não aprovadas da governanta Marion Crawford. Quando seu reinado se aproximava do fim, George V elogiou o acolhedor e doméstico exemplo que Bertie e a esposa haviam sido capazes de criar — "tão diferente", escreveu o já idoso rei, "do querido David" —, e a confiança com que governo e nação se voltaram para os York após a crise da abdicação que pôs fim ao breve reinado de Edward VIII devia muito à evidente solidez da duquesa.

A nova rainha Elizabeth assumiu as novas funções como se tivesse nascido para isso, em particular em apoio ao marido enquanto ele enfrentava o desafio de se tornar o rei George VI. De acordo com Dermot Morrah, o especialista constitucional que era confidente do casal real na época, a nova rainha, conhecendo o poder da própria teatralidade, tomou a decisão de jamais ofuscar o rei. Ela via algo em Bertie que muitos não viam e, por ver isso, ajudou a tornar verdadeiro. Elizabeth Bowes Lyon, que recebeu três pedidos de casamento e finalmente disse sim, foi o primeiro grande triunfo da vida de George VI, que não se destacava por grandes sucessos. Ela acreditava no marido e, sob a calorosa influência de sua fé, uma persona delicada e bastante agradável encontrou maneiras melhores que o "ranger de dentes" para se afirmar. Elizabeth transferiu sua força para ele de maneira bastante antiquada, sacrificial, e George retribuiu com suavidade e devoção, em uma adoração total e quase servil. E a parceria dos dois floresceu totalmente durante a guerra.

Um dia, no verão de 1940, quando a batalha da Grã-Bretanha estava no auge, Harold Nicolson, então trabalhando no Ministério da Informação, almoçou no Palácio de Buckingham. O ano fora uma sucessão de catástrofes: a rendição da Bélgica, a queda da França, o aparentemente inexorável avanço dos exércitos alemães, agora do outro lado do canal. Nicolson se sentia

NORMAN HARTNELL

(1901-1979)

Design de moda e costureiro real

INTERPRETADO POR RICHARD CLIFFORD

Jamais notada por seu estilo, a tímida e atarracada Elizabeth Bowes Lyon adquiriu cintilante elegância com os vestidos que Norman Hartnell desenhou para sua visita de Estado à França em 1938. Inspirado (por sugestão do amado marido da rainha) pelas crinolinas diáfanas retratadas nas incontáveis telas de Franz Xaver Winterhalter (1805-1873) nos corredores do Palácio de Buckingham, o costureiro da rua Bruton criou uma visão de fitas brilhantes entremeadas que ajudou a erguer o moral nacional nos tensos anos do pré-guerra. Quando, em uma sessão fotográfica de julho de 1939, o fotógrafo Cecil Beaton, cujo faro para o glamour estava à altura do de Hartnell, entalhou a moderna rainha de Winterhalter no cinza suave de suas placas de nitrato de prata, ele completou o processo que a transformaria em emblema nacional. Alguns meses depois, Hartnell voltou para a prancheta a fim de criar casacos e chapéus apropriados para as visitas de sua cliente aos locais de bombardeio, criando uma segunda fórmula de sucesso que Elizabeth usaria pelo resto da vida: parte roupas características do Women's Institute [Instituto das Mulheres], parte rainha com pérolas.

desmoralizado e tenso. A terrível emergência o mantinha na cidade, noite após noite, longe de seu amado retiro em Sissinghurst, no condado de Kent, e ele confidenciou à rainha que às vezes não suportava a saudade de casa. "Mas é assim mesmo", disse ela. "Isso é patriotismo pessoal. É o que nos faz seguir em frente. Eu morreria se tivesse de partir." Ela contou a Nicolson que estava aprendendo a atirar com um revólver, para se defender, tendo aulas todas as manhãs. "Não vou cair como os outros", disse ela, os outros eram os familiares reais de toda a Europa que haviam fugido para Londres com suas malas, transformando o Palácio de Buckingham em uma espécie de pensão. "Não tenho palavras para dizer o quanto ela é magnífica", escreveu Nicolson naquela noite para a esposa, Vita Sackville-West. Nicolson também ficou impressionado com a transformação que a realeza e uma esposa criativa haviam promovido em George VI, que ele já achara "um menino tolo e rústico". O rei tinha adquirido parte da leveza e do charme do irmão mais velho, o duque de Windsor, e Nicolson foi embora do palácio se sentindo exultante. "Ele estava tão alegre e ela tão calma", disse ele à esposa. "Eles me fizeram muito bem [...]. VAMOS VENCER. Sei disso. Não tenho nenhuma dúvida."

"Elas não vão sem mim. Eu não vou sem o rei, e o rei jamais partirá." Essas famosas palavras da rainha Elizabeth em resposta à sugestão, nos piores dias da guerra, de que enviasse as filhas para fora do país foram frequentemente repetidas. Sua força era a mesma que a fazia ter aulas de tiro no gramado do palácio. E a mesma de sua resposta ao bombardeio do Palácio de Buckingham em setembro de 1940: "Estou feliz por ter sido bombardeada", disse ela. "Isso me faz sentir que posso encarar o East End de frente."

A firme e diminuta figura abrindo caminho por entre os destroços em um terninho Norman Hartnell — "muito doce e cuidadosa", como disse a Sra. Winston Churchill, "como uma rolinha gordinha" — tornou-se um retrato daquele momento que personificava a experiência da guerra para as pessoas. "A rainha abriu caminho pela neve, foi direto para o centro da multidão e começou a conversar com as pessoas", disse lorde Harlech, que a acompanhou em sua visita a Sheffield em 1941. "Por um momento, elas apenas olharam espantadas, de boca aberta. Mas então todas começaram a falar ao mesmo tempo."

ELIZABETH BOWES LYON

(1900-2002)

Duquesa de York (1923-1936)

Rainha Elizabeth (1936-1952)

Rainha-mãe Elizabeth

(1952-2002)

INTERPRETADA POR VICTORIA HAMILTON

A rainha-mãe Elizabeth, em meio século de viuvez, manteve as forças com a certeza de que se reuniria a seu amado Bertie no paraíso. Sua fé era profunda, literal e nascera nas adorações diárias, quando Elizabeth ainda era criança, na capela de Glamis, onde sua mãe tocava harmônio e todas as mulheres usavam véus brancos de renda. Ela experimentou a Segunda Guerra Mundial como uma batalha contra o ateísmo — o fascismo demonstrara o que podia acontecer quando uma nação abandonava os ensinamentos de Cristo — e, após a guerra, deu as boas-vindas a Billy Graham, o evangelista norte-americano, quando ele levou sua cruzada à Grã-Bretanha, tomando suco de tomate durante a visita, em vez de seu drinque favorito, gim com Dubonnet. "Quando entrei", escreveu o reverendo Graham, lembrando-se de uma das visitas para pregar em Windsor, "ela deliberadamente chamou minha atenção com um gesto, para que eu soubesse que me apoiava e rezava por mim." Quando criança, Elizabeth fora ensinada pela mãe a se ajoelhar toda noite para fazer suas preces, e assim o fez, devotamente, por toda a vida. Até onde se sabe, sua filha, a rainha Elizabeth II, faz o mesmo até hoje.

"Ela realmente consegue dar a todo indivíduo na multidão a impressão de que recebeu uma saudação pessoal", escreveu Harold Nicolson sobre uma visita da rainha que o deixou com um nó na garganta. "Acho que isso se deve ao brilho em seus olhos [...]. Ela é verdadeiramente uma das rainhas mais incríveis desde Cleópatra."

A morte do marido sete anos após a vitória foi uma privação cruel e precoce — precoce demais, em muitos aspectos. Eles haviam celebrado bodas de prata apenas alguns anos antes e tinham acabado de se tornar avós. Mas jamais puderam aproveitar realmente esses momentos, pois foram empurrados às pressas para o Palácio de Buckingham, aguentaram as tensões do período pré-guerra e então tiveram de lidar com todos os perigos e desafios do conflito. Nos tensos anos desde a guerra, fora uma doença e preocupação após a outra. "Recebi a mensagem de que um funcionário não conseguia acordá-lo", escreveu a rainha para a sogra, a rainha Mary, em 6 de fevereiro de 1952. "Fui correndo para o quarto dele e achei que dormia profundamente, pois parecia estar totalmente em paz. Então percebi o que acontecera [...]. Na noite passada, ele estava em ótima forma e parecia tão bem." Subitamente, havia coisas demais a fazer: a nova rainha e o marido a ser recebidos, o funeral a organizar, telegramas a enviar, uma nova residência na qual pensar. "Pobre dama", disse Kemp, um de seus pajens, lembrando da confusão daqueles dias. "Ela nunca teve tempo para chorar." Alguns dias após o funeral do marido, Elizabeth anunciou que desejava ser conhecida como "rainha-mãe Elizabeth", embora deixasse evidente para amigos e familiares que detestava o título. "É um nome horrível", fungou ela mais de uma vez. A "rainha-mãe" definitivamente

era só para os jornais. Entendendo o recado, sua equipe passou a chamá-la simplesmente de "rainha Elizabeth" pelo resto da vida. "Ele amava todos vocês, cada um de vocês, de verdade", declarou ela em 18 de fevereiro em um tributo que preparou em homenagem ao marido com a ajuda de Tommy Lascelles. "Meu único desejo agora é continuar o trabalho que tentamos fazer juntos." Cerca de um mês após o funeral, a idosa princesa Marie Louise, neta da rainha Vitória, cumprimentou-a pela força com que suportava a perda, de maneira tão estoica. "Não quando estou sozinha", respondeu a rainha em voz baixa. Ela voltou aos bosques de St. Paul's Walden Bury, onde Bertie a pedira em casamento enquanto serrava madeira. E manteve uma sala no Castelo de Glamis como uma espécie de santuário, com fotografias e lembranças do longo cortejo e dos primeiros e mais simples anos de casamento. "É difícil acreditar que tudo isso aconteceu", escreveu ela em uma carta. "Eu me sinto atordoada." "Um dia bonito", escreveu ela a Lascelles, "é quase insuportável e parece tornar tudo mil vezes pior. Suponho que as coisas devam melhorar algum dia."

Há várias teorias sobre o que a retirou da escuridão. Diz-se que Winston Churchill teve uma longa e séria conversa com ela em Balmoral, falando sobre dever e alegria. Então houve a casa abandonada que ela encontrou no extremo nordeste da Escócia, o Castelo de Mey, e decidiu trazer de volta à vida, em um paralelo da reconstrução que tinha de fazer por si mesma. No verão de 1952, ela foi para a Escócia e se hospedou com os velhos amigos Clare e Doris Vyner — "Fasty", que ajudara a organizar a pegadinha dos lençóis na primeira vez em que Bertie pernoitara em Glamis — e saiu com os dois para uma excursão na direção de John O'Groats. Olhando entre a estrada e as ondas, como depois descreveu, ela viu "aquele castelo romântico com vista para o mar". Eles percorreram a trilha e descobriram que o castelo estava deserto. "No dia seguinte, descobrimos que ele seria demolido e achei que era uma pena. Eu já vira destruição demais na vida."

Quando ouviu sobre o interesse real, o proprietário, capitão Frederic Bouhier Imbert-Terry, quis dar as ruínas de presente à rainha. Ele estava constrangido pelo estado da propriedade. Apropriado para acomodação militar durante a guerra, Barrogill, como então era conhecido, fora devastado por uma violenta tempestade naquela primavera, e a única proposta de compra fora de negociantes de ferro-velho, que queriam o chumbo do teto demolido. O capitão ficou encantado quando a rainha Elizabeth aceitou sua sugestão de cem libras como preço nominal, e também quando ela decidiu restaurar não somente o castelo, mas também seu original e evocativo nome, Castelo de Mey. "Ele fica perto do mar", escreveu a rainha-mãe à rainha Mary, "com uma vista adorável, e pode ser uma mudança agradável. Eu talvez possa emprestá-lo para que pessoas cansadas possam descansar."

O renascimento começara. Aposentar-se sempre fora uma opção para a viuvez: a rainha Vitória o fizera de modo bastante espetacular e a rainha Alexandra também, em menor grau. Contudo, para a rainha-mãe Elizabeth, essa nunca fora uma possibilidade. "Isso não é idade para parar de trabalhar", fungou a rainha Mary ao ouvir que a rainha Wilhelmina, dos Países Baixos, então com 68 anos, planejava se aposentar, e a rainha Elizabeth mais velha sempre pensara da mesma forma. A realeza, em sua opinião, era um trabalho para a vida inteira, um prazer e um dever que deviam ser cumpridos até o fim. Houve a sugestão, nos primeiros anos após a morte do marido, de que ela fosse enviada por dois ou três anos a um dos Domínios — o Canadá, ou talvez à Austrália — como governadora-geral ou uma espécie de embaixadora real semipermanente. Mas a rainha Elizabeth II nem sequer cogitou. "Ah, não", disse ela, "não podemos ficar sem a mamãe."

Miss Mundo

Cem vestidos, 36 chapéus, cinquenta pares de sapatos...

— Não podemos tentar economizar? — pergunta Elizabeth II no início do oitavo episódio, "Orgulho e alegria", quando Norman Hartnell, um de seus dois principais costureiros, menciona a imensa coleção de roupas a serem desenhadas, cortadas e costuradas para a viagem à Commonwealth no inverno de 1953-1954. — Isso não é demais?

— É — concorda Hartnell, visivelmente assombrado pela escala da tarefa enquanto seus manequins desfilam para a rainha e para "Bobo" MacDonald, a babá transformada em assistente de figurino que era responsável pelo guarda-roupa real.

Contudo, como explica Hartnell, o pedido por trajes de viagem da melhor qualidade "foi uma diretiva do próprio governo, lá do topo. Para apresentar nossa melhor imagem [...] a melhor imagem possível".

Não parece provável que o próprio Winston Churchill ("lá do topo") tenha falado diretamente com Norman Hartnell sobre como vestir a rainha em sua grande viagem pós-coroação pela Commonwealth. Mas certamente era intenção do primeiro-ministro que a recém-coroada Elizabeth II levasse o espírito da coroação para todo o mundo, projetando o prestígio de uma nação-mãe a um império que ele se recusava a ver em declínio.

— Talvez a jornada que a rainha está prestes a fazer seja tão auspiciosa e os tesouros que ela trará de volta sejam tão brilhantes quanto foram quando [Francis] Drake conduziu pela primeira vez um navio britânico ao redor do mundo — afirmou Churchill sentimentalmente antes da partida.

O primeiro-ministro queria demonstrar aos líderes dos Estados Unidos e da Rússia, com quem ele trabalhara durante a Segunda Guerra Mundial em posição de igualdade, que o poder da Coroa britânica de inspirar e demandar em todo o globo tinha um peso internacional que ainda dava ao Reino Unido — e ao próprio Churchill — um lugar de destaque à mesa da liderança.

Elizabeth II usa um vestido branco e justo desenhado pelo rival de Hartnell, Hardy Amies, em fevereiro de 1954, em Sydney.

— E, se posso dar uma sugestão, madame — sussurra ele à rainha ao se despedir dela no aeroporto de Londres —, nunca permita que vejam a real Elizabeth Windsor [...]. As câmeras, a televisão. Nunca as deixe perceber que carregar a Coroa frequentemente seja um fardo. Deixe que olhem para a senhora, mas vejam somente o eterno.

Esse era um fardo pesado para se depositar sobre uma mera coleção de chapéus e vestidos, mas Norman Hartnell desenhava trajes para ocasiões reais desde a década de 1930 e estava à altura do desafio. A moda real não é a última moda, dado que vestir uma rainha é um jogo com regras próprias. Tecidos e estilos reais podem parecer superficialmente semelhantes às roupas que o

Norman Hartnell com seus croquis para o vestido da coroação em junho de 1953.

resto do mundo está usando, mas, na verdade, indicam a total alteridade da pessoa que os veste: o chapéu, as luvas, as cores brilhantes e chamativas que só são usadas pelas damas comuns em casamentos, além da grande bolsa de mão resolutamente carregada por toda parte, a despeito das mãos vazias da dama de companhia. Como Hartnell disse certa vez, os trajes públicos da rainha precisam ser "totalmente ilustres, sem ser vulgares". Hartnell desenhara o vestido de casamento de Elizabeth em 1947, assim como seu grandioso traje para a coroação, e eles forneceram o tema para os doze destinos na Commonwealth que ela visitaria naquele inverno. Elizabeth sugerira que o vestido da coroação fosse bordado com o emblema de seus reinos — entre eles, a acácia da Austrália, a samambaia de prata da Nova Zelândia e o lótus do Ceilão. Assim, o quase religioso vestido da abadia foi levado na bagagem para ser usado nas cerimônias de abertura do Parlamento nesses três países, e Hartnell — famoso por seus bordados opulentos — estendeu o conceito, colocando a flor local em ao menos um traje para cada país que ela visitaria: Bermudas, Jamaica, Fiji, Tonga, Nova Zelândia, Austrália, Ilhas Cocos, Ceilão, Adem, Uganda, Malta e Gibraltar. O costureiro também teve de lidar discretamente com o desafio prático de tantos destinos de clima quente: o risco de vestidos leves serem erguidos pelo vento. Isso significou uma combinação separada para manter o decoro, com pequenos pesos de chumbo nas bainhas tanto da combinação quanto da saia.

"O chapéu tem de ficar longe do rosto, para que ela possa ser fotografada", explicou Hartnell em uma entrevista posterior ao *New York Times*, "e não pode ser tão grande a ponto de ela ter de segurá-lo para impedir que caia. Afinal, a rainha

O vestido de acácias, inspirado na flor nacional da Austrália, desenhado por Norman Hartnell para a viagem pela Commonwealth em 1953-1954 e fotografado por Barão Nahum na entrada principal do Palácio de Buckingham.

precisa de uma das mãos livre para receber os buquês e da outra para os cumprimentos [...]. A rainha e a rainha-mãe não querem ditar moda. Isso fica a cargo de pessoas com um trabalho menos importante a fazer."

A "falta de estilo" dos trajes reais era o tema favorito do emergente Hardy Amies, escolhido por Elizabeth para colaborar e competir com Hartnell na tarefa de desenhar grande parte de seus trajes diurnos para a viagem (incluindo uma saudável competição de preços). "Não acho que ela sinta que roupas chiques sejam amigáveis", gostava de dizer Amies. "Há sempre algo frio e cruel nas roupas chiques, algo que ela quer evitar." Oito anos mais jovem que Hartnell, Amies era um autoproclamado esnobe. "Eu defendo o elitismo e sua sobrevivência", explicou ele, dizendo que, quando chegasse ao paraíso, esperava encontrar Deus em um paletó de cinco botões.

Mas era profundamente respeitoso quando se tratava de sua principal cliente. "Eu não visto a rainha", disse ele certa vez. "A rainha veste a si mesma. Eu forneço as roupas — é diferente." Amies recebeu o crédito por dar vida aos trajes diurnos de Elizabeth, destacando sua minúscula cintura de 59 cm. Suas propostas para a Austrália (algumas das quais remanescentes não usadas da viagem abortada de 1952, que só chegara ao Quênia) incluíam alguns vestidos prontos da Horrockses, a histórica produtora de algodão de Lancashire — e Elizabeth parecia gostar das visitas ao ateliê. "Os desenhos ficavam espalhados pelo chão juntamente com os rolos de tecido", lembrou Valerie Rouse, *vendeuse* de Hardy Amies. "Ela costumava se abaixar pelo chão e dizer 'Vamos fazer esse vestido com aquele tecido'. Sabia absolutamente que não queria ombreiras. E não queria que os vestidos fossem curtos demais, pois tinha de se sentar e acenar muitas vezes." Ninguém pode dizer que a rainha Elizabeth II não gostava intensamente do processo de escolher — e vestir — suas roupas.

Mas Amies *não* foi favorecido quando inspirou uma batalha de costureiros contra o gosto de "Bobo" MacDonald por bolsas e chapéus produzidos em massa. Embora a austera assistente escocesa deixasse o design dos vestidos para os costureiros, ela insistia que os acessórios — sapatos, chapéus e bolsas — eram estritamente seu domínio, provocando gritos de dor sempre que combinava algum vestido elegante com a bolsa quadrada e discordante que escolhera. Amies não escondeu sua insatisfação e começou a dar bolsas elegantes à rainha no Natal, na esperança de que ela decidisse usar uma delas. "Bobo vai me infernizar por isso", comentou Sua Majestade secamente quando sagrou seu leal costureiro em 1989 (Hartnell fora sagrado cavaleiro em 1977). Sem surpresa, Hartnell e Amies viam um ao outro em termos competitivos. "Hardly Amiable" [Dificilmente amigável] era o apelido de Hartnell para o rival mais jovem. Mas, juntos, os dois ajudaram a rainha a conquistar notável triunfo na maratona mundial de seis meses no inverno de 1953-1954. Viagens e visitas reais foram inventadas no século XIX para ajudar a tornar a Coroa "verdadeiramente imperial", nas palavras do historiador Sir David Cannadine, "e o império autenticamente real", e o sucesso da grandiosa odisseia de Elizabeth pela Commonwealth atingiu ambos os objetivos — embora provavelmente pela última vez. Churchill manteria o assento da Grã-Bretanha na mesa da liderança por somente mais um ano.

— Quero mostrar — disse Elizabeth na Nova Zelândia em 25 de dezembro de 1953, na primeira transmissão de Natal já realizada fora da Grã-Bretanha — que a Coroa não é meramente um símbolo abstrato de nossa unidade, mas um elo vivo e pessoal entre vocês e eu.

A rainha acreditava profundamente nisso, e a Commonwealth acreditou nela. Mesmo assim, algum tempo depois, quando estava discutindo trajes com Hardy Amies e o parabenizando por um vestido de lã particularmente elegante que criara, Sua Majestade pediu um casaco de pele para finalizar o conjunto.

— Muito bom — disse ela, posicionando-se em frente ao espelho e estudando o efeito com satisfação. — Se ao menos alguém nos convidasse para um lugar *elegante*.

"Não achamos engraçado"

É o duque de Edimburgo quem sai primeiro do chalé, seguido por sua raquete e sapatos de tênis. Então vem a rainha perseguindo o marido e gritando furiosamente para ele voltar para dentro, como se tivesse percebido que alguém estava observando. A discussão real retratada no oitavo episódio de *The Crown* realmente aconteceu — no domingo, 7 de março de 1954, na Reserva O'Shannassy, perto da cidadezinha de Warburton, no condado de Yarra Ranges, estado de Victoria, oitenta quilômetros a leste de Melbourne. Ela foi registrada por Frank Bagnall, um cinegrafista australiano que aguardava para filmar uma sequência rotineira do casal real relaxando com a comunidade local de coalas e que, em vez disso, filmou equipamentos esportivos voando e gritos mal-humorados.

Conhecemos o incidente graças a Jane Connors, uma apresentadora australiana que escreveu sua tese de doutorado, *The Glittering Thread* [O fio brilhante], sobre a viagem pós-coroação da rainha Elizabeth II à Austrália nos primeiros meses de 1954 e entrevistou Loch Townsend, o distinto cineasta e chefe da equipe de filmagem que registrou a odisseia de oito semanas em glorioso Ferraniacolor, um novo filme fotográfico italiano. *The Queen in Australia* [A rainha na Austrália] foi o primeiro filme totalmente colorido produzido na Austrália e seria exibido nos cinemas durante meses — infelizmente, embora sem surpresa, sem a sequência da raquete de tênis voadora.

Townsend chegara ao chalé real naquela tarde de domingo com Bagnall e o técnico de som Don Kennedy para assumir as posições determinadas pelo comandante Colville, o formidável secretário de imprensa real que a imprensa britânica conhecia como Abominável Homem Não. O contingente australiano de jornalistas o apelidara de Raio de Sol. As instruções eram para filmar o casal real na metade da viagem, "relaxando" entre os arbustos da reserva, para onde coalas extras haviam sido requisitados a fim de aumentar as chances de boas fotos. Contudo, a hora da filmagem veio e passou. Os minutos corriam e a equipe

começou a se preocupar com a luz ("Meu Deus", queixaram-se eles para Townsend, "quando eles vão aparecer?"). A câmera estava em posição e focada na porta, pronta para filmar a aparição do casal real, quando a raquete de tênis e o duque saíram correndo por ela.

Frank Bagnall estava olhando pelo visor quando a porta se abriu, e os instintos desenvolvidos na Fox Movietone assumiram o controle. Ele apertou o botão e, antes que alguém soubesse o que estava acontecendo, filmou o incidente inteiro, inclusive a indignada rainha agarrando o marido e o arrastando de volta para dentro do chalé. Seguiu-se um momento de perplexo silêncio enquanto Townsend, Bagnall e Kennedy tentavam entender o que tinham acabado de ver — rainhas ungidas realmente jogavam sapatos em seus maridos?

Nesse ponto do oitavo episódio, "Orgulho e alegria", Elizabeth emerge timidamente do chalé para se desculpar com a equipe de filmagem. Entretanto, na Reserva O'Shannassy, naquela tarde de domingo de março de 1954, foi o comandante Colville, o Abominável Homem Não, quem apareceu, indo até o gramado e ameaçando fazer toda a equipe de filmagem ser presa pela impertinência.

Loch Townsend era um veterano da Segunda Guerra Mundial, um homem difícil de intimidar. "Eu disse 'Calma'", relatou ele mais tarde a Jane Connors, "e fui até Frank [Bagnall]." Como diretor e produtor, Townsend começou a desparafusar a bobina na parte de trás da câmera. "O que você está fazendo?", perguntou Bagnall. "'Estou expondo o filme, Frank. Você pode não usar mais suas bolas, mas ainda preciso das minhas e gostaria de mantê-las.' [...] Nunca me esquecerei de ter dito isso. Muito bem, eu desparafusei a bobina e a retirei da câmera. Havia uns noventa metros de filme [...] e eu disse 'Comandante, tenho um presente para você. Talvez você queira dá-lo a Sua Majestade'."

Domingo, 7 de março de 1954, perto de Warburton, Victoria. A rainha e o marido se esforçam em sorrir para a câmera na varanda pela qual a raquete e os sapatos de tênis do duque haviam voado uma hora antes.

A principal preocupação de Loch Townsend, como ele explicou a Jane Connors quarenta anos depois, era que Colville deixasse de lado sua lealdade real em prol de seu ambicioso projeto cinematográfico. O produtor se sentia desconfortável com a invasão de privacidade e não havia mercado, naquela época deferente, para cenas que hoje seriam expostas ao mundo todo pelas mídias sociais. Até mesmo os ruidosos tabloides australianos não teriam aceitado a matéria. Assim, o comandante Colville levou o filme para dentro e, alguns minutos depois, um dos assessores reais apareceu com cerveja e sanduíches para a equipe, seguido da própria rainha, que queria agradecer pessoalmente pelo gesto. "Eu disse quem era e apresentei Don e Frank", lembrou Townsend, "e ela disse 'Muito obrigada. Sinto muito por aquele pequeno interlúdio, mas, como vocês sabem, isso acontece em todo casamento. O que vocês gostariam que eu fizesse agora?'"

No episódio 8, Peter Morgan imagina que foi o estresse das viagens sem pausa que produziu a espetacular explosão real. "Essa coisa toda é um circo", queixa-se Philip. "Um circo terrível. Arrastando-se de cidade em cidade, e nós somos os ursos dançarinos." Em seus dois meses de viagem pela Austrália, o casal real cobrira quatro mil quilômetros de trem, de acordo com uma estimativa, 1.500 quilômetros de carro e dezesseis mil quilômetros de avião, ouvira duzentos discursos (Elizabeth fizera outros 102) e permanecera em posição de atenção durante ao menos 162 recitais do hino nacional. Com menos de um dia de descanso por semana, eles bravamente fizeram o máximo possível para preservar o "fio brilhante" que mantinha os corações australianos leais e verdadeiros à nação-mãe. Mas não surpreende que, quando Loch Townsend conduziu a rainha e o marido para posar com os coalas, o casal tenha achado difícil sorrir.

9
ASSASSINOS
Retrato do artista quando velho

"Você vai me pintar como um querubim ou um buldogue?", pergunta Winston Churchill no nono episódio, interrogando Graham Sutherland, o artista contratado pelo Parlamento para pintar o retrato do grande homem a fim de marcar seu 80º aniversário, no fim de novembro de 1954. "Assassinos", o agressivo título do episódio, refere-se aos colegas políticos de Churchill, que estavam usando sua idade avançada como razão para forçar sua renúncia — e a chegada de Graham Sutherland com seus lápis e câmeras acrescenta outro

Fevereiro de 1946. Winston Churchill concentrado em sua pintura a óleo em Miami Beach, Flórida. "Não conheço outra coisa", escreveu ele certa vez, "que, sem exaurir o corpo, absorva por completo a mente." Mas seu encontro com o artista Graham Sutherland absorveu sua mente de outra maneira...

Este estudo perturbador feito por volta de 1920 é o único autorretrato conhecido de Winston Churchill, em um estilo taciturno ao qual ele jamais retornou. Ele queria prazer na pintura, não dor — e cenários ensolarados, usualmente pintados durante férias exóticas no exterior, tornaram-se sua marca registrada.

potencial assassino ao grupo. Será que esse espinhoso artista moderno, pessoalmente tão charmoso, mas notório por retratar impiedosamente cada fraqueza de seus temas, usará um pincel generoso quando se tratar da inescapável decrepitude física do estadista doente? "Nós vamos nos dedicar à bajulação ou à realidade?", pergunta Churchill, ao que Sutherland responde evasivamente: "Imagino que exista um grande número de senhores Churchill [...]. Em geral, acho que as pessoas entendem muito pouco quem elas são." E assim começa o duelo...

WSC: "Eu vou lhe pedir que não seja fiel demais."

SUTHERLAND: "Por quê? A exatidão é verdade."

WSC: "Não! Para a exatidão, temos a câmera. Pintura é arte superior..."

A competição verbal entre pintor e o homenageado foi apimentada pelo fato de que o próprio Churchill era um artista de considerável talento e entusiasmo havia quase quarenta anos. Em 1915, o fracasso da campanha de Galípoli contra os turcos, pelo qual Churchill, como Primeiro Lorde do Almirantado, fora responsabilizado, levara a sua infame retirada do gabinete de guerra de Herbert Asquith e à primeira das notórias depressões que o acometiam nos períodos difíceis. "Eu sentia grande ansiedade e não tinha como dar vazão a ela", escreveu ele tempos depois. "Tinha convicções veementes e pouco poder para transformá-las em atitudes [...]. E foi então que a musa da pintura veio em meu socorro." Pintar se tornou o consolo do ex-ministro em desgraça quando um encontro fortuito com alguns amigos artistas o inspirou a trabalhar com o próprio equipamento — as tintas a óleo, os cavaletes, as telas e os pincéis foram um presente da sempre apoiadora Clementine —, e ele nunca mais parou.

"Não conheço outra coisa", disse Churchill certa vez, referindo-se à pintura, "que, sem exaurir o corpo, absorva por completo a mente." Como observou sua amiga de vida inteira Violet Bonham Carter, o trabalho de Winston com o pincel era a única tarefa que o grande orador realizava em total silêncio. "Pinto o dia todo, todos os dias", escreveu ele à filha Mary após a esmagadora derrota na eleição de 1945, "e releguei a preocupação e a desilusão às sombras." Na idade avançada, as horas do estadista em frente ao cavalete se uniram ao brandy e aos charutos como seus principais consolos. "Gostaria de passar meu primeiro milhão de anos no paraíso pintando", costumava dizer à família, de acordo com sua neta, Emma Soames. "Se Churchill salvou a Grã-Bretanha durante a Segunda Guerra Mundial", disse Andrew Marr em seu perspicaz documentário da BBC sobre ele e suas mais de quinhentas telas, "podemos dizer que a pintura foi o que *o* salvou."

Um belo exemplo do traço vívido e expansivo de Churchill — e do turbilhão por baixo da aparente tranquilidade — é *The Goldfish Pond at Chartwell* [O lago de peixes-dourados em Chartwell], pintado no jardim de sua casa em Kent quando era líder da oposição e que foi exibido na Academia Real no verão de 1948. Esse lago era um tema ao qual ele frequentemente retornava — nós o encontramos pintando em frente a ele no início do nono episódio e, mais tarde, Peter Morgan retrata Graham Sutherland cumprimentando-o, de pintor para pintor, por sua reprodução da água e sugerindo uma razão para sua atração pelo tema. "Por baixo da tranquilidade, da elegância e do jogo de luz na superfície", diz Sutherland, "vejo honestidade e dor, uma dor terrível [...]. Você queria que víssemos algo por baixo das cores mudas, nas profundezas da água. Um terrível desespero. Escondendo-se como um leviatã. Como um monstro marinho." Churchill ignora a sugestão de Sutherland, insistindo que sua fascinação pelo lago se deve simplesmente "ao desafio técnico. Ele me confunde". Mas então ele se lembra de como Clemmie e ele escavaram o lago em Chartwell nos meses após a trágica morte de sua filha mais nova, Marigold, com apenas 2 anos e 9 meses, em função de uma dor de garganta que se transformara em septicemia. "Achei que Clemmie morreria, tal foi a violência de seu pesar", disse ele a seu secretário particular quase quarenta anos depois, lembrando-se da dor da tragédia. "Ela gritava como um animal sendo torturado." Hoje em dia, a garotinha teria se recuperado com uma dose de antibióticos. Em 1921, seu desolado pai proibira qualquer menção a ela nas conversas familiares — e então pegara pincéis, paleta e cavalete para pintar o lago de Chartwell por pelo menos mais de vinte vezes.

O casal Churchill gostava das conversas com o inteligente e charmoso Sutherland, que esteve em Chartwell no outono de 1954 para oito sessões de 45 minutos nas quais fazia desenhos a carvão, estudos a óleo e fotografias, que então eram levados para seu estúdio em Trottiscliffe, Kent, a uns trinta quilômetros dali. Isso significava que os Churchill não tinham como saber que forma o retrato estava tomando, embora Clementine se sentisse confiante. Ela admitia ter uma queda pelo eloquente pintor e artista de 51 anos, que também trabalhava com vidro e tecido e mais tarde projetaria a grande tapeçaria do altar da Catedral de Coventry durante a reforma. "O Sr. Graham Sutherland é impressionante", escreveu à filha Mary após as primeiras três sessões. "Ele é realmente muito atraente...". Com base nessa avaliação, ela se sentiu capaz de, no início do episódio 9, dar a ele um voto de confiança: "É bem evidente", diz ela, "que ele é um fã [...]. Tenho os instintos protetores de uma esposa amorosa, e posso dizer que esse daí *não é* um assassino."

Mas isso foi no início de setembro. Dois meses depois, no fim de novembro de 1955, somente dez dias antes da exibição agendada, a obra terminada finalmente foi entregue em Downing Street, um retrato de Churchill sentado em tamanho natural, de quase 1,50 m de altura por 1,20 m de largura. Churchill odiou a obra

CLEMENTINE CHURCHILL

Esposa de Sir Winston Churchill

(1885-1977)

INTERPRETADA POR HARRIET WALTER

"A seus olhos, Winston pode ter [...] defeitos", escreveu Clementine Churchill, de 30 anos, ao primeiro-ministro, Herbert Asquith, em maio de 1915, quando a Primeira Guerra Mundial teve um início desastroso, "mas ele possui qualidades supremas que, ouso dizer, muito poucos em seu gabinete atual ou futuro possuem: o poder, a imaginação e a letalidade para enfrentar a Alemanha." Asquith ignorou totalmente a mensagem, demitindo Churchill e dizendo aos amigos que Clemmie "escreveu a carta de um jeito lunático". Em maio de 1940, em um momento quase idêntico da Segunda Guerra Mundial, a fé de Clemmie no marido não pareceu tão insana quando ele assumiu o cargo de primeiro-ministro — com muitos dizendo que ele só sobrevivera àquelas décadas em função da fé de sua devotada esposa. Somente o casamento amoroso de Winston e suas pinturas o salvavam do "demônio" da depressão, e foi Clemmie quem comprou seu primeiro conjunto de pincéis e tintas. A determinação e convicção do grande líder de guerra, na opinião de seu médico, Charles Moran, tinha origem "no próprio quarto".

imediatamente. "Pareço um palerma", diria ele mais tarde. "Como eles pintam as pessoas hoje em dia? Sentadas no banheiro! Eis aqui um homem sentado no vaso sanitário, fazendo força [...]. Eu pareço um bêbado recolhido da sarjeta da Strand." Fisicamente, o retrato quase quadrado do estadista sentado apresenta uma verossimilhança assombrosa — mas a verossimilhança de um octogenário decrépito. Como entendeu imediatamente Kenneth Clark, historiador de arte e amigo de Sutherland, o artista abandonara os estereótipos de herói popular que cercavam o grande líder de guerra e focara na decadente realidade física. O antigo guerreiro podia ser visto muito nitidamente: o brilho nos olhos e a mandíbula cerrada capturavam brilhantemente seu espírito desafiador. Mas se tratava de um espírito lutando pela sobrevivência contra a ruína física, e essa perspectiva contrariava todas as ideias na agenda mental de Churchill. "Muito de seu tempo desde o fim da guerra fora passado arranjando e editando o papel que desempenharia na história", escreveu seu médico, Charles Moran, "e foi um choque para ele o fato de suas ideias e as ideias de Graham Sutherland parecerem tão destoantes."

Na manhã seguinte, um carro oficial partiu de Downing Street em direção a Trottiscliffe, carregando o veredito do primeiro-ministro e uma imperiosa carta a Sutherland. "Em minha opinião", escreveu Churchill, "a pintura, embora magistralmente executada, não é adequada para exibição nas câmaras do Parlamento." A cerimônia certamente seria realizada, escreveu ele, mas sem o retrato. Não haveria necessidade de exibi-lo, já que os parlamentares também haviam encomendado "um belo livro que quase todos assinaram para me presentear, de modo que a cerimônia estará completa".

Mas o ferido Sutherland não desistiria tão facilmente. Como poderia haver desvelamento sem pintura? Tendo consultado Charles Doughty, presidente do comitê que encomendara o retrato, ele dirigiu até Chartwell para entregar a mensagem de que muitos parlamentares ficariam ofendidos se o primeiro-ministro rejeitasse seu presente, e Churchill devia aceitá-lo publicamente. O *Times* já publicara uma fotografia da pintura, e seu crítico de arte a elogiara por capturar "o caráter do tema: trata-se de uma imagem poderosa e penetrante da mente cujas qualidades, aqui observadas sem nenhuma sutileza excessiva ou muito individual, o mundo passou a conhecer tão bem".

Assim, o palco foi montado em Westminster Hall, lotado de parlamentares e suas esposas, para a comemoração de um 80º aniversário que ninguém desejava

celebrar, iniciado por um tributo pessoal de Clement Attlee ao qual Churchill agradeceu com um elegante cumprimento. "O líder da oposição e eu", disse ele, "fomos os dois únicos primeiros-ministros deste país nos últimos 14 anos. Não há outros primeiros-ministros vivos. Mas não pretendemos transformar isso em característica permanente da Constituição." A piada política foi um aquecimento para o agradecimento pela reunião, seguido de uma única frase sobre a pintura que Attlee acabara de desvelar atrás dele. "O retrato é um notável exemplo de *arte moderna*", disse Churchill altivamente, omitindo o nome do artista e enfatizando com desdém as últimas palavras. Então, tendo pausado para encorajar os risos debochados que se acumulavam no salão, fez um longo elogio ao "belíssimo" livro com capa de couro e assinaturas dos parlamentares que era a outra parte de seu presente. Ele não disse mais nenhuma palavra sobre a pintura, mas devotou nada menos que onze frases efusivas ao livro, agradecendo aos parlamentares, que o haviam assinado e mesmo aos que não haviam. "Ele será meu tesouro enquanto eu viver", disse ele, "e minha família e descendentes o verão como sua mais preciosa posse."

O insulto não poderia ter sido mais óbvio na época, mas somente a história revelaria toda a extensão do desprazer dos Churchill. Horrorizada com a infelicidade do marido, Clemmie fez com que o retrato fosse imediatamente guardado no sótão de Chartwell e então, alguns meses depois, conversou com

4 de abril de 1955. Na véspera da renúncia ao cargo de primeiro-ministro, Winston e Clementine Churchill convidaram a rainha Elizabeth II para um jantar de gala em Downing Street. "Nunca", disse ele, "os augustos deveres da monarquia britânica foram cumpridos com mais devoção do que no brilhante início do reinado de Vossa Majestade." Ele permaneceu encantado por sua soberana até o fim.

a última secretária particular de Churchill, Grace Hamblin. Ela descobriu que não havia obrigação alguma de exibir o retrato publicamente ou destiná-lo a exposição em Westminster. Aquele fora um presente para os Churchill, para fazer com ele o que desejassem, e Clementine julgou saber exatamente o que o marido desejava. Até onde se sabe, ela jamais o consultou e, tendo falado com Hamblin, ignorou cuidadosamente o que a eficiente secretária fez em seguida. Hamblin pediu a ajuda do irmão, que foi até Chartwell algum tempo depois, "na calada da noite", para levar embora o objeto ofensivo. "Ele era grande", lembrou Hamblin em uma entrevista gravada que permaneceu secreta por vinte anos, "e eu não conseguia erguê-lo sozinha." Chegando ao quintal do irmão, a alguns quilômetros de distância, os dois acenderam uma fogueira e jogaram o retrato nas chamas. "Eu o destruí", confessa Hamblin na fita, "mas Lady C. e eu decidimos não contar a ninguém. Ela fez isso pensando em mim." E pensando, acima de tudo, é lógico, no moral de seu cada vez mais frágil marido, a quem ela prometera que a pintura "jamais veria a luz do dia".

A verdadeira questão — o declínio físico e mental do outrora formidável primeiro-ministro — se provou mais difícil de solucionar. Nos comentários após a apresentação, o parlamentar trabalhista Henry Usborne maliciosamente sugeriu que a pintura de Graham Sutherland retratava a expressão do primeiro-ministro "no momento em que uma delegação de desleais colegas de gabinete exige sua renúncia" — e foi o que eles fizeram. Em 22 de dezembro de 1955, somente três semanas e um dia após a cerimônia em Westminster Hall, Anthony Eden e Harold Macmillan lideraram um grupo de sete ministros de gabinete até Downing Street — um "júri de execução". Ostensivamente, eles queriam discutir a data das eleições gerais que seriam realizadas no outono, quando o mandato de cinco anos do Parlamento chegaria ao fim. Mas abordaram a questão de quem lideraria o partido durante a campanha, e Churchill respondeu furiosamente, como registrou Eden em seu diário, dizendo que "estava evidente que queriam que ele saísse. Ninguém o contradisse [...]. No fim, W. disse ameaçadoramente que pensaria no que os colegas tinham dito e informaria sobre sua decisão. Qualquer que fosse, ele esperava que não afetasse o relacionamento com ele. Ninguém cedeu". Foi "uma ocasião muito dolorosa", relatou Harold Macmillan.

O declínio de Churchill era impossível de ser evitado. "Ele envelhecia mês a mês", observou Jock Colville em uma nota escrita três meses depois, "e relutava em ler qualquer coisa com exceção dos jornais ou em dedicar sua mente a algo que não achasse divertido. Cada vez mais tempo era devotado ao besigue (o jogo de cartas favorito de Churchill) e cada vez menos aos assuntos públicos.

A preparação de uma questão parlamentar podia consumir uma manhã inteira; perguntas eram feitas aos departamentos governamentais, mas as respostas não geravam nenhum interesse ao chegar [...] Até mesmo assinar cartas e ler os telegramas do ministério do Exterior estavam se tornando um esforço." E, mesmo assim, continuou o secretário particular, "em alguns dias o antigo brilho estava presente; a espirituosidade e o bom humor borbulhavam e brilhavam; a sabedoria transbordava de suas frases em sentenças reveladoras e, ocasionalmente, a faísca da genialidade podia ser vista em uma decisão, carta ou frase".

Após a visita de Eden e seu "júri de execução"em dezembro, Churchill se mostrou desafiador, furiosamente saindo de cena para passar o Natal em Chequers. Entretanto, quando voltou a Downing Street após o feriado, seu humor mudara. Talvez Clementine tivesse falado de maneira mais severa com ele, pois o primeiro-ministro de 80 anos agora concordava em se afastar no início de abril, após o recesso de Páscoa do Parlamento. Ele manteve a esperança de que algum desenvolvimento internacional — idealmente, uma grande conferência de paz envolvendo os Estados Unidos, a França e os novos líderes da Rússia após a morte de Stalin — lhe permitisse se despedir em grande estilo. No entanto, embora a França estivesse disposta a comparecer a tal reunião, o presidente Eisenhower não estava, e 5 de abril se tornou a data programada para a renúncia. "Você não odeia quando o show acaba?", perguntou o primeiro-ministro tristemente a Sarah, sua filha atriz, querendo saber como ela se sentia ao fim de uma peça encenada por muito tempo.

O velho Churchill se envolveu em alguns projetos que lhe eram caros em seus meses finais em Downing Street, tentando avançar sua antiga ambição de sionista, a de tornar o recentemente independente Estado de Israel membro da Commonwealth britânica: "Israel", explicou ele, "é uma força mundial e um elo com os Estados Unidos [...]. Tantas pessoas querem nos deixar, e isso pode inverter esta tendência." Mas sua contribuição verdadeiramente memorável foi, como sempre, no discurso: "Chegará o dia", disse ele à Câmara dos Comuns em um brilhante discurso de 45 minutos sobre a bomba de hidrogênio que se provou seu último adeus, no início de março de 1955, "em que o *fair play*, o amor pela humanidade e o respeito pela justiça e pela liberdade permitirão que gerações atormentadas se afastem, serenas e triunfantes, do momento horrível no qual precisamos viver. Até lá, nunca recuem, nunca esmoreçam, nunca se desesperem!" Em 4 de abril de 1955, na véspera da renúncia, Churchill recebeu a rainha e o duque de Edimburgo para um inédito jantar de gala em Downing Street. "Tenho a honra", disse ele, "de propor o brinde que costumava fazer quando era subalterno da cavalaria do reinado da tataravó de Vossa Majestade, a rainha Vitória [...]. Nunca os augustos deveres da monarquia britânica foram cumpridos com mais devoção do que no brilhante início do reinado de Vossa Majestade. Agradecemos a Deus pelo presente que Ele nos concedeu e juramos novamente nossa lealdade à causa sagrada e ao sensato e gentil modo de vida do qual Vossa Majestade é a jovem e reluzente defensora." Então ergueu seu copo para dizer as palavras pela última vez como primeiro-ministro: "À rainha!"

Três dias depois, em 7 de abril de 1955, quando embarcava no avião para as férias que planejara com Clemmie para pintar na Sicília, Churchill recebeu uma carta manuscrita da rainha. "Meu caro Winston", escreveu ela, "não preciso dizer quão profundamente senti sua renúncia na última quinta-feira, nem quão severamente sinto e sentirei falta de seus conselhos e seu encorajamento. Minha confiança em Anthony Eden é completa, e sei que ele levará o país a grandes realizações, mas seria inútil fingir que ele ou qualquer um dos que o seguirão no cargo serão capazes de ocupar, para mim, o lugar de meu primeiro primeiro-ministro, a quem meu marido e eu tanto devemos e a quem sempre seremos profundamente gratos pela sábia orientação durante os primeiros anos de meu reinado [...]. Meu marido e eu gostamos muito do jantar no número 10 de Downing Street na última segunda-feira — nenhum de nós jamais o esquecerá.

"Enviamos nossos melhores votos para o senhor e Lady Churchill na Sicília e aguardamos ansiosos para vê-lo em seu retorno e frequentemente no futuro. Com minha mais profunda gratidão por seus grandes serviços a meu país e a mim, sinceramente,

"Elizabeth R."

Nos dias que se seguiram, Churchill leu e releu a carta e, ao chegar em casa, guardou-a como uma de suas posses mais valiosas, juntamente com uma fotografia com dedicatória que Elizabeth lhe dera, dela sorrindo em sua carruagem a caminho da cerimônia de abertura do Parlamento em novembro de 1952. Ele também supervisionou o novo retrato, recentemente encomendado, dele como Lord Warden of the Cinque Ports [lorde administrador dos cinco portos], a antiga união dos portos de defesa no sul do país — Sandwich, Dover, Hythe, Romney e Hastings — e a mais antiga patente honorária da Inglaterra. Feliz pela oportunidade de evitar todos os erros que achava que Graham Sutherland cometera, Churchill instruiu cuidadosamente o artista, Bernard Hailstone, a pintá-lo de pé, não sentado; de uniforme cerimonial completo, e não em um tedioso terno "parlamentar"; em cores brilhantes, e não um insípido mostarda-amarelado; e com um sorriso feliz, não uma carranca malevolente no rosto. Previsivelmente, o retrato virou uma bagunça.

Em 1955, Winston Churchill supervisionou a criação de seu retrato (acima) como Lord Warden of the Cinque Ports, encomendado a Bernard Hailstone. Ele viu nisso a oportunidade de mostrar onde o retrato de Graham Sutherland (direita) estava errado. Mas talvez tenha mostrado exatamente o oposto.

Elizabeth e seus cavalos de corrida

Em 1953, o Derby de Epsom, a principal corrida de cavalos da Grã-Bretanha, seria realizado no sábado, 6 de junho, quatro dias após a coroação da rainha. No dia anterior à cerimônia sagrada, na segunda-feira, 1º de junho, uma das damas de companhia comentou com Sua Majestade que ela devia estar muito nervosa. "É lógico", respondeu Elizabeth. "Mas realmente acho que Aureole vai vencer!"

O amor da rainha pelos cavalos vem desde os primeiros pôneis da infância, e ela rapidamente se tornou uma amazona habilidosa, dominando a precária postura lateral na sela que precisava adotar durante as paradas militares. Contudo, foi somente em 1942 que seu pai a levou aos estábulos Beckhampton, em Marlborough Downs, onde os cavalos de corrida reais eram treinados. As corridas haviam continuado na Grã-Bretanha durante os primeiros anos da guerra e, naquela primavera, os estábulos reais tinham dois candidatos muito promissores: Sun Chariot e Big Game. Ambos eram filhos de garanhões reais, e a princesa teve permissão para dar uns tapinhas carinhosos no magnífico Big Game. Mais tarde, ela admitiu que não lavara as mãos pelo resto do dia. É com os

21 de abril de 1938. O rei George VI cavalgando com as filhas no Grande Parque de Windsor, durante o 12º aniversário da princesa Elizabeth.

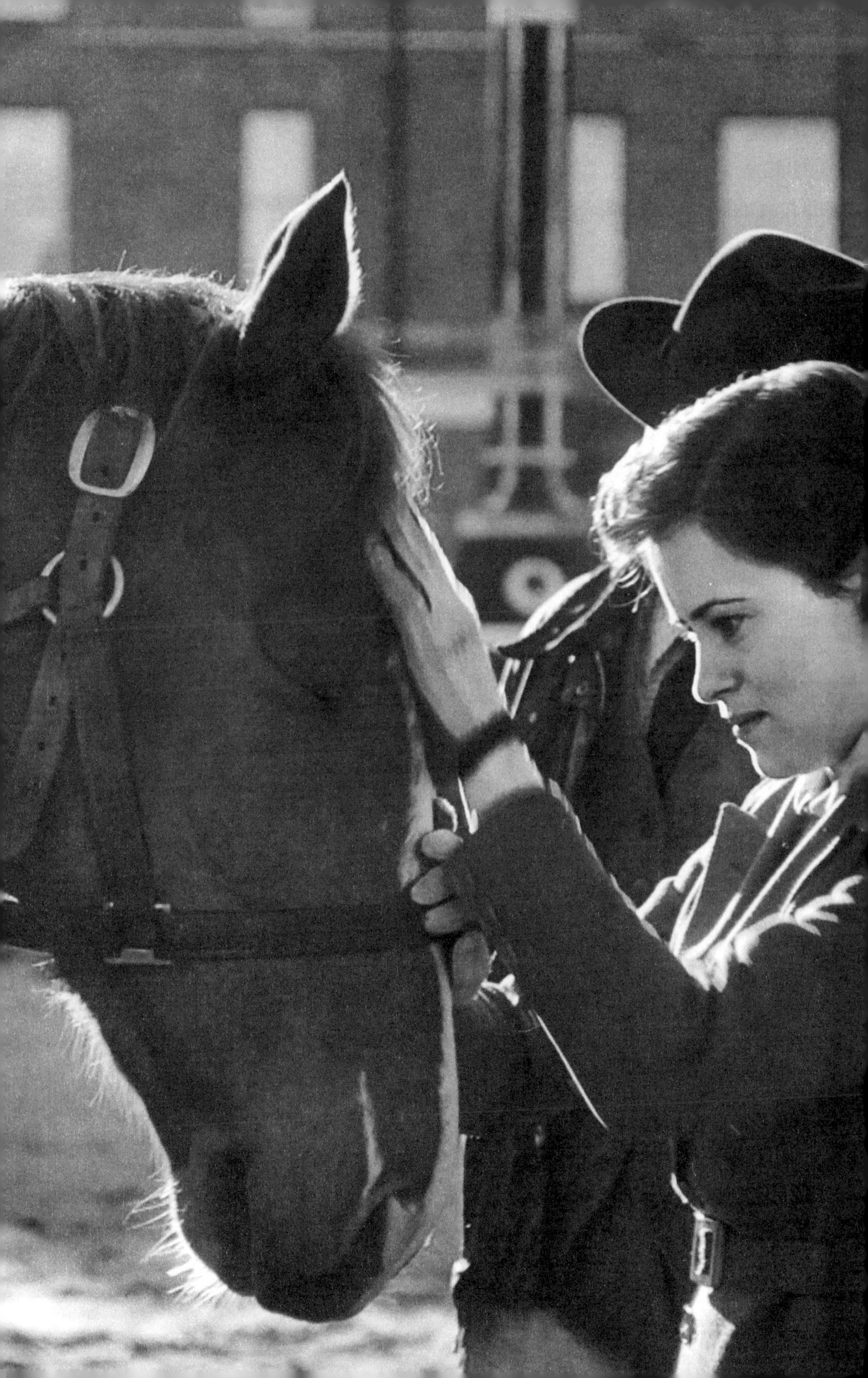

O box real em Epsom em 1955, da esquerda para a direita: mulher desconhecida; rainha Elizabeth II; Lorde Rosebery; capitão Charles Moore, tratador dos cavalos reais tanto de George VI quanto de Elizabeth II; e a princesa Marina, duquesa de Kent, ao lado da irmã, princesa Olga (última, à direita). O duque de Edimburgo está atrás da princesa Olga, com o duque de Beaufort, organizador do Badminton Horse Trials, à sua direita.

cavalos que Elizabeth II pode ser vista mais como ela mesma e menos como rainha. Ela pode esquecer sua posição enquanto dá pulinhos, como qualquer outro entusiasta, gritando e gesticulando para incentivar o cavalo, e, sempre que ele vence, vemos ressurgir o sorriso satisfeito e largo das fotografias de infância. Durante as corridas, ela se aproxima o máximo possível da mais intensa empolgação: a de ser tratada como qualquer outra pessoa (ou, ao menos, como uma igual em franca fraternidade). Ela conversa sem timidez com os cavalos, acariciando-os e perdendo-se no feitiço que eles lançam com sua inescrutável aristocracia. Ela adora o encantamento de acordar de madrugada para observar os grandiosos animais passarem trovejando a seu lado em galopes recobertos de orvalho e então caminhar até os estábulos, alisando as ancas brilhantes de suor e conversando com os homens vestidos de marrom que frequentam o mesmo santuário. "Se não fosse pelo arcebispo de Canterbury", disse ela certa vez, "eu iria de avião a Longchamps todos os domingos."

17 de julho de 1954. Box dos vencedores. A rainha Elizabeth II dá um tapinha congratulatório em Aureole, de 4 anos, após sua vitória no prestigiado King George VI and Queen Elizabeth Stakes, durante o Royal Ascot. Em seguida, Aureole teve uma carreira bem-sucedida e muito lucrativa como garanhão, sendo padreador de muitos vencedores.

Os principais livros ao lado de sua mesa, de acordo com aqueles que visitaram seu escritório, são complexos volumes sobre pedigree, pois seu sucesso nas corridas se baseia no conhecimento das linhagens. Trata-se do gosto da avó, a rainha Mary, por genealogias arcanas voltado para outra direção, e ela tem o mesmo olho real para uma boa linhagem. Isso quase poderia ser descrito como vantagem injusta sobre os proprietários que não pertencem à realeza, mas é a única vantagem que Elizabeth II possui, e a base de sua prolongada satisfação em administrar os próprios estábulos de corrida: é uma área na qual é impossível dizer que seu sucesso se deve à sua posição.

Aureole não venceu o Derby de Epsom no ano da coroação — chegou em segundo —, e essa continua a ser a única corrida importante da Grã-Bretanha que a rainha jamais venceu. Mas o cavalo teve um sucesso espetacular em 1954, vencendo o Victor Wild Stakes em Kempton, a Coronation Cup em Epsom, o Hardwicke Stakes em Ascot e a mais prestigiada corrida de cavalos de toda a Grã-Bretanha, o King George VI and Queen Elizabeth Stakes. Na empolgação da vitória, Elizabeth enviou uma caixa de champanhe para a tenda da imprensa, a fim de que os jornalistas pudessem participar da celebração, um gesto generoso em relação ao Quarto Estado que, até onde se sabe, ela nunca mais repetiu.

HENRY HERBERT, LORDE PORCHESTER "PORCHEY" (1924-2001)

Administrador de corridas da rainha
(e também conde de Carnavon 1987-2001)

INTERPRETADO POR JOSEPH KLOSKA

"Porchey" era a única pessoa, disse a princesa Anne certa vez, que podia ter certeza de sempre conseguir falar com a mãe dela ao telefone. "Ele tinha notícias sobre os cavalos, e essas eram as notícias que ela realmente queria ouvir." "Porchey" era a linha direta da rainha com os estábulos: quais éguas estavam prenhes, que potro parecia promissor e em que corridas os treinadores planejavam se inscrever. Ele ligava para ela quando estava nos leilões, segurando o celular no ar para que ela pudesse ouvir os lances. As datas provam ser besteira o obsceno rumor de que "Porchey" seria o pai do príncipe Andrew enquanto Philip estava no exterior: o duque estava em Londres e Windsor em maio de 1959. Mas a rainha e seu administrador de corridas realmente planejaram incontáveis ligações bem-sucedidas entre cavalos de corrida — alguns deles na bela casa dele em Hampshire, o Castelo de Highclere, familiar para os telespectadores desde 2010 como locação de *Downton Abbey*.

10

GLORIANA

Amor e dever

— Seu tio decepcionou a todos nós — diz o rei George VI às jovens filhas em dezembro de 1936, referindo-se à renúncia recente de Edward VIII, na abertura do episódio 10. — Ele colocou o amor à frente da família. Agora, eu quero que vocês me prometam uma coisa [...] que vocês nunca colocarão qualquer coisa ou qualquer pessoa acima uma da outra. Vocês são irmãs acima de tudo. E nunca devem decepcionar uma à outra. Entenderam?

— Nunca — responde a jovem princesa Margaret, de 6 anos, assentindo gravemente.

— Nunca — ecoa a irmã mais velha, Elizabeth, de 10 anos, com igual seriedade.

Para um homem inibido e tradicional, George VI, mostrado à direita em uma pantomima do West End com as princesas, um ano antes de sua ascensão, estava à frente de seu tempo ao encorajar as filhas a serem independentes. Mas a princesa Margaret levaria a ideia de independência mais longe do que ele talvez tivesse desejado...

Dessa forma, como nos episódios anteriores, Peter Morgan inicia o drama com um flashback imaginário e então retorna à realidade histórica, ao aniversário de 25 anos da princesa Margaret, em 21 de agosto de 1955. Essa seria a idade na qual, como explicado pelo secretário particular Tommy Lascelles no sexto episódio (dois anos antes), Margaret poderia se casar com o divorciado capitão de grupo Peter Townsend sem a permissão da irmã mais velha, sob a primeira parte da Lei de Casamentos Reais de 1772 — poupando, assim, Elizabeth dos constrangimentos que acompanhavam sua posição como líder da Igreja (ver p. 189). Mas Lascelles não mencionara a segunda provisão da lei, expressamente projetada pelo rei George III para infernizar a vida dos familiares que desejassem se casar com pessoas que ele não aprovava. Após os 25 anos, a princesa já não precisava do consentimento da irmã, mas teria de notificar oficialmente o Conselho Privado e então esperar um ano inteiro para saber se as câmaras do Parlamento tinham alguma objeção. Dada a agitada natureza da opinião nacional sobre o divórcio em 1955, dificilmente não surgiria alguma objeção e, com ela, a garantia de doze meses de cobertura dos jornais e febril debate público. Assim, que progresso fora feito com a espera de dois anos, com toda a dor do exílio de Townsend em Bruxelas, a separação e o sofrimento? Os dois jovens amantes haviam sido vítimas do descuido — ou, mais provavelmente, da indiferença — de um cortesão.

— Por que ninguém me disse isso na época? — pergunta Elizabeth II rispidamente, percebendo, então, que ela e Margaret haviam sido enganadas pelo *establishment* do palácio, que simplesmente quisera varrer a coisa toda para debaixo do tapete. Não seria possível para as irmãs cumprirem a promessa de apoio e lealdade feita na infância. A vida e o amor dos adultos são muito mais complicados.

— A rainha-mãe — explica Lascelles a Michael Adeane, seu

Uma moça festeira. Com a piteira, que era sua marca registrada, a princesa Margaret aproveita uma noitada glamorosa em um clube parisiense em novembro de 1951.

1952: A princesa Margaret sai da Clarence House em missão real com o administrador da residência de sua mãe, Peter Townsend. O romance entre a princesa e o capitão de grupo talvez tenha começado em 1947, quando cavalgaram juntos durante a viagem real à África do Sul.

27 de junho de 1953: A moda foi a desculpa para colocar a princesa nesta capa de revista enquanto jornais norte-americanos discutiam sobre o seu romance, mas a mídia britânica ignorava a história. A notícia do relacionamento estourou em Londres em 3 de julho.

"A princesa Margaret tem muito valor jornalístico", escreveu Cecil Beaton em seu diário quando tirou esta foto da princesa usando um vestido de gala Christian Dior, no Palácio de Buckingham, por ocasião do 21º aniversário dela, em 1951. "Ela gosta de se vestir bem, flertar, frequentar boates até altas horas. As 'notícias' que ela produz são bem escandalosas. A imprensa norte-americana [está] ansiosa por qualquer nota que possa dar sobre ela."

Anthony Eden e Winston Churchill tentaram parecer cordiais quando posaram nos degraus da Downing Street em maio de 1954. No entanto, nos bastidores, Eden, de 56 anos, estava planejando forçar o primeiro-ministro de 79 anos a renunciar. Churchill, por sua vez, não tinha intenção alguma de sair de cena antes de completar 80 anos.

Uma fotografia inscrita com a caligrafia da própria rainha Mary. A rainha cuidava da neta de nove meses no início de 1927 enquanto os pais de Elizabeth estavam em turnê pela Nova Zelândia e Austrália.

1º de maio de 1939. Dez dias após seu 13º aniversário e dez semanas antes de conhecer o príncipe Philip no Royal Naval College de Dartmouth, a princesa Elizabeth (de pé com meias de cano alto) visitou as docas de Londres, navegando ao longo do rio Tâmisa no barco a vapor St. Katharine. Esta foi uma das regulares excursões educacionais para ter um gostinho do mundo fora do palácio organizadas por sua avó, a rainha Mary (sentada, a segunda da esquerda para a direita, de costas para a câmera), e por sua governanta escocesa Marion Crawford (última à direita com estola de pele e chapéu preto).

À esquerda: Marion Crawford, "Crawfie", a amada governanta de Elizabeth e Margaret, ao se aposentar após 17 anos de serviço leal. Abaixo: o livro que fez dela uma traidora.

Lady Elizabeth Bowes Lyon retratada em 1923, aos 23 anos, pelo fotógrafo Vandyk. Ela tinha uma suavidade que a diferenciava das melindrosas da era do jazz. "Ficar de mãos dadas em um barco. Essa era a sua ideia de romance", disse uma de suas amigas.

Os recém-casados Bertie e Elizabeth, duque e duquesa de York, em lua de mel em Polesden Lacey, Surrey, em abril de 1923.

Setembro de 1940. A rainha Elizabeth e o marido inspecionam a cratera, resultado do bombardeio na ala norte do Palácio de Buckingham. O palácio foi atingido 16 vezes na Segunda Guerra Mundial. "Estou feliz por ter sido bombardeada", disse a rainha. "Isso me faz sentir que posso encarar o East End de frente."

A rainha-mãe e seu corgi, Honey, no Castelo de Mey, no extremo nordeste da Escócia, "esse castelo romântico com vista para o mar", que ela decidiu comprar e restaurar no verão de 1952.

A rainha Elizabeth II usa um vestido de verão Hardy Amies plissado com cinto em uma recepção cívica em Broken Hill, Austrália, em março de 1954.

Um belo exemplo do traço vívido e expansivo de Winston Churchill é The Goldfish Pond at Chartwell *[O lago de peixes-dourados em Chartwell], exibido na Academia Real no verão de 1948. Mas será que seu olhar obsessivo sobre a superfície do lago refletiu o luto pela morte de sua filha, Marigold?*

Clementine Churchill com o quarto bebê do casal, sua amada filha, Marigold, que faleceu em decorrência de uma septicemia com menos de 3 anos.

Graham Sutherland, às vezes acompanhado por sua esposa Kathleen (canto superior direito), foi à Chartwell para oito sessões nas quais fez esboços a carvão e estudos a óleo — assim como essas fotografias de seu objeto rabugento de diferentes ângulos.

Sutherland teve o cuidado de nunca deixar que nenhum dos Churchill visse seu retrato enquanto o pintava. Ele levava todos os esboços e fotografias de volta para seu estúdio, onde, ao que parece, estava mais interessado em retratar um corpo real e em ruínas do que estereótipos heroicos e populares.

30 de novembro de 1954, Westminster Hall. "O retrato", rosnou Winston Churchill ao se virar de costas para o presente de aniversário do Parlamento, o quadro de Sutherland, "um notável exemplo de arte moderna...", pausando para encorajar os desejados risos debochados da plateia.

EXTRA

CHARACTER QUALITY — AMERICA FIRST! — ENTERPRISE ACCURACY

Los Angeles Examiner

AN AMERICAN PAPER FOR THE AMERICAN PEOPLE — THE GREAT NEWSPAPER OF THE GREAT SOUTHWEST

Examiner Building, 1111 S. Broadway, Zone 54 — Examiner Telephone Richmond 8-1212

COMPLETE RACES

VOL. LII—NO. 325 — LOS ANGELES, TUESDAY, NOVEMBER 1, 1955 — PCC — Four Sections—Section I—TEN CENTS

'I Will Not Marry Capt. Townsend'

PRINCESS GIVES UP LOVE FOR DUTY!

ROMANCE ENDS—"I have been strengthened by the unfailing support and devotion of Group Capt. Peter Townsend," stated Princess Margaret (above) yesterday as she announced she'd not marry him.

Church Opposition Influences Decision

Margaret Declares Townsend's 'Devotion, Support' Aided Her

LONDON, Oct. 31.—(AP)—Princess Margaret told the world tonight she has renounced her hope of marrying divorced Peter Townsend. She spoke like a girl with a broken heart who has put duty ahead of love.

"I would like it to be known that I have decided not to marry Group Capt. Peter Townsend," she announced.

"I have been aware that subject to my renouncing my rights of succession it might have been possible for me to contract a civil marriage.

"But, mindful of the church's teaching that Christian marriage is indissoluble, and conscious of my duty to the commonwealth, I have resolved to put these considerations before any others.

Strengthened by Devotion

"I have reached this decision entirely alone and in doing so I have been strengthened by unfailing support and devotion of Group Capt. Townsend.

"I am deeply grateful for the concern of all those who have constantly prayed for my happiness."

The 113-word announcement, signed simply "Margaret," was issued at Clarence House, her home, only an hour after she and Townsend met for perhaps the last time in the privacy of her own apartment.

Towsend—who is 40 and 15 years older than the Princess—left the stately mansion alone and drove away toward the seclusion of the English

(Continued on Page 3, Cols. 5-7)

OUT—Group Capt. Peter Townsend (above), his romance with Princess Margaret ended, left London.

RUSSIA TRAVEL BAN LIFTED

By Pierre J. Huss

GENEVA, Oct. 31.—(INS)—Secretary of State Dulles dramatically announced today the United States is removing restrictions that had prevented American citizens from traveling in the Soviet Union and Communist-ruled satellite states.

Dulles told the Big Four foreign ministers' session restrictions were removed starting today in the hope of improving East-West relations.

"Hereafter," he said, "American passports will be valid for the Soviet Union and all countries in eastern Europe

(Continued on Page 4, Cols. 1-2)

Jury to Get 'Mistake' Woodward Death Case

NEW YORK, Oct. 31.—(INS)—The mystery-laden "mistake" killing of millionaire socialite-sportsman William Woodward Jr., by his beautiful wife will be given to a grand jury for investigation, it was announced late today.

Nassau County District Attorney Frank Gulotta said he will let a jury decide whether the shotgun killing of the owner of the racehorse Nashua was a criminal or accidental case.

The decision was made as a protective medical curtain was thrown around the emotionally-shattered blonde former model, barring her temporarily from being questioned about the circumstances surrounding the Sunday morning slaying in the Woodward's palatial Oyster Bay Cove estate outside New York City.

At the same time, authorities disclosed they are closely checking reports Woodward, 35, and his 32-year-old wife led a stormy marital life. They stressed, however, that up to the present no factual information has been received to verify such reports.

Among those who will be questioned, Nassau Chief of Detectives Stuyvesant Pinnell said, are Woodward's mother, Mrs. William Woodward Sr., and the Duchess of Windsor. The Duchess was guest of honor at a plush Long Island "gold coast" party just before Woodward was shotgunned to death.

Gulotta told newsmen:

"I expect to bring all the

(Continued on Page 6, Cols. 1-4)

SMOG GREEN

FOR TODAY

SMOG GREEN: Light or no smog forecast.

You can operate your backyard incinerator from 6 to 10 a. m. or from 4 to 8 p. m., in the City of Los Angeles and County unincorporated areas. Hours vary among other cities and in foothill areas; for information on these, call your Fire Department or City Hall.

(Open fires are now banned whether there is smog or not, throughout the county, including in cities, with a few exceptions which do not generally apply to householders.

TODAY'S INDEX

Fire Chief Alderson Quits Over Integration

Fire Chief John H. Alderson, involved in a controversy over Negro integration in the fire department, yesterday announced his resignation to take effect "not later" than January 1, 1956.

His voice choked with emotion, the chief admitted that his resignation is the result of the racial integration problem within the department.

His decision came after a four and one-half hour meeting at the Jonathan Club with three members of the Board of Fire Commissioners — President G. William Sims, Vice President Roy H. Sheldon and Victor M. Carter.

At the "first press conference I have ever called," Alderson issued the following statement:

"It is very apparent to me that I've lost the confidence of the Board of Fire Commissioners. I have explained to at least three members of the board the conditions under which I accepted the position of Chief Engineer of the Department. I wish no other man to be placed in the position that I was placed in when I was appointed as emergency, and eventually permanently, to the position of Chief Engineer of the department.

"It is my intention to retire not later than January 1, 1956. The reason I am announcing this decision is that your honorable board may have an

(Cont. on Page 12, Cols. 4-5)

Jornais norte-americanos deram o furo do romance Townsend-Margaret em junho de 1953, passando a frente de uma reticente imprensa britânica, e se mantiveram interessados até o fim da saga.

O último encontro. Peter Townsend, cercado por populares, imprensa e polícia em 1º de novembro, quando deixou seu apartamento em Londres após o anúncio da decisão da princesa Margaret de não se casar com ele.

A pedido de Churchill, a rainha Elizabeth II deu ao primeiro-ministro uma fotografia com dedicatória dela sorrindo e acenando em sua carruagem a caminho da cerimônia de abertura do Parlamento, em novembro de 1952. Ele manteve a foto em sua mesa de cabeceira pelo resto da vida.

sucessor como secretário particular, no início do episódio — sempre acreditou que a separação de dois anos seria o suficiente para que a princesa Margaret perdesse o interesse pelo capitão [...] e que tudo acabasse. Mas ela não perdeu. E nada acabou. E, no fim das contas, o dilema da rainha, que está no centro de tudo isso, só se agravou. Ou ela se impõe e proíbe o casamento, e isso colocará irmã contra irmã — continua o secretário particular, recapitulando o problema que ele tornara pior —, ou permite o casamento e entra em rota de colisão com a Igreja da qual ela própria é a chefe.

— Como posso manter minha palavra [a minha irmã] depois de dá-la sabendo apenas metade dos fatos? — pergunta Elizabeth a seu novo primeiro-ministro, Anthony Eden, o antigo ministro do Exterior que sucedera Churchill em abril de 1955.

— Vou sondar a reação do gabinete — responde Eden, ele mesmo um divorciado que se casara novamente. — Não podemos esquecer que os tempos estão mudando. A moralidade está mudando.

Bem, nem tanto assim. Assim como a Grã-Bretanha em uma década posterior se identificaria com Diana, a princesa de Gales, e sua busca por realização, a princesa Margaret causou comoção na década de 1950 com sua aposta na felicidade contra as regras. Sua aparente disposição para ignorar o protocolo representava o outro lado da década de 1950 pós-coroação: a auto-obsessão de *Lucky Jim* (1954), do romancista Kingsley Amis, e os "jovens raivosos" personificados por John Osborne e sua peça *Olhe para trás com raiva* (1956). Margaret podia ser uma princesa, mas sua batalha contra os valores do *establishment* estava em sintonia com a cultura de rebeldia que subvertia a Inglaterra boazinha e cumpridora de seus deveres personificada pela irmã. Quando o romance Margaret-Townsend chegou a seu suposto momento decisivo — o aniversário da princesa, em 21 de agosto de 1955 —, a atitude da imprensa refletiu a nova liberdade. "Vamos lá, Margaret!", exclamou o *Daily Mirror.* "Por favor, decida-se!"

Ao menos eles pediram "por favor". Em Balmoral, mais de trezentos jornalistas e fotógrafos se aglomeraram pela primeira vez registrada no que ficaria conhecido como "porta da frente" real, e quando Peter Townsend chegou a Londres em setembro, ostensivamente para comparecer ao show aéreo de Farnborough, foi perseguido por bandos de ávidos caçadores de notícias. Os jornalistas cercaram a sucessão de casas de amigos para as quais o capitão de grupo recuou, ao passo que Margaret permanecia em Balmoral com o restante da família real.

Enquanto a família real se mantinha alheia em Balmoral, os jornais que criavam caos na capital geraram um fatídico precedente, e Elizabeth II não perdoou a irmã por isso. Seus sentimentos tinham se afastado do otimismo franco e um pouco ingênuo que inspirara o *diner à quatre* na primavera de 1953. A rainha estava cansada da confusão. Ela não ficara satisfeita em ter que colocar as complicações de sua família na agenda de seu novo primeiro-ministro e passara a sentir que Margaret e Townsend abusavam de sua boa vontade e paciência. "Ela é tão instintivamente obediente", diz uma amiga, "que não consegue entender por que as outras pessoas — em particular as de sua família — simplesmente não fazem a coisa certa."

No outono de 1955, Elizabeth II já não tinha dúvidas. O curso óbvio e correto era que Margaret desistisse de Townsend, mas ela não tinha coragem de impor isso à irmã. Conforme se aproximava a hora de Margaret ir para Londres e se reunir ao capitão no início de outubro de 1955, ambas as irmãs evitavam a questão. Após o piquenique final no último dia da estadia da princesa nas Highlands, a rainha levou seus cachorros para uma caminhada muito longa, chegando ao castelo sem tempo de dizer qualquer coisa além de um simples adeus. Sua mãe foi igualmente evasiva.

Ela estava sendo "um avestruz", para empregar uma expressão do repertório real de frases relacionadas a animais. A rainha-mãe estava certa de que Margaret não devia se casar com Townsend. Isso traria à tona memórias

O primeiro-ministro Anthony Eden era um homem divorciado que se casara novamente. Mas não estava preparado para lutar pela concessão à princesa Margaret e a Peter Townsend da liberdade que ele mesmo desfrutara.

da abdicação. Ela estava furiosa com a filha mais jovem por provocar tal publicidade vulgar logo no início do reinado de Lilibet e partilhava a aversão familiar pelas discussões. As refeições em Clarence House, onde as duas mulheres agora viviam, eram marcadas, lembrou a princesa Margaret posteriormente, por longos e gélidos silêncios, "durante semanas a fio". Mas a rainha-mãe, então com 55 anos, falou de seus sentimentos ao velho amigo "Bobbety" Cecil, quinto marquês de Salisbury, que nunca tivera medo de um confronto, como demonstrara em suas tentativas de afastar o debilitado Winston Churchill. Hóspede anual de Balmoral, onde não se esquivava de esgrimir com o jovem príncipe Philip, "Bobbety" frequentava devotamente a igreja e era uma voz poderosa no governo de Anthony Eden — e, em meados de outubro de 1955, fez uma intervenção decisiva no gabinete.

Se a princesa Margaret insistisse em seus planos de se casar com um homem divorciado, disse Salisbury aos colegas, ele pediria demissão, em vez de aquiescer a essa subversão dos ensinamentos da Igreja. Não desejando negar felicidade pessoal ao casal, ele concordaria com o casamento, desde que fosse submetido a uma lei especial de renúncia que removeria a princesa e seus herdeiros da Lista Civil — o pagamento de despesas e subvenções para os membros da família real — e da sucessão. Seria demais sugerir que "Bobbety" estava fazendo o trabalho sujo pela rainha-mãe. Ele tinha fortes opiniões sobre a decadência dos antigos padrões. Alguns anos depois, ameaçaria novamente renunciar em protesto contra as negociações da Grã-Bretanha com o arcebispo Macário, o líder cipriota apoiado por terroristas, saindo furioso do gabinete ao não conseguir o que queria. Contudo, ao assumir essa posição em 1955, o moralista marquês sabia que uma figura muito importante da família real suspiraria com pesar e lembraria ambas as filhas de que não era possível ir contra a vontade de um governo eleito.

Anthony Eden tentara se manter afastado da discussão. O primeiro-ministro era um homem divorciado que se casara novamente. Mas Salisbury forçou a questão em um gabinete em geral tolerante. Embora a princesa Margaret tivesse agora 25 anos, podendo escapar do escopo da Lei de Casamentos Reais, ela recebia seis mil libras por ano da Lista Civil, que se transformariam em quinze mil quando se casasse. A Lista Civil era paga com fundos do governo. Mesmo que Eden estivesse disposto a aceitar uma divisão em seu gabinete, ele teria de enfrentar o Parlamento e justificar, como questão de política governamental, o uso de dinheiro dos contribuintes para sustentar o divorciado capitão de grupo e a nova Sra. Townsend, juntamente com os enteados dela, os filhos de Townsend, cuja inconveniente existência raramente era mencionada. Em termos políticos, a batalha simplesmente não valia a pena, e Eden, com pesar, informou à rainha que o preço do casamento de Margaret seria a Lei de Renúncia, como Salisbury havia proposto. Se a família real desejasse endossar o divórcio, teria de fazer isso à própria custa.

Anthony Eden deu a impalatável notícia à rainha como parte de sua audiência semanal com ela, na noite de terça-feira, 18 de outubro. Nem ele, nem seus colegas afirmaram ou insinuaram coisa alguma, mas uma conclusão se tornou inevitável. Se a princesa Margaret se casasse com Peter Townsend, ela não teria escolha senão deixar o país durante vários anos, ou mesmo permanentemente, criando *dois* grupos de Windsor vítimas do dogma anglicano contra o divórcio.

Na sexta-feira, 21 de outubro, o passado foi novamente revivido quando a família real, o staff do Palácio de Buckingham, o primeiro-ministro, o gabinete, líderes da oposição e representantes da Igreja e da Commonwealth se reuniram nos degraus de Carlton Gardens, no meio da avenida The Mall, para a cerimônia de desvelamento de uma bela estátua de bronze do rei George VI (uma cena retratada por Peter Morgan na abertura do oitavo episódio), esculpida por William McMillan. "Muito se pediu a meu pai em termos de sacrifício e esforço pessoal", declarou Elizabeth II durante seu comovente discurso, enfatizando "sacrifício pessoal" de uma maneira que, para alguns, teve ainda mais significado. "Ele não se esquivou de qualquer tarefa ou dificuldade e, até o fim, nunca vacilou em seus deveres para com seus povos."

Àquela altura, lembrou Townsend — que notadamente *não* fora convidado para a cerimônia em homenagem ao monarca que servira com tanta devoção —, "estávamos ambos exaustos, mental, emocional e fisicamente. Ficamos mudos e entorpecidos no centro daquele turbilhão". O casal se separou durante o fim de semana — Margaret ficou com a irmã e o marido em Windsor e Townsend se hospedou no número 19 da praça Lowndes, no apartamento em Knightsbridge dos amigos de Margaret, o marquês e a marquesa de Abergavenny. "Mal dormi naquele sábado à noite", lembrou ele em sua biografia, *Time and Chance*. "Minha mente retornava incessantemente à tristeza da princesa. Em apenas uma semana, o sorriso desaparecera de seu rosto e sua felicidade e autoconfiança evaporaram. Os acontecimentos nos submeteram a uma rude provocação, e o clamor a nosso respeito continuava, mais alto que nunca."

Na manhã da quarta-feira seguinte, 26 de outubro de 1955, o *Times* rompeu o silêncio em um monumental editorial. O jornal não fez críticas pessoais a Peter Townsend, descrevendo-o como "oficial galante sem qualquer desvantagem, com exceção do fato de que sua esposa divorciada ainda vive". Tampouco criticou o interesse público pelo amor da princesa e do capitão. "A enorme comoção popular gerada pelos acontecimentos recentes é, em si mesma, perfeitamente saudável [...]. Ela provém do genuíno afeto pela família real, que ela herdou e continua a merecer e que é a principal garantia de estabilidade do reino e da Commonwealth."

Depois que a decisão foi tomada, Peter Townsend pôde escapar de volta para a Bélgica, e viver em relativo anonimato. Mas a princesa Margaret não tinha para onde fugir. Ela teve de permanecer sob os holofotes na Grã-Bretanha.

Curiosamente, o editorial afirmava que a posição de Elizabeth II como líder da Igreja só tinha importância para "a parte sul do Reino Unido, onde a Igreja da Inglaterra está estabelecida". Isso significava pouco para a maioria da Commonwealth. Não obstante (e aqui estava o problema), a maioria da Commonwealth nitidamente se importava com o fato de a princesa Margaret se casar ou não com Peter Townsend, e pelas razões mais elevadas. Gostasse ela ou não, a princesa Margaret era irmã da rainha, "em quem seu povo vê o melhor reflexo de si mesmo. Como parte de seu ideal é o da vida familiar, a família da rainha faz parte desse reflexo. Se o casamento agora discutido vier a ocorrer, será inevitável que esse reflexo seja distorcido. A princesa principiará uma união que muitos súditos de sua irmã, todos sinceramente ansiosos por sua felicidade, não podem, por razões de consciência, ver como casamento".

"Não há como escapar da lógica da situação", continuou a matéria. "Se a princesa afinal decidir, com toda a ansiosa deliberação que visivelmente tem dado ao problema, que é incapaz de fazer o sacrifício envolvido [...], ela tem o direito de abandonar um fardo pesado demais para si." No entanto, disse o *Times*, isso seria "um golpe em tudo que a família real tradicionalmente defendeu". E a estocada final foi ainda mais profunda. Qualquer que fosse a decisão que a consciência de Margaret ditasse, "os súditos de sua irmã lhe desejavam toda a felicidade possível — sem esquecer que a felicidade, no sentido pleno, é um estado espiritual do qual o elemento mais precioso pode ser a sensação de dever cumprido".

Foi um massacre devastador, e mesmo que o *Daily Mirror* tenha respondido, dois dias depois, que o *Times* falara "de um mundo ultrapassado e uma era esquecida" e seu editor teria preferido que a princesa se casasse "com um dos palermas com quem conviveu nos últimos anos", o editorial de 26 de outubro de 1955 deixou em evidência que algo sério estava acontecendo. A *Punch* publicara sátiras contando ervilhas em um prato [um jogo inglês para aprender a contar], "latoeiro, alfaiate, soldado, capitão", e um comediante imitara os boletins de notícias da BBC: "Eles tomaram chá juntos novamente hoje." Contudo, até o *Times* se manifestar, muitas pessoas estavam convencidas de que a crise fora inventada pela mídia popular.

Mesmo que Peter Townsend estivesse envolvido com a princesa Margaret — e o próprio *Times* noticiara precisamente as vezes em que ele fora a Clarence House —, para muitos parecia que essa era uma questão totalmente privada, pois ela não pensaria seriamente em um casamento que contrariava os ensinamentos da Igreja e as atitudes tradicionais da família real em relação aos votos matrimoniais. Mas agora ficara explícito que pensava.

O presidente da Conferência Metodista, Dr. Leslie Weatherhead, sentiu que chegara a hora de se pronunciar em nome de sua igreja. "A princesa Margaret e o capitão de grupo Townsend são jovens populares apaixonados um pelo outro", disse ele. No entanto, mesmo que a princesa renunciasse à sua renda e ao seu direito ao trono, para muitos "seu exemplo não torna mais fácil manter o ideal de casamento cristão em um país em que o divórcio já é visto com muita leveza, lares são muito facilmente destruídos e crianças muito impensadamente são privadas da segurança mental de ter pais unidos, uma segurança que certamente faz parte dos planos divinos".

Peter Townsend já se decidira. Na manhã da publicação do editorial do *Times*, lembrou ele mais tarde, "eu ditara mecanicamente agradecimentos às dezenas de cartas que chegavam ao número 19 da praça Lowndes. Com raras exceções, eram expressões simples e comoventes de simpatia; fossem 'a favor', fossem 'contra', eu achava que todas mereciam resposta". Sempre o perfeito cavalariço, o capitão respondeu uma por uma.

"Eu estava tão exausto", escreveu ele, "que tentei cochilar por alguns minutos antes de partir para ver a princesa, às 4 horas da tarde. Mas não consegui dormir. Estava obcecado pela ideia de que a princesa precisava dizer ao mundo que não haveria casamento. Palavras e frases truncadas se reviravam em minha mente. Subitamente, saí da cama e peguei papel e lápis. As palavras me vieram com nitidez e fluência e comecei a escrever: '*Decidi não me casar com o capitão de grupo Townsend [...]. Teria sido possível contrair um casamento civil, mas, obedecendo aos ensinamentos da Igreja...*'"

Menos de uma hora depois, Townsend estava com a princesa em Clarence House. "Ela parecia muito cansada", lembrou ele, "mas estava composta e afetuosa como sempre. Eu disse a ela, calmamente: 'Pensei muito sobre nós dois nos últimos dias, e anotei algumas frases para você dizer, se quiser.' Dei a ela o papel e ela leu. Então olhou para mim e, também muito calmamente, disse: 'É exatamente assim que me sinto.' Nossa história de amor começara com essas palavras. Agora, com a mesma doce frase, adicionamos o *finis* a ela."

Margaret contou imediatamente à irmã e à mãe e, no dia seguinte, foi ver o arcebispo de Canterbury, em uma cena gravada no imaginário popular pelo filho de Winston Churchill, Randolph. "O arcebispo", escreveu Churchill, "supondo que ela fora até lá para uma consulta, tinha todos os seus livros de referência espalhados pela mesa, com cuidadosas marcações e referências cruzadas. Quando a princesa Margaret entrou, ela disse, em palavras dignas da rainha Elizabeth I: 'Arcebispo, o senhor pode guardar os livros. Já tomei minha decisão.'" O Dr. Fisher de fato ficou surpreso com a decisão a que a princesa chegara tão inequivocamente, e satisfeito com o caminho de dever que ela escolhera. Mas ficou ainda mais surpreso quando leu esse relato da reunião crucial, pois, como disse tempos depois a seu biógrafo, William Purcell: "Eu não tinha livro algum sobre a mesa. A princesa chegou e eu a recebi, como faria com qualquer um, em meu escritório. Ela nunca disse 'guarde os livros', porque não havia livros para guardar." Na segunda-feira seguinte, a BBC interrompeu sua programação noturna para transmitir a declaração. "Esse é um grande ato de sacrifício", escreveu Harold Nicolson em seu diário, "e o país a admirará e amará por isso. Eu me sinto comovido." A maioria dos editoriais de 1º de novembro de 1955 concordou com ele. "Todos os povos da Commonwealth se sentirão gratos a ela por adotar o caminho altruísta e real que, no coração de cada um, era esperado dela", disse o *Times* com maldisfarçada satisfação.

Mas o *Daily Mirror* se recusou a participar do sufocante canto de "Muito bem!", ao passo que o *Manchester Guardian* profetizou que a decisão de Margaret "será vista pelas grandes massas como desnecessária e talvez até um grande desperdício. No longo prazo, ela não dará crédito ou influência àqueles que mais insistiram em negar à princesa a mesma liberdade gozada pelo restante dos cidadãos [...]. Essa estranha peça de inconsistência pode ser tipicamente inglesa, mas tem mais que um toque de hipocrisia inglesa".

A hipocrisia foi o tema que Noël Coward abordou em seu diário três dias depois, esperando que Margaret não se tornasse "uma donzela frustrada e tenha o bom senso de pular na cama algumas vezes" — embora ele duvidasse. "Teria sido um casamento inadequado, de qualquer modo", concluiu o Mestre. "Ela não tem como saber, sendo jovem e estando apaixonada, que o amor morre rapidamente e o futuro com dois enteados e um homem dezoito anos mais velho não seria muito próspero." Como diria, com conhecimento de causa, a confidente ocasional de Margaret, Kenneth Rose, a princesa não teria sobrevivido à realidade de "uma vida em um chalé com o salário de um capitão". A irmã mais nova de Elizabeth não fora criada para ser qualquer coisa além de princesa, e o casamento com Townsend teria significado desistir de seu estilo de vida, seu status e, de muitas maneiras, da sua identidade. "Deixe-me dizer, a partir da amarga experiência", comentou a ex-princesa Patricia de Connaught, neta da rainha Vitória, que nobremente desistira de seu status como Sua Alteza Real para se casar com o capitão Alexander Ramsay em 1919 e passara 55 anos felizes, mas obscuros, como Lady Patricia Ramsay. "Não é uma boa ideia desistir de ser princesa."

"Somos meias-pessoas", afirma o duque de Windsor filosoficamente no telefonema que Peter Morgan imagina Elizabeth fazendo ao tio David no auge da crise Margaret-Townsend. "Eu entendo o desespero que você sente, e estou aqui para lhe dizer que ele não vai passar."

A ironia da crise Margaret-Townsend em outubro de 1955 é que foi a rebelde Margaret, a irmã mais nova, e não a diligente Elizabeth II, quem agiu para proteger a Coroa com seu ato de sacrifício pessoal — e, infelizmente, esse sacrifício não representou muita coisa no longo prazo. Quarenta anos depois, os casamentos de três dos quatro filhos da rainha terminaram em divórcio, sem mencionar o casamento da própria princesa Margaret com lorde Snowdon; e, olhando para o reinado seguinte, o futuro rei Charles III, que um dia será solenemente coroado e ungido com óleos sagrados, é um homem divorciado casado com uma mulher divorciada. De que valem agora os ensinamentos da Igreja?

Peter Townsend retornou de maneira discreta para a Bélgica e passou o resto da vida seguramente afastado dos perigos similares da imprensa e da família real britânicas, ao passo que a princesa Margaret continuou a ruminar sobre exatamente o que — e quem — impedira sua felicidade. Sua maior, e mais compreensível, queixa era de que os obstáculos da Lei de Casamentos Reais que foram colocados em seu caminho em 1955 já existiam em 1953, quando ela se comprometera com Townsend. Peter e ela desperdiçaram dois dolorosos anos planejando sua vida e seu amor com base em informações falsas, e ela focou seu ressentimento em Tommy Lascelles, já que foi ele quem escondeu a verdade dela e da irmã, usando a desculpa para exilar Peter em Bruxelas e atribuindo uma esperança espúria a seu aniversário de 25 anos. Os demais outros seguiram as instruções do secretário particular.

Mais tarde, Margaret se tornou vizinha de Lascelles no apartamento real para o qual ele se mudara depois de se aposentar, no Palácio de Kensington, e descreveu o momento, certa manhã, no qual viu sua forma cinzenta e inclinada se arrastando pelas pedrinhas em frente ao carro. A princesa que fizera tal sacrifício pelo bem da fé cristã confessou ter tido um impulso muito pouco cristão: o de mandar o motorista acelerar e arrastar o antigo secretário particular pelo cascalho.

Princesa Betts

MECÂNICA EM TREINAMENTO

"Ele é meio barulhento", diz a rainha Elizabeth II enquanto conduz Anthony Eden na direção de um velho Land Rover verde durante a visita de outono dele a Balmoral em 1955. "Estamos tendo problemas com a bomba de combustível."

O primeiro-ministro quer discutir o canal de Suez e seus problemas com o impetuoso líder egípcio, Gamal Abdel Nasser. Mas a rainha prefere falar sobre bombas de combustível e cabeças de cilindros — memórias queridas de seu período mais prolongado no mundo exterior, quando estudara na condição de mecânica em treinamento em um curso de manutenção de veículos do Exército, como membro do Auxiliary Territorial Service, o ATS, no fim da Segunda Guerra Mundial: "Nº 230873, segunda subalterna Elizabeth Alexandra Mary Windsor. Idade: 18. Olhos: azuis. Cabelo: castanho. Altura: 1,60 m."

A princesa se candidatara para o serviço de guerra assim que se tornara elegível, ao completar 16 anos, em abril de 1942, mas os pais relutaram em deixá-la "ir para o mundo" tão jovem. George VI achava que a filha mais velha devia se concentrar em seus estudos formais com Henry Marten, seu tutor constitucional, e com a governanta Marion Crawford. Mas tanto a governanta como a princesa achavam que o rei estava sendo superprotetor. "Preciso fazer o que as garotas da minha idade fazem", queixou-se Elizabeth, e iniciou uma prolongada campanha para fazer o pai mudar de ideia.

"Após utilizar todo o seu poder de persuasão", nas palavras diplomáticas de Dermot Morrah, Elizabeth finalmente recebeu permissão para se unir ao ATS assim que completou 18 anos. Ela tirou medidas para o duramente conquistado uniforme cáqui e, durante seis semanas na primavera de 1945, foi levada diariamente de Windsor a Aldershot, a base tradicional do Exército britânico em Surrey, para fazer um curso de manutenção de veículos, trabalhando dentro, fora e embaixo de carros e caminhões. Ela aprendeu a ler mapas, dirigir em comboio e desmontar e consertar motores. Foi a primeira vez na história, ouviram suas onze colegas, que um membro do sexo feminino

Durante seu curso de seis semanas em Aldershot, em 1945, a "princesa Betts" aprendeu a trocar pneus, desmontar e consertar motores, dirigir em comboio e ler mapas.

Recruta real do Auxiliary Territorial Service: Nº 230873, segunda subalterna Elizabeth Alexandra Mary Windsor. Idade: 18. Olhos: azuis. Cabelo: castanho. Altura: 1,60 m.

da família real frequentava um curso com "outras pessoas". Elas receberam instruções específicas para não revelar sua identidade e quase explodiram de curiosidade sobre sua aparência. A soldado Eileen Heron escreveu em seu diário: "Bastante impressionante. Baixa, bonita, cabelo castanho cacheado e curto. Belos olhos cinza-azulados e um sorriso extremamente charmoso, e ela usa batom!" A princesa estava igualmente ansiosa para conhecer as colegas, mas isso se provou difícil. Enquanto elas dormiam em cabanas na base feminina de Aldershot, Elizabeth percorria de carro os 35 quilômetros até Windsor, onde seus animados discursos sobre pistões e cilindros durante o jantar se tornaram uma espécie de piada familiar. Quando as aulas eram interrompidas para o almoço, a princesa era "levada embora" pelos oficiais para comer na cantina deles e, durante as aulas, sentava-se no meio da primeira fila, com um sargento de cada lado. Mas ela aproveitou como pôde. "Quando alguém faz uma pergunta", comentou Eileen Heron, "ela se vira para dar uma boa olhada. É sua única oportunidade de ligar os nomes às pessoas certas." E, no fim do curso, Elizabeth já conseguira escapar de seus superprotetores mentores para tomar chá com as outras garotas. De acordo com um relato, as companheiras mais informais a apelidaram de "Betts".

Quando o rei e a rainha visitaram o local para ver "Betts" prestando seu exame final, encontraram a filha debaixo de um carro, usando um macacão cheio de graxa, as mãos manchadas de preto e o rosto sujo, "parecendo muito séria e determinada a receber boas notas e fazer a coisa certa". Como medida de sua proficiência no fim do curso, a princesa dirigiu o comandante da companhia desde Aldershot, percorrendo o pior do tráfego vespertino de Londres e chegando ao pátio do Palácio de Buckingham — "se ela deu duas voltas em torno de Piccadilly Circus porque estava se divertindo ou porque não tinha domínio absoluto do sistema de rotatórias", escreveu Dermot Morrah, "não foi determinado por uma autoridade competente".

A experiência terminou cedo demais para Elizabeth. "[Ela] diz que ficou muito perdida na semana seguinte", escreveu a soldado Heron, "especialmente porque não sabia o que aconteceria a ela como resultado do curso." A princesa dissera a Eileen que esperava trabalhar na sede do ATS mais tarde naquele verão, como oficial júnior, organizando os transportes juntamente com outras jovens. Mas não foi assim. Menos de um mês depois, em 8 de maio de 1945, chegou o Dia da Vitória. Houve muito trabalho no ATS nos meses de desmobilização, mas George VI queria a filha em casa, cuidando de deveres públicos mais proeminentes. Na noite do Dia da Vitória, depois que a família surgiu pela enésima vez no balcão do Palácio de Buckingham para celebrar com a enorme multidão, o rei ordenou que um grupo de jovens oficiais retirasse suas filhas discretamente do palácio para se misturarem à quase esquecida experiência de ruas e prédios iluminados. As princesas participaram das festividades em massa. "Pobres queridas", escreveu George VI, "ainda não tiveram nenhuma diversão." O rei já se esquecera do curso de mecânica da filha mais velha em Aldershot. Elizabeth, porém, jamais se esqueceu.

***26 de maio de 1945. A "princesa mecânica" posa para um tipo diferente de foto glamorosa na capa da revista* Illustrated.**

Os retratos reais de Annigoni e Beaton

Na primavera de 1955, o artista florentino Pietro Annigoni se preparava para exibir seu enorme e descaradamente sentimental retrato da rainha Elizabeth II na exposição de verão da Academia Real. Com mais de 1,50 m de altura, a pintura era o meticuloso resultado de quatorze sessões e sua imagem surpreendentemente representativa, quase fotográfica, expunha de forma ousada o desafio do pintor à "arte moderna". Na contramão de Graham Sutherland, em 1947, Annigoni se unira a seis outros artistas italianos para publicar o manifesto dos "pintores realistas modernos" em desafio à arte abstrata, protestando contra os vários movimentos não figurativos que haviam ganhado favoritismo na Itália nos anos pós-guerra.

Na realidade, o enorme estudo 3x4 da rainha não era totalmente tradicional. Embora meticulosamente detalhado, no estilo do início da Renascença adotado por Annigoni, seu simbolismo tinha tons surrealistas, com Elizabeth vestindo os trajes da Ordem da Jarreteira e flutuando em um céu sem nuvens sobre um sombrio cenário de árvores varridas pelo vento, com um misterioso lago a distância.

O retrato causou sensação quando foi desvelado na exibição de verão da Academia Real. Ele apelava tanto aos olhos quanto ao coração. Multidões fizeram fila durante horas e formaram grupos compactos para vê-lo. Um crítico comparou sua precisão imagética com o retrato de Jane Seymour, a esposa favorita de Henrique VIII, feito por Hans Holbein, e Annigoni se sentiu orgulhoso com a comparação. Em termos documentais, seu retrato exibia uma monarca madura, autoconfiante e no comando. Tratava-se, indubitavelmente, de um retrato real.

A explicação mais plausível para seu enigma foi oferecida pelo próprio artista, um italiano falante e adoravelmente baixinho, com não mais de 1,50 m, que convencera a rainha a falar de suas experiências de infância — em francês,

já que o inglês dele era ruim e ela não falava italiano. Elizabeth contara como, quando pequena, passava horas olhando pelas janelas do palácio, intrigada com os carros, os pedestres e a realidade da vida que levavam, tentando se colocar no lugar deles e imaginar aonde estavam indo e no que pensavam. Aos olhos de Annigoni, Elizabeth II estava tanto afastada de seu povo como muito engajada com ele — e esse era o paradoxo que seu retrato tentava expressar.

"Imagem de caixa de chocolate" [convencionalmente bonita e de forte apelo emocional] foi a reação dos críticos mais severos, mas isso não desencorajou Cecil Beaton, sobre cujas fotografias o mesmo já fora dito antes. Convidado a fotografar a rainha no outono de 1955, ele decidiu seguir o exemplo de Annigoni, fotografando-a nos trajes da Ordem da Jarreteira à frente de outro dos seus cenários pintados — dessa vez, o Castelo de Windsor visto do Tâmisa. Ele mesmo pintou o pano de fundo do céu sobre o palácio na manhã da sessão, para garantir que teria o tom desejado.

Posteriormente, os fotógrafos reais levariam equipes de maquiadores, como em uma sessão de moda, mas, no Salão Azul naquela tarde, Beaton teve de se contentar com o pó e o batom que Elizabeth aplicara — sem rímel. No começo, a luz não funcionou: parecia dura demais. Mas ele perseverou por várias poses e usou sua familiaridade com a fotografada e a lembrança partilhada da sessão épica com as damas de honra após a coroação, dois verões antes.

"Felizmente, parece que a família real só precisa me ver para começar a rir", escreveu ele em seu diário. "Tomara que continuem a me achar engraçado, pois isso ajuda tremendamente a manter a animação durante as atividades. Durante a tarde, descobri que é muito fácil conduzir a rainha a uma condição quase irreversível de *fou rire* [riso], e isso evitou muitas fotografias amuadas e morosas." Beaton fotografou a monarca em pé e sentada e, quando chegou às fotografias da Ordem da Jarreteira, sentiu que ela finalmente relaxara. "Agora sei como arrumar as luzes", escreveu ele, "e fotografar a rainha com o rosto virado em três quartos e a cabeça suficientemente inclinada para trás a fim de que seus ossos malares se destaquem nítidos e belos. Fiquei empolgado."

No fim do episódio 10, Peter Morgan usa essa empolgação para encerrar o episódio. "Salve, senhora sábia que uma ilha grata abençoou!", exulta Beaton ao fazer a fotografia final, retornando a uma linguagem arcaica para combinar com o estilo de seu Castelo de Windsor imaginário. "Não se mexa! Sem respirar! Nossa deusa!" E é assim que a primeira temporada de *The Crown* termina em um crescendo fotográfico, com Elizabeth estrelando como a Gloriosa Gloriana — ao menos nas telas e placas de nitrato de prata.

A rainha Elizabeth II em seus trajes da Ordem da Jarreteira, fotografada em frente a um cenário do Castelo de Windsor criado por Cecil Beaton no outono de 1955.

À medida que a segunda temporada se aproxima, Elizabeth II e seu país enfrentam desafios em muitas frentes, particularmente no Oriente Médio. No último episódio da primeira temporada, vimos as tensões se desenvolverem conforme Anthony Eden tentava confrontar e depois apaziguar (sem sucesso) o coronel Nasser, do Egito, sobre a posse do canal de Suez. Em 1955, isso parecia uma pequena desavença colonial.

Mas, no fim de 1956, a loucura e a tragédia de Suez representarão muito mais: um divisor de águas histórico após o qual o lugar da Grã-Bretanha no mundo jamais será o mesmo. O choque e a desilusão atingirão duramente muitos aspectos da vida britânica, incluindo a Coroa e a mulher que a usa. A monarca gloriosamente vestida que sorri para a câmera de Cecil Beaton no outono de 1955 parece ser eterna, tão clássica e serena quanto seu retrato por Annigoni. Mas isso foi naquele momento.

Será que nós — e ela — vimos o seu auge?

PHILIP, DUQUE DE EDIMBURGO

INTERPRETADO POR MATT SMITH

"Que casamento é esse?
Que família é essa?

Você tirou minha carreira,
você tirou meu lar.

Achei que estávamos juntos nisso."

RAINHA ELIZABETH II

INTERPRETADA POR CLAIRE FOY

"Sei que estou cercada de pessoas que sentem que poderiam fazer meu trabalho melhor que eu.

Pessoas fortes com temperamentos poderosos, líderes mais naturais...

Não obstante, para o melhor e para o pior, a coroa pousou sobre a minha cabeça."

CRONOLOGIA REAL

1947-1955

1947

19 de novembro — O rei George VI nobilita Philip Mountbatten como Sua Alteza Real, o duque de Edimburgo, cavaleiro da Jarreteira. A princesa Elizabeth e Philip se casam no dia seguinte na Abadia de Westminster.

1948

5 de julho — O Serviço Nacional de Saúde é implementado pelo governo trabalhista de Clement Attlee.

14 de novembro — Nasce o príncipe Charles.

1949

Outono — Philip parte para Malta como primeiro-tenente do destróier HMS *Chequers*.

1950

16 de julho — Philip é promovido a tenente comandante e recebe o comando da fragata HMS *Magpie*.

15 de agosto — Nasce a princesa Anne.

1951

Julho — Philip encerra sua carreira naval e retorna de Malta.

23 de setembro — O pulmão do rei George VI é removido em uma cirurgia realizada no interior do Palácio de Buckingham.

26 de outubro — Os conservadores derrotam o Partido Trabalhista na eleição geral. Clement Attlee renuncia. Winston Churchill torna-se primeiro-ministro.

Dezembro — O rei George VI passa seu último Natal com a família em Sandringham.

1952

31 de janeiro — A princesa Elizabeth e Philip substituem o pai dela na viagem pela Commonwealth, começando pelo Quênia.

6 de fevereiro — O rei George VI morre durante o sono em Sandringham. A nova rainha, Elizabeth II, recebe a notícia da morte do pai em Sagana Lodge, no Quênia, e retorna a Londres de avião.

15 de fevereiro — Funeral do rei George VI.
Abril — A Comissão de Coroação se reúne pela primeira vez, tendo o duque de Edimburgo no comando dos preparativos.

Verão — A rainha-mãe, Elizabeth, conhece e decide restaurar o Castelo de Mey, no norte da Escócia.

5 a 9 de dezembro — O grande nevoeiro paralisa Londres. Milhares de pessoas morrem.

1953

Fevereiro — Fim do racionamento de doces, imposto em julho de 1942.

24 de março — Morre a rainha Mary, aos 85 anos.

2 de junho — Coroação da rainha Elizabeth II. A posse de televisores na Inglaterra sobe de quatrocentos mil em 1950 para um milhão e cem mil em 1953.

7 de junho — Uma matéria sobre o romance entre a princesa Margaret e Peter Townsend é publicada no *New York Journal-American*.

10 de junho — Anthony Eden é submetido a uma cirurgia abdominal em Boston, Massachusetts.

23 de junho — Winston Churchill sofre um derrame em Downing Street.

3 de julho — Os jornais de Londres relatam o romance entre a princesa Margaret e Peter Townsend.

15 de julho — Peter Townsend parte com destino a Bruxelas, para sua nova posição como adido aéreo da embaixada britânica.

31 de julho — Anthony Eden retorna a Londres após uma cirurgia nos Estados Unidos.

Verão — Sir Alan "Tommy" Lascelles se aposenta como secretário particular de Elizabeth II. Michael Adeane o sucede.

12 de agosto — A União Soviética explode uma bomba de hidrogênio na Área de Testes de Semipalatinsk, no Cazaquistão.

24 de novembro — A rainha Elizabeth II e o duque de Edimburgo iniciam uma viagem pela Commonwealth, começando pelas Bermudas.

1954

15 de maio — A rainha Elizabeth II e o marido retornam, tendo viajado mais de 65 mil quilômetros e visitado Bermudas, Jamaica, Fiji, Tonga, Nova Zelândia, Austrália, Ilhas Cocos, Ceilão, Adem, Uganda, Malta e Gibraltar.

4 de julho — Termina o racionamento de alimentos com o fim das restrições à compra de carne e bacon.

17 de julho — O cavalo Aureole, da rainha Elizabeth II, vence o King George VI and Queen Elizabeth Stakes em Ascot.

Agosto — Graham Sutherland começa a pintar o retrato de Winston Churchill.

30 de novembro — O Parlamento presenteia Winston Churchill com o retrato pintado por Sutherland em uma cerimônia em Westminster Hall, em seu 80º aniversário.

1955

Fevereiro — Anthony Eden retorna a Londres após se reunir com o coronel Gamal Abdel Nasser no Cairo, Egito.

4 de abril — Winston Churchill recebe Elizabeth II em Downing Street para seu jantar de despedida.

5 de abril — Winston Churchill renuncia e Anthony Eden se torna primeiro-ministro.

10 de outubro — Peter Townsend retorna a Londres, vindo de Bruxelas.

21 de outubro — Elizabeth II desvela a estátua do rei George VI na avenida The Mall.

31 de outubro — Uma declaração da princesa Margaret anuncia que ela não seguirá com os planos de se casar com Peter Townsend.

4 de novembro — Townsend retorna a Bruxelas para reassumir sua posição como adido aéreo da embaixada britânica.

Novembro — Cecil Beaton fotografa Elizabeth II em seus trajes da Ordem da Jarreteira em frente a um cenário do Palácio de Windsor.

ELENCO

FAMÍLIA REAL

Rainha Elizabeth II	Claire Foy
Philip, duque de Edimburgo	Matt Smith
Rainha Mary	Eileen Atkins
"David", duque de Windsor	Alex Jennings
Wallis, duquesa de Windsor	Lia Williams
Rei George VI	Jared Harris
Rainha-mãe Elizabeth	Victoria Hamilton
Princesa Margaret	Vanessa Kirby
Lorde Louis Mountbatten	Greg Wise
Jovem princesa Elizabeth	Verity Russell
Jovem princesa Margaret	Beau Gadsdon
Príncipe Charles	Billy Jenkins
Princesa Anne	Grace e Amelia Gilmour
Príncipe Ernst de Hannover	Daniel Betts

O MUNDO DA CORTE

Alan Lascelles, "Tommy"	Pip Torrens
Michael Adeane	Will Keen
Martin Charteris	Harry Hadden-Paton
Mary Charteris	Jo Herbert
Peter Townsend	Ben Miles
Mike Parker	Daniel Ings
Duque de Norfolk	Patrick Ryecart
Lorde Chamberlain	Patrick Drury

Cecil Mann, joalheiro da Coroa	John Surman
Margaret MacDonald, "Bobo"	Lizzy McInnerny
Marion Crawford, "Crawfie"	Sara Vickers
Telefonista-chefe	John Rowe
Valete do duque de Edimburgo	Chris Gordon
Cavalariço (Palácio de Buckingham)	James Hillier
Pajem (Palácio de Buckingham)	Jonathan Newth
Pajem (Clarence House)	Thomas Padden
Assistente da princesa Margaret	Angela Sims

MOVENDO-SE PELOS CÍRCULOS REAIS

Henry Porchester, "Porchey"	Joseph Kloska
Jean Wallop	Andrea Deck
Barão Nahum	Julius D'Silva
Billy Wallace	Nick Hendrix
Colin Tennant	David Shields
Comandante Vyner	David Yelland
Lady Doris Vyner	Caroline Goodall
Johnny, duque de Dalkeith	Josh Taylor
Judy Montague	Abigail Parmenter
Cecil Beaton	Mark Tandy
Norman Hartnell	Richard Clifford

O MUNDO DA POLÍTICA

Winston Churchill	John Lithgow
Clementine Churchill	Harriet Walter
Clement Attlee	Simon Chandler
Anthony Eden	Jeremy Northam
Clarissa Eden	Anna Madeley
Lorde Salisbury, "Bobbety"	Clive Francis
John Colville, "Jock"	Nicholas Rowe

R. A. Butler, "Rab"	Michael Culkin
Walter Monckton	George Asprey
Harry Crookshank	Nigel Cooke
John Foster Dulles	Garrick Hagon
Gamal Abdel Nasser	Amir Boutrous

PERSONAGENS HISTÓRICOS

Arcebispo de Canterbury	Ronald Pickup
Arcebispo de York	John Woodvine
Henry Marten, vice-reitor de Eton	Michael Cochrane
Lorde Moran	Nicholas Jones
Sir John Weir	James Laurenson
Graham Sutherland	Stephen Dillane
Mlle. De Bellaigue	Héléna Soubeyrand
Capitão F. B. Imbert-Terry	John Standing
Eric Sherbrooke Walker	David Clatworthy
Governador-geral do Quênia	Wayne Harrison
Chefe Kungu Waruhiu	Yule Masiteng
Chefe Pelipel	Treasure Tshabalala
Kathleen Sullivan	Amelia Bullmore

PERSONAGENS FICTÍCIOS

Venetia Scott	Kate Phillips
Chefe Sironka	Dan Sitoe
Bill Matheson	Paul Thornley
Collins	Jo Stone-Fewings
Mary	Samantha Baines
Sra. Wills	Catherine Lamb
Nancy Lewis	Clare Foster
Professor Hogg	Alan Williams
Thurman	Anthony Flanagan

Tony Longdon	Ed Stoppard
Editor do jornal	Peter Wight
Proprietário do jornal	Clive Arrindell
Cientista-chefe (Escritório de Meteorologia)	Simon Poland
Diretor (Escritório de Meteorologia)	Stephen Chance
Produtor de TV	Ryan Early

EQUIPE

Criador e autor	Peter Morgan
Produtores executivos	Peter Morgan
	Stephen Daldry
	Andy Harries
	Philip Martin
	Suzanne Mackie
	Matthew Byam Shaw
	Robert Fox
	Tanya Seghatchian
	Nina Wolarsky
	Allie Goss
Produtor da série	Andrew Eaton
Produtores	Faye Ward
	Michael Casey
Diretores	Stephen Daldry
	Philip Martin
	Julian Jarrold
	Benjamin Caron
Coprodutor	Andy Stebbing
Diretor de arte	Martin Childs
Diretores de fotografia	Adriano Goldman
	Ole Bratt Birkeland
Diretores de elenco	Nina Gold
	Robert Sterne
Diretora de figurino	Michele Clapton
Diretor de cabelo e maquiagem	Ivana Primorac
Tema de abertura	Hans Zimmer
Música por	Rupert Gregson-Williams
Supervisora de música	Sue Crawshaw

Editores	Pia Di Ciaula
	Luke Dunkley
	Mark Eckersley
	Stuart Gazzard
	Kristina Hetherington
	Úna Ní Dhonghaíle
	Yan Miles
Primeiros assistentes de direção	Martin Harrison
	Finn McGrath
	Richard Styles
Segundos assistentes de direção	Andy Mannion
	Charlie Waller
Terceiro assistente de direção	Matt Bensley
Gerente de produção	Eve Swannell
Gerente de produção 2ª unidade	Harriet Worth
Controlador financeiro	Alistair Thompson
Produtora de pós-produção	Nicki Mousley
Diretor 2ª unidade	Justin Martin
Coordenadora de produção	Carrie Banner
Assistente de elenco	Kate Bone
Material adicional	Nick Payne
	Tom Edge
	Duncan Macmillan
Executivos de roteiro	Oona O'Beirn
	David Hancock
Editor de roteiro	Edward Hemming
Chefe de pesquisa	Kerry Gill-Pryde
Pesquisadora especialista	Annie Sulzberger
Assistente de produção de P. Morgan	Tanya Von Moser
Treinador de dialetos	William Conacher
Consultor histórico	Robert Lacey
Conselheiro de protocolo	Major David Rankin-Hunt
Assistente da coordenação de produção	Charlotte Michel
Coordenadora de produção júnior	Rachel Linehan

Secretária de produção	Rebecca Warren
Segundo assistente de direção de figurantes	Gary Richens
Diretor-supervisor de arte	Mark Raggett
Responsável pelos assistentes de produção	Sarah Childs
Assistente de produção	Jesse Algranti
Mensageiro	Toby Robinson
Assistente dos produtores	Dominique Summers
Assistentes dos diretores	Akaash Meeda
	Joe Madden
	Tom McCormack
Diretores de arte	Hannah Moseley
	James Wakefield
Diretoras de arte no set	Lizzie Kilham
	Louise Lannen
Assistente do diretor de arte	Damian Leon Watts
Projetista	Thomas Turner
Assistente do Departamento de Arte	Georgie Carson
Decoradora do set	Celia Bobak
Compradora da produção	Lucinda Sturgis
Assistentes da decoradora do set	Alison Harvey
	Sophie Coombes
Compradora assistente	Rachel Corbould
Técnico de tecidos	Tony Szuch
Designer gráfico	Neil Floyd
Assistente gráfica	Victoria Reynolds
Coordenadora de espaços	Joanna Garrard
Aderecista	Craig Cheeseman
Aderecistas no set	Mark Brooks
	Stuart Headley-Read
Arquivista de adereços	Owen Harrison
Encarregados de adereços	Stuart Frift
	Peter Wood
Adereços de figurino	Joe Gallagher
	Sean Board

Coordenadora de adereços e decoração do set	Jenny Hawes
Operador de câmera e steadicam	Stuart Howell
Operador de câmera	Iain Struthers
Primeiros assistentes de câmera	Tim Battersby
	Jason Walker
Segundos assistentes de câmera	Phoebe Arnstein
	Kriss Dallimore
Estagiário de câmera	Ruy De Carvalho
Técnico de imagens digitais	John Paxton
Técnico assistente de imagens digitais	Liam Beard
Operador de vídeo	Guy McCormack
Assistente de vídeo	Luke Haddock
Chefe de iluminação	Andy Lowe
Assistente de iluminação	Chris Stones
Técnico de iluminação	John Antill
Técnico-chefe de iluminação	Steve Fitzpatrick
Engenheiro de som	Chris Ashworth
Operador de boom	James Harris
Segundo operador de boom	Duran Darkins
Chefe dos contrarregras	Ronan Murphy
Contrarregras	Michael Wacker
	James Ray-Leary
Estagiário de contrarregra	Steve Wells
Supervisor dos gerentes de locação	Pat Karam
Gerentes de locação	Peter Gray
	Mark Walledge
	Andrew Ryland
	Chris Johnston
Assistentes dos gerentes de locação	Adrian Hubbard
	Ian Lumsden
Gerente de unidade	Nathan Flaher
Assistente de locação	Olivia Grant
Supervisores de roteiro	Karen Jones
	Janice Schumm

Supervisor de efeitos especiais	Chris Reynolds
Supervisor de efeitos especiais no set	Mat Horton
Gerente de obras	Gene D'Cruze
Chefe do Departamento de Carpintaria	Danny Margetts
Chefe do Departamento de Pintura	Marc Beros
Carpinteiro no set	Steve Carling
Pintor no set	Nick Bowen
Supervisora de figurinos	Kate O'Farrell
Designer de figurino assistente	Alex Fordham
Supervisor de figurino dos figurantes	Gordon Harmer
Designer de figurino assistente	Emma O'Loughlin
Técnica de figurino	Barbara Harrington
Coordenadora de figurino	Rebecca Tredget
Técnicos de figurino no set	Jade Armstrong
	Gabriella Morpeth
	Oliver Southall
Técnica de figurino no set, figurantes	Ashleigh Lennox
Supervisora da oficina de figurinos	Christine Atkinson
Técnicas de maquiagem e penteados	Gemma Hoff
	Sarah Spears
	Amy Riley
	Michele Davidson-Bell
Estagiária de maquiagem e penteados	Natasha Klipp
Supervisora de maquiagem dos figurantes	Fiona Rogers
Técnica de maquiagem e penteados dos figurantes	Sophie Ashworth
Estagiária de maquiagem e penteados dos figurantes	Liv Barningham
Segurança	Ray Cummins
Transportes	Mark Crowley
Contadora da produção	Lita O'Sullivan
Assistentes de contabilidade	Linda Tootill
	Munawar Ahmad
Caixa	Giles Barnett

Assistente de contas	Renata Pavelka
Estagiária de contas	Rajneet Jabbal
Primeiro chef	Chris Blyth
Segundo chef	Paul Creasey
Diretor de publicidade	Ian Johnson
Assistente do diretor de publicidade	Allie Elwell
Fotógrafo de fotogramas	Alex Bailey
Produtora na África do Sul	Genevieve Hofmeyer
Produtora de linha na África do Sul	Angela Philips
Gerente de locação na África do Sul	Robert Bentley
Produtora de cenas de arquivo	Victoria Stable
Supervisora de música	Sue Crawshaw
Supervisor de efeitos especiais	Ben Turner
Colorista	Asa Shoul
Editor online	Gareth Parry
Editor de som	Lee Walpole
Editor de diálogos	Iain Eyre
Supervisor de dublagem	Kallis Shamaris
Design de som	Andy Kennedy
Mixers de regravação de áudio	Stuart Hilliker
	Martin Jensen
	Lee Walpole
Legendas	Elastic
Primeiro editor assistente	Dan Gage
Segundas editoras assistentes	Ruth Antoine
	Izabella Curry
Coordenadores de pós-produção	Becky Page
	Leonie Bleasdale
	Natasha Lauder
Secretária de pós-produção	Senait Ghezzehey
Executivo de assuntos comerciais	Henry Buswell
Chefe de assuntos comerciais	Charlie Goldberg
Diretora financeira	Grace Wilson
Diretor de produção	Marigo Kehoe
Chefe de produção	Hilary Benson

LEITURAS RECOMENDADAS

BIOGRAFIAS DA RAINHA ELIZABETH II

Bradford, Sarah. *Queen Elizabeth II: Her Life in Our Times.* Londres: Viking, 2012.

Brandreth, Gyles. *Elizabeth and Philip: Portrait of a Royal Marriage.* Nova York: W. W. Norton & Company, 2004.

Hardman, Robert. *Our Queen.* Londres: Arrow Books, 2012.

Lacey, Robert. *Majesty: Elizabeth II and the House of Windsor.* Londres: Hutchinson, 1977.

Marr, Andrew. *The Diamond Queen.* Londres: Macmillan, 2011.

Pimlott, Ben. *The Queen: Elizabeth and the Monarchy.* Londres: HarperPress, 2012.

Smith, Sally Bedell. *Elizabeth the Queen: The Life of a Modern Monarch.* Nova York: Random House, 2012.

BIOGRAFIAS E ESTUDOS REAIS

Bloch, Michael. *The Secret File of the Duke of Windsor.* Londres: Transworld, 1988.

Bogdanor, Vernon. *The Monarchy and the Constitution.* Oxford: Clarendon Press, 1995.

Boothroyd, Basil. *Prince Philip: An Informal Biography*. Nova York: McCall, 1971.

Bradford, Sarah. *George VI*. Londres: Weidenfeld and Nicolson, 1989.

Buxton, Aubrey. *The King in His Country*. Londres: Longmans, Green, 1955.

Eade, Philip. *Prince Philip: His Turbulent Early Life*. Londres: HarperPress, 2011.

Heald, Tim. *The Duke: A Portrait of Prince Philip*. Londres: Hodder & Stoughton, 1991.

Menkes, Suzy. *Windsor Style*. Londres: Grafton, 1987.

Pope-Hennessy, James. *Queen Mary, 1867-1953*. Londres: George Allen and Unwin, 1959.

Rose, Kenneth. *King George V*. Nova York: Alfred A. Knopf, 1984.

_________. *Kings, Queens & Courtiers*. Londres: Weidenfeld and Nicolson, 1985.

Shawcross, William. *The Queen Mother: The Official Biography*. Nova York: Vintage Books, 2010.

Vickers, Hugo. *Elizabeth, the Queen Mother*. Londres: Hutchinson, 2005.

Warwick, Christopher. *Princess Margaret: A Life of Contrasts*. Londres: André Deutsch, 2002.

Ziegler, Philip. *King Edward VIII*. Londres: Collins, 1990.

_________. *Mountbatten*. Londres: Collins, 1985.

MEMÓRIAS E DIÁRIOS

Brown, Anthony Montague. *Long Sunset: Memoirs of Winston Churchill's Last Private Secretary*. Grã-Bretanha: Podkin Press, 1995.

Hartnell, Norman. *Silver and Gold*. Londres: Evans Brothers, 1955.

Moir, Phyllis. *I Was Winston Churchill's Private Secretary*. Nova York: Wilfred Funk, Inc., 1941.

Nel, Elizabeth. *Winston Churchill by His Private Secretary*. Nova York: iUniverse, Inc., 2007.

Nicolson, Nigel. *The Harold Nicolson Diaries, 1907-1964*. Londres: Phoenix, 2005.

Rhodes James, Robert. *"Chips": The Diaries of Sir Henry Channon*. Londres: Phoenix, 1996.

Shawcross, William. *Counting One's Blessings: The Selected Letters of Queen Elizabeth the Queen Mother*. Nova York: Farrar, Straus and Giroux, 2012.

Soames, Mary. *Speaking for Themselves: The Personal Letters of Winston and Clementine Churchill*. Londres: Doubleday, 1998.

Soames, Mary. *A Daughter's Tale: The Memoir of Winston Churchill's Youngest Child*. Nova York: Random House, 2012.

Townsend, Peter. *Time and Chance*. Londres: Collins, 1978.

BIOGRAFIAS E HISTÓRIAS

Bew, John. *Citizen Clem*. Londres: Quercus, 2016.

Clarke, Peter. *Mr. Churchill's Profession*. Nova York: Bloomsbury Press, 2012.

Gilbert, Martin. *Churchill: A Life*. Nova York: Henry Holt and Company, 1991.

Hennessy, Peter. *Having It So Good: Britain in the Fifties*. Londres: Penguin, 2007.

Hennessy, Peter. *The Prime Minister: The Office and Its Holders since 1945*. Londres: Penguin, 2001.

Jenkins, Roy. *Churchill: A Biography*. Nova York: Plume, 2002.

Lough, David. *No More Champagne: Churchill and His Money*. Nova York: Picador, 2015.

Manchester, William e Paul Reid. *The Last Lion: Winston Spencer Churchill, Defender of the Realm, 1940-1965*. Nova York: Bantam Trade Paperbacks, 2013.

Purnell, Sonia. *Clementine: The Life of Mrs. Winston Churchill*. Nova York: Penguin Books, 2015.

Roberts, Andrew. *Eminent Churchillians*. Londres: Phoenix, 1995.

Soames, Mary. *Clementine Churchill: The Biography of a Marriage*. Boston: Houghton Mifflin Company, 2003.

Strong, Roy. *Cecil Beaton: The Royal Portraits*. Nova York: Simon & Schuster, 1988.

Vickers, Hugo. *Cecil Beaton: The Authorized Biography*. Londres: Weidenfeld and Nicholson, 1985.

AGRADECIMENTOS

Peter Morgan é a inspiração de *The Crown*, e é também a inspiração deste livro, escrito a partir da sólida fundação de seu drama. O livro foi norteado pelo propósito de Peter de expor as evidências históricas nas quais a série é baseada — e das quais, em algumas ocasiões, ele se afasta sem pestanejar. A história, como Hilary Mantel recentemente nos lembrou, é nossa maneira imperfeita de organizar nossa ignorância sobre o passado. A imaginação é nossa maneira de entendê-lo, e Peter fornece tanto imaginação quanto conhecimento em abundância.

Obrigado também a Andy Harries, da Left Bank Pictures, por seu apoio e encorajamento incondicionais — juntamente com seus colegas Marigo Kehoe, Suzanne Mackie, Charlie Goldberg, Ian Johnson, Robert Fox e Matthew Byam-Shaw. Ao escrever este livro, beneficiei-me imensamente dos estudos e da documentação histórica da equipe de roteiro e pesquisa da Left Bank para *The Crown*: Kerry Gill-Pryde, Annie Sulzberger, Edward Hemming, David Hancock e Oona O'Beirn. O que aconteceu ao pulmão removido do rei George VI? A Left Bank descobriu o segredo.

Os protocolos preordenados da publicação moderna podem acabar com a diversão e a criatividade da produção antiquada, participativa, de livros. Mas não no caso da bem-humorada e criativa equipe da Blink, com a qual foi um prazer trabalhar: Ben Dunn, Beth Eynon, Oliver Holden-Rea, Emily Rough, Vivien Hamley e Richard Collins. Obrigado por sua esperança e brilhantismo, por seu bom gosto e estilo, por seu modo original de pensar e sua sensibilidade na resolução de problemas, que tanto acrescentaram a cada uma das páginas. E obrigado também a Michael Foster, por seus empurrões e por solucionar problemas em alguns momentos difíceis, e pelo infalível apoio de Jonathan Pegg.

Em pontos específicos da história, beneficiei-me dos conselhos acadêmicos de Michael Bloch e William Shawcross, assim como do auxílio das doutoras Jane Connors e Yvonne Ward na Austrália. Em questões de equilíbrio literário, contei com os imaculados instintos de meu velho amigo Ben Dyal e sua parceira de olhos afiados, a Sra. Norris. Robert Donnelly forneceu a elegante genealogia familiar. Roy e Zoe Snell levaram sua precisão a imagens confusas. E obrigado a Lesley Baker, Jane Turner e Emma Anstock por seu profissional apoio administrativo.

Susan Link Camp, minha Nancy Drew da Califórnia, foi uma colega indispensável na checagem dos fatos e na busca por documentos e fotografias originais, muitas delas refletindo seu faro particular para a história da moda. Este livro foi escrito, diagramado e produzido em um período de tempo miraculosamente curto, e se a ágil equipe Blink pode receber o crédito pela parte editorial, foram as incansáveis horas de apoio e pesquisa de Susan que me permitiram cumprir minha parte do acordo.

Nunca me esqueci da manhã de 2 de junho de 1953, quando minha família se reuniu na casa ao lado para assistir à coroação de Elizabeth II no recém-comprado televisor de nossos vizinhos, o Sr. e a Sra. Ronny Gleave, em Westbury-On-Trym, Bristol. Eu não imaginava que Jane Stewart, a dama de honra que carregou a cauda logo atrás do ombro esquerdo da rainha, um dia traria tanta felicidade para minha vida. Mas aqui estamos, em um novo século, com o amor e o riso da querida Jane trazendo tanta alegria para a fadiga de um autor.

Robert Lacey, julho de 2017

CRÉDITOS DAS IMAGENS

41: Revista *Collier's*, 22 de setembro de 1951. *Colliers Magazine* é marca registrada de JTE Multimedia, LLC, 18 Elizabeth Street, Suite 110, Conshohocken PA, 19428
44: Royal Collection Trust/© Sua Majestade, a rainha Elizabeth II 2017
59: *The London Gazette*, 6 de fevereiro de 1952. Contêm informações do setor público licenciadas sob a Open Government Licence v3.0.
65: Cortesia de The Advertising Archives
75: *The London Gazette*, 17 de julho de 1917. Contêm informações do setor público licenciadas sob a Open Government Licence v3.0.
117: Com permissão da Donora Historical Society, www.donorahistoricalsociety.org
138: © Inge Morath © The Inge Morath Foundation/Magnum Photos
163: Princesa Margaret com Sir Oliver Harvey em Paris, chegando a um baile de caridade em 21 de novembro de 1951 (tiara de diamantes da Cartier, usada por Kate Middleton em seu casamento em 2011) (fotografia em preto e branco)/ ©AGIP/ Bridgeman Images
178: © Mirrorpix
181: Keystone Pictures, EUA/eyevine
222: Look and Learn
264: Reproduzida com permissão de Anthea Morton-Saner em nome de Churchill Heritage Ltd. Copyright © Churchill Heritage Ltd
274: Retrato de Bernard Hailstone, Dover Museum and Bronze Age Boat Gallery

Alamy, páginas:

26: Trinity Mirror/Mirrorpix/Alamy Stock Photo; 34: AF Archive/Alamy Stock Photo; 45: AP/REX/Shutterstock; 66: Chronicle/Alamy Stock Photo; 67: (esquerda) FeedStock/ Alamy Stock Photo, (direita) Nearby/Alamy Stock Photo; 68: (esquerda) Nearby/

Alamy Stock Photo, (direita) Studioshots/Alamy Stock Photo; 78: PA Images/Alamy Stock Photo; 79: John Frost Newspapers/Alamy Stock Photo; 129: Keystone Pictures EUA/Alamy Stock Photo; 190: Moonie's World Photography/Alamy Stock Photo; 191: Archivart/Alamy Stock Photo; 276: Keystone Pictures, EUA/Alamy Stock Photo; 282-283: Heritage Image Partnership Ltd/Alamy Stock Photo; 291: Keystone Pictures EUA/ Alamy Stock Photo; 303: John Frost Newspapers/Alamy Stock Photo.

Getty, páginas:

viii: Julian Broad/Colaborador; 16: Keystone-France/Colaborador; 17: Fox Photos/ Stringer; 24: Keystone/Correspondente; 32-33: British Combine/Colaborador; 38-39: Julian Broad/Colaborador; 42: Print Collector/Colaborador; 49: Chris Ware/ Correspondente; 58: Keystone/Correspondente; 60: Bettmann/Colaborador; 73: Popperfoto/Colaborador; 91: Keystone/Correspondente; 96: Universal History Archive/Colaborador; 98: Fox Photos/Correspondente; 103: Bettmann/Colaborador; 108: Hans Wild/Colaborador; 110: IPC Magazines/Picture Post/Colaborador; 114: Hulton Archive/Correspondente; 127: Popperfoto/Colaborador; 144: PNA Rota/Correspondente; 145: Cecil Beaton/Colaborador; 164: Time Life Pictures/ Colaborador; 165: -/Correspondente; 179: Topical Press Agency/Correspondente; 197: Lisa Sheridan/Correspondente; 200-201: Stephenson/Correspondente; 214: Lisa Sheridan/Correspondente; 217: Paul Popper/Popperfoto/Colaborador; 223: Lisa Sheridan/Correspondente; 226: Paul Popper/Popperfoto/Colaborador; 233: Popperfoto/ Colaborador; 238: Hulton Archive/Correspondente; 242: Popperfoto/Colaborador; 252: Keystone/Correspondente; 253: Haywood Magee/Correspondente; 263: Bettmann/Colaborador; 278-279: Paul Popper/Popperfoto/Colaborador; 287: Print Collector/Colaborador; 294-295: Monty Fresco/Correspondente; 302: Popperfoto/ Colaborador; 311: Julian Broad/Colaborador; 312: Julian Broad/Colaborador.

REX, páginas:

22: AP/REX/Shutterstock; 125: Louis Heckly/AP/REX/Shutterstock; 166: Associated Newspapers/REX/Shutterstock; 288: Anônimo/AP/REX/Shutterstock.

PA, páginas:

62: PA/PA Archive/PA Images; 259: PA/PA Archive/PA Images; 280: PA/PA Archive/PA Images.

TopFoto, páginas:

61: AP/TopFoto; 121: TopFoto.co.uk; 270: © TopFoto.co.uk; 275: TopFoto.co.uk; 283: © TopFoto.co.uk; 301: TopFoto/Topham Picturepoint/Press Association Images.

V&A Museum, páginas:

148-149: © Cecil Beaton/Victoria and Albert Museum, Londres; 150: © Cecil Beaton/ Victoria and Albert Museum, Londres; 156: © Cecil Beaton/Victoria and Albert Museum, Londres.

National Portrait Gallery, páginas:

235: Rainha-mãe Elizabeth, por Samuel Warburton, © National Portrait Gallery, Londres; 341: © William Hustler e Georgina Hustler/National Portrait Gallery, Londres.

Mary Evans, páginas:

64: Mary Evans/Grenville Collins Postcard Collection; 192: Mary Evans Picture Library/Gill Stoker; 193: Mary Evans Picture Library/Gill Stoker.

Camera Press, páginas:

106: fotografia *The Times*, Camera Press, Londres; 142: fotografia de Cecil Beaton, Camera Press, Londres; 146: fotografia de Cecil Beaton, Camera Press, Londres; 254: fotografia do Barão, Camera Press, Londres; 307: fotografia de Cecil Beaton, Camera Press, Londres; 309: retrato de Annigoni, Camera Press, Londres.
Todas as imagens da série *The Crown* © Netflix, Inc. Fotógrafos ©:
Alex Bailey: v, 12-13, 18-19, 28, 48, 51, 88-89, 120, 124, 132-133, 134, 136, 141, 167, 168-169, 173, 188, 230-231, 244-245, 258, 260-261, 262, 284-285, 286, 304-305; Robert Viglasky: 100-101, 102, 162, 194-195, 267.

Caderno de fotos 1, páginas:

1 (abaixo): Getty/Hulton Archive/Correspondente; 2 (acima): AF Archive/Alamy Stock Photo; 3: Getty/Bettmann/Colaborador; 4 (abaixo): PA Images/PA Archive/PA Images; 5 (abaixo): Getty/Keystone/Correspondente; 6 (acima): Keystone Pictures USA/Alamy Stock Photo; 7: fotografia do Barão, Camera Press, Londres; 8: Getty/George Pickow/Correspondente; 9 (acima): Getty/Carl Mydans/Colaborador; 9 (abaixo): NEAL BOENZI/*The New York Times*/R/eyevine; 10 (centro): Getty/Reg Speller/Correspondente; 10 (acima): recepção do rei George V e da rainha Mary na Catedral de St. Paul's, 1935 (óleo sobre tela), Salisbury, Frank Owen (1874-1962)/Guildhall Art Gallery, Cidade de Londres/Bridgeman Images; 11 (abaixo): Getty/PNA Rota/Correspondente; 12: Getty/Culture Club/Colaborador; 14 (abaixo): fotografia de Tom Blau, Camera Press, Londres; 15 (acima): © Mirrorpix; 13 (abaixo): Topham Picturepoint © 1999; 16: © Cecil Beaton/Victoria and Albert Museum, Londres. Todas as imagens da série *The Crown* © Netflix, Inc.; fotografias de Alex Bailey: 4 (acima), 5 (acima), 13 (acima), 14 (acima), 15 (abaixo).

Caderno de fotos 2, páginas:

1 (acima): Getty/Popperfoto/Colaborador; 2 (abaixo): Getty/IPC Magazines/Colaborador; 3: fotografia de Cecil Beaton, Camera Press, Londres; 4 (acima): Keystone Pictures, EUA/Alamy Stock Photo; 5 (acima): Royal Collection Trust/© Sua Majestade, a rainha Elizabeth II, 2017; 5 (abaixo): Getty/Fox Photos/Correspondente; 6 (acima): TopFoto/© 2000 Topham/AP; 6 (centro): *The Little Princesses*, Marion Crawford, 1952, The Orion Publishing Group, Londres; 7: Getty/Print Collector/Colaborador; 8 (acima): Classic Image/Alamy Stock Photo; 8 (abaixo): Getty/Fox Photos/Correspondente; 9 (acima): Getty/Bettmann/Colaborador; 10 (abaixo): © Illustrated London News Ltd/Mary Evans; 11 (acima): reproduzida com permissão de Anthea Morton-Saner em nome de Churchill Heritage Ltd. Copyright © Churchill Heritage Ltd; 11 (abaixo): Getty/Popperfoto/Colaborador; 12 (acima): Winston Churchill; Kathleen Frances ('Katharine') Sutherland (*née* Barry), Graham Sutherland por Elsbeth R. Juda, © National Portrait Gallery, Londres; 12 (abaixo): Getty/Baron/Correspondente; 13: Getty/Bettmann/Colaborador; 14: John Frost Newspapers/Alamy Stock Photo; 15 (acima): Hulton Deutsch/Colaborador; 16 (acima): Getty/Popperfoto/Colaborador. Todas as imagens da série *The Crown* © Netflix, Inc.;

fotografias de Alex Bailey: 1 (abaixo); e Robert Viglasky: 2 (abaixo), 15 (abaixo).

Permissões de texto

Texto das páginas 59-61 transcrito do discurso radiofônico de Churchill na BBC em 7 de fevereiro de 1952, reproduzido com permissão de Curtis Brown, Londres, em nome do espólio de Winston S. Churchill.

Página ao lado: Elizabeth II fotografada por Dorothy Wilding em 26 de fevereiro de 1952, apenas vinte dias após a ascensão, em sua primeira sessão de fotos formal como rainha, usando um vestido preto de tafetá sem alças, do tipo "folha de repolho", criado por Norman Hartnell. O propósito da sessão era produzir as imagens que seriam usadas em moedas, cédulas e selos do novo reinado. Uma das 58 fotos da sessão foi selecionada como retrato oficial a ser exibido nas embaixadas britânicas em todo o mundo. Outra foi a silhueta usada nas capas deste livro.

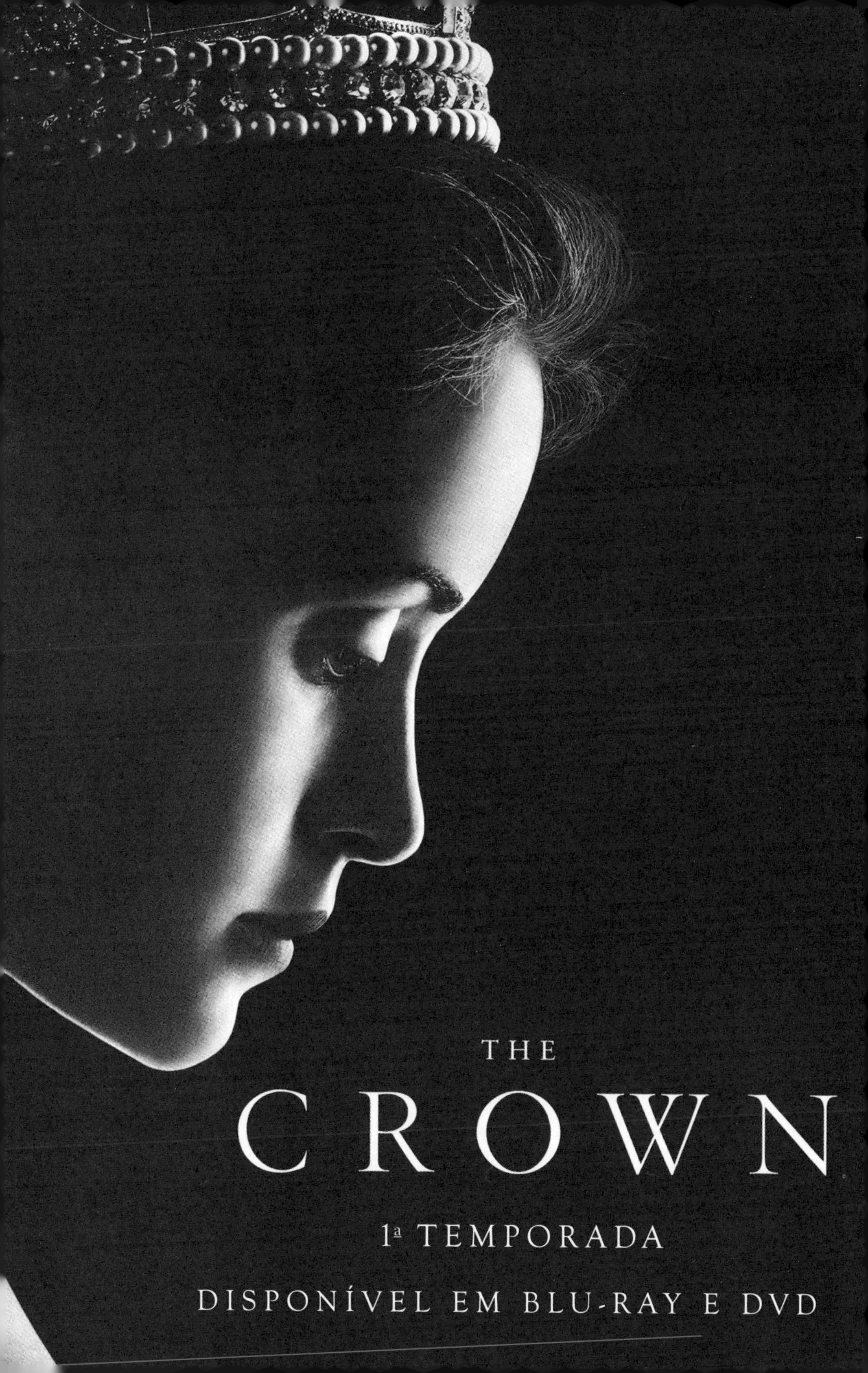
THE
CROWN
1ª TEMPORADA
DISPONÍVEL EM BLU-RAY E DVD

Este livro foi composto na tipografia
Adobe Garamond Pro, em corpo 11/15,
e impresso em papel off-set na Gráfica Santa Marta